The Study of
Internet Development in Beijing

首都互联网发展研究

李茂◎著

群言出版社
QUNYAN PRESS
·北京·

图书在版编目（CIP）数据

首都互联网发展研究 / 李茂著 . -- 北京：群言出版社，2018.9
ISBN 978-7-5193-0464-5

Ⅰ. ①首… Ⅱ. ①李… Ⅲ. ①网络经济—经济发展—研究—北京 Ⅳ. ①F492.3

中国版本图书馆 CIP 数据核字（2018）第 220859 号

责任编辑：孙平平
助理编辑：张启超
封面设计：逸品书装设计

出版发行：群言出版社
地　　址：北京市东城区东厂胡同北巷 1 号（100006）
网　　址：www.qypublish.com（官网书城）
电子信箱：qunyancbs@126.com
联系电话：010-65267783　65263836
经　　销：全国新华书店

印　　刷：北京虎彩文化传播有限公司
版　　次：2018 年 9 月第 1 版　2018 年 9 月第 1 次印刷
开　　本：880mm × 1230mm　1/32
印　　张：9.75
字　　数：250 千字
书　　号：ISBN 978-7-5193-0464-5
定　　价：49.00 元

目录

第一章 绪论

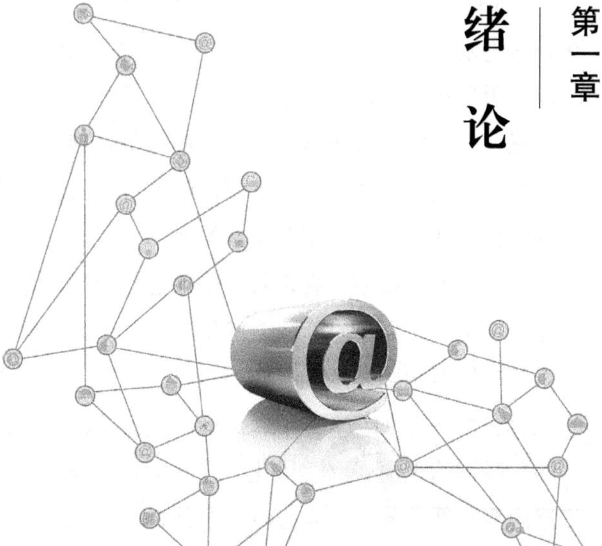

第一节　研究背景与研究意义

一、研究背景

“潮平两岸阔，风正一帆悬。”伴随着中国改革开放的步伐，互联网进入中国至今已有23年的历史。在这23年里中国互联网产业经历了从无到有、从小到大、从弱到强、从低端到高端的演进历程，一直保持着快速稳定的发展势头。当前，互联网产业已经成为国民经济体系中最为重要的组成部分之一，成为推动我国经济增长、社会进步和创新发展的重要力量。

党的十八大以来，在以习近平同志为核心的党中央一系列治国理政的新理念新思想新战略的指引下，中国互联网行业迎来一个全新的发展阶段，产业规模加速扩大，技术水平急速上升，产业融合程度不断加深，创新型产品与服务层出不穷。与此同时，中国互联网治理模式继续优化，多元治理体系日臻完善，互联网传播内容日新月异，综合影响力全面提高，取得了一系列令人瞩目的成就。可以这么说，这五年多来，中国互联网产业正处在最好的发展机遇期。

首都北京是“中国网都”，一直是中国互联网产业发展最高地。首都互联网产业充分把握中国互联网发展战略机遇期，全面发挥互联网的资源集聚作用，将北京地区的技术优势、资源优势、人才优势、创新优势集中起来，实现了规模经济效应。

经过 20 多年的建设与发展，首都互联网已经成为中国互联网的产业中心、网络文化扩散中心、网络创新集聚中心和网络信息服务中心。首都互联网充分发挥了示范、带头与引领作用，实现了全国乃至全球范围内的辐射带动和桥梁纽带作用。

2016 年，北京市民在党中央、国务院和市委、市政府的坚强领导下，牢固树立创新、协调、绿色、开放、共享的发展理念，围绕首都城市战略定位，大力推动功能疏解、京津冀协同发展，加快建设国际一流的和谐宜居之都，扎实推进供给侧结构性改革，经济社会保持平稳健康发展，实现了“十三五”良好开局。2017 年，北京市民在以习近平同志为核心的党中央坚强领导下，在各级政府的正确指引下，首都北京的国民经济各产业深入贯彻落实新发展理念，坚持稳中求进工作总基调，以供给侧结构性改革为主线，适度扩大总需求，深化改革创新，振兴实体经济，防范化解风险，强化预期引导。2017 年北京国民经济运行总体平稳，结构不断优化，新兴动能加快成长，质量效益明显提高，稳中向好态势持续发展。

2016—2017 年，首都互联网继续保持良好的发展势头，产业发展保持中高速度，行业进步与升级成绩显著。基础设施建设水平继续领先，网络信息服务能力显著提升，软件、硬件产品创新不断，各类互联网商业模式蓬勃发展，企业整体实力进一步加强，网络治理体系进一步完善与提高。首都互联网产业形成了横向延伸、纵向深入、跨界融合发展的态势，是首都经济发展和社会进步的重要推动力量，其支撑地位与作用越发重要。因此，2016—2017 年的首都互联网发展具有非凡的研究价值，值得开展专题深入研究。

二、研究的理论意义

众所周知，中国互联网发展已经进入了“下半场”阶段，与“上半场”迥然不同的地方是，中国互联网行业的发展逻辑发生了全新的变化：由过去的强调“流量”、突出“数量”、追求“增量”过渡到现在的注重“质量”、关注“品质”、力求“创新”，行业发展模式已经从过去的粗放式发展演进为当前的集约式发展。在这样的时代背景下，北京互联网处在“下半场”的具体位置和进化前景就是理论界和实业界高度关注的问题了。

互联网发展与广大群众生产生活密切相关，与经济运行和社会进步密切相关。互联网发展相关问题是理论界和互联网业界高度重视的理论问题，互联网发展也是政府高度关注的重点领域。十九大后，中国将迈入一个全新的发展阶段，新时代中国特色社会主义思想成为中国经济发展的核心思想，也将成为首都北京发展的行动指南。在这样的时代背景下，如何加快促进首都互联网发展？如何释放首都互联网产业的创新力？首都互联网行业全面升级的路径是什么？这些问题呼唤着理论研究的跟进。

本研究在充分吸收已有研究的基础上，聚焦研究视线，将研究重点放在2016—2017年首都互联网产业与行业发展上。在充分分析相关问题之后，本研究又将研究视阈进一步放宽，研究十八大以来的五年，首都互联网发展的阶段性特点。针对已有发展形势，本研究对首都互联网发展的趋势进行了展望，并提出了相应的对策性建议。

本研究的理论意义主要体现在研究的边际贡献上：及时跟上时代步伐，率先针对2016—2017年首都互联网发展基本情况、产业行业发展热点和阶段性特征等问题进行分析，并结合首都互联网未来发展趋势提出相应的对策建议，尝试填补了近两年来首都互联网发展研究的空白。

三、研究的实践意义

首都互联网发展离不开政府和企业的共同努力，双方都希望学术界能从学术研究的角度，站在第三方视角，利用各种理论与知识，对首都互联网发展的方方面面进行分析研究，探究首都互联网发展的内生动力，发现首都互联网发展的内在逻辑，提出首都互联网发展的缺陷与不足，提供相应的对策性建议以及较为完整的研究资料，为政府相关部门提供决策参考，为企业的运行选择提供智力支持。因此，本研究的实践意义就体现在为政府相关部门和业界人士提供决策参考与智力支持。

本研究对 2016—2017 年首都互联网发展进行了系统地梳理和总结，研究内容反映了这两年首都互联网发展中具有代表性的问题，具有一定的文献参考价格。

第二节 研究现状与述评

与传统的行业相比，互联网行业具有两大特点。第一个特点就是新兴性，互联网行业发轫于 20 世纪 90 年代，至今也不过 20 多年的历史。第二个特点就是综合性，互联网行业是一个产业集合体，它是指以现代新兴的互联网技术为基础，专门从事网络资源搜集和互联网信息技术的研究、开发、利用、生产、贮存、传递和营销的信息商品，可为经济发展提供有效服务的综合性生产活动的产业集合。随着互联网的快速发展和社会经济影响力的不断提高，对互联网行业在国民经济中的推动作用的研究也日渐丰富起来。

一、国外研究现状

从现有文献来看，国外文献对于互联网发展的研究主要集中在以下几个方面。

第一，对互联网发展的内在逻辑进行分析。Zook（2001）以1994—2000年的数据为基础，分析了全球互联网发展的地理分布，他在研究中指出，风险投资活跃程度与互联网企业的数量是影响互联网发展的重要因素，活跃的风险投资能带来大量的资本，并且容忍互联网企业的创业失败，大量的互联网企业保证了市场的竞争性和创新的灵活性。Fowler G A，Worthen B（2009）就指出互联网升级发展的重要技术就是云计算技术，云计算技术可以真正发挥互联网的资源集聚作用，实现资源、数据和创意的集中。通过云计算技术，互联网还能打破传统产品创新的技术瓶颈，实现应用范围的多样化，互联网的实际应用能力还将会有一个突破性的提高。他还指出，云技术的推广会大幅度降低互联网产业的运行成本，全面提高互联网企业的盈利能力。与其他技术相比，云技术对于互联网行业来说意义更加重大。Mutula（2012）以博茨瓦纳互联网发展情况为研究对象，重点研究该国互联网发展进程中的诸多表现，如电信基础设施升级、互联网普及程度以及产业现代化问题。他在研究中还系统研究了该国的行业政策体系和监管框架。同时，他也分析了博茨瓦纳互联网发展中存在的问题以及阻碍该国互联网升级进步的主要因素。

第二，分析互联行业的经济推动作用。这类研究大都在ICT行业（信息通信技术行业）范式下展开。Jorgenson and Stiroh

（1995，1999）分析了计算机行业的投资对美国经济的影响，指出计算机行业的投资成为推动美国经济的主要引擎。Oliner & Sichel（2001）的研究表明了20世纪90年代，美国劳动生产率增长中66%的部分可以由计算机的使用与信息技术的推广去解释。Gilbert 等人（2001）以法国为研究对象，利用模型分析了信息和通信技术对法国国民经济增长的贡献，研究指出，在1995—1999年，信息和通信产业对国内GDP增长的贡献度达到0.3%。Dunnewijk，Theo，Huub 等人（2007）以内生经济增长理论为范式，计算了信息通信产业对欧盟全要素生产率的影响。Manyika& Roxburgh（2011）认为，互联网已经成为推动世界经济增长的显著力量，经过1995—2009年的发展，发达国家的互联网行业的产值在GDP的平均比例达到10%的水平。Amiri，Campbel & Ruan（2013）以中国的计算机与通信行业的子行业为研究对象，分析并研究了各子行业的经济推动作用。

第三，对互联网产业运行的影响因素进行了多方法多角度的研究。Kiiski 和 Pohjola（2002）对60个国家在1995—2000年间的数据进行研究，以每千人的人均互联网主机数为互联网指标，得出每千人的人均互联网主机数在五年内的增长率受到人均收入、电话接入成本、平均受教育年限等因素的影响。Beilock 和 Dimitrova（2003）对105个国家互联网发展的截面数据进行分析，认为人均收入、社会的开放性以及电信基础设施是影响互联网渗透率差异的因素。Oyeyinka 和 Lal（2005）采用截面数据对撒哈拉以南的38个国家的互联网扩散问题进行分析，认为电信基础设施对于互联网扩散具有重要作用。Chinn 和 Fairlie（2007）对161个国家1999—2001年间互联网发展的面板数据进行分析，以电脑和互联网的使用率为互联网指标，认为经济变量、人口统计变量、基础设施、电信价格及规制政策质量对电脑和互联网产生影响。Zhao 和 Kim（2007）对 39 个国家 1995—2003 年间的面板数据进行研究，把互联网的增长率作为因变量，发现社会制度对互联网的平均增长率产生影响。Vicente 和 Lopez Mo（2008）对新加入及申请加入欧盟的 9 个国家的互联网发展问题进行研究，认为收入水平、教育水平和人口年龄是影响互联网扩散发展的影响因素。

二、国内研究现状

由于我国互联网发展速度较快，国内学术界有着较为丰富的研究，主要集中在以下几个方面。

（一）互联网发展基础研究

这方面的研究以中国互联网信息中心（CNNIC）每年出版两次的《中国互联网络发展状况统计报告》为代表。作为国内互联网发展研究的专业机构，成立 20 年来，CNNIC 长期跟踪分析中国互联网的发展状况研究，至2017年7月已经连续40次发布《中国互联网络发展状况统计报告》，数次发布垂直和区域互联网发展研究报告和特定人群上网行为研究报告，数据被联合国、国际电联等机构广泛引用。2016 年，CNNIC 首次发布了《国家信息化发展评价报告》，在互联网和信息化两个方面开始全面助力我国网信发展研究。向文杰（2009）系统回顾了我国移动互联网发展的情况，指出了今后移动互联网发展的关键领域与保障措施。

（二）互联网的经济推动作用研究

互联网行业的经济推动作用明显，国内对互联网行业的经济推动作用进行了大量的实证研究。王曼华（2001）对我国互联网发展现状进行了经济计量分析，并对如何推动经济发展提出了建议。向蓉美（2008）利用中国2002年投入产出表，实证分析了互联网产业对国民经济的拉动作用、支撑作用，进一步借助坐标图探讨了互联网产业对国民经济拉动和支撑作用的类型。张媛媛（2011）通过对我国互联网产业与国民经济投入产出研究，从行业之间的关联关系分析了电信行业与宏观经济的联动关系。类似的文献还有张志峰、吕廷杰、王瑜（2011）等人的研究。

（三）互联网发展的影响因素研究

刘文新、张平宇（2003）从网络普及率、网络信息资源丰度及互联网商业应用三个角度初步探讨了中国互联网发展存在的区域差异，并设计了互联网发展指数（IDI），从人均的角度反映互联网发展的综合水平。研究表明：东部地区的发展水平明显高于中部和西部地区，但与传统意义上的经济发展梯度不同的是，西部地区的互联网发展水平稍高于中部地区；中国各省、直辖市、自治区的互联网发展综合水平的差异同样显著，按照IDI值大小被划分为6个等级。互联网发展区域差异的影响因素是多方面的，应用多元回归分析方法研究发现，区域人口素质水平、区域信息和知识生产能力对我国互联网发展区域差异的解释能力最强，区域对外开放程度和区域城市化水平的影响也较显著。喻国明（2017）对“后移动互联网”的发展进行了分析与研究，他指出中国互联网发展正在进入“下半场”，从过去“发现风口，野蛮成长”的“上半场”过渡到“突出创新，技术领先”才能存活的“下半场”。互联网发展的主线更加侧重于技术逻辑、产业逻辑和“物的逻辑”。

（四）地方互联网发展研究

各省市政府都相当重视互联网的经济社会作用，在地方互联网发展上给予了相当大的支持，这样就形成了具有差异性的互联网发展格局。针对地方互联网的发展研究，主要是以 2011—2016 年《首都互联网发展报告》为代表，该书是北京市网信办和北京市社会科学院联合策划撰写的年度性研究报告。该书主要包含总报告、行业发展与行业管理、案例分析等内容，内容基本上涵盖了上一年首都互联网发展的各个方面，既独立成章，又相互关联。

三、研究述评

从总体上来看，已有的研究数量丰富，内容涉及面较为广泛，基本上涵盖了互联网发展的方方面面，本研究要以现有研究为基础：一些研究视角较为独特，为本研究提供了创新性的思路；一些研究观点深刻，为本研究奠定了观点支撑；一些研究所得出的数据较为重要，为本研究的基础数据采集做出了贡献；还有一些研究方法具有创新性，为作者的写作提供了参考。

但也需要注意到，现有文献的时效性不足。很多期刊囿于审稿和出版周期，文章刊发时间远远落后于写作研究的时间节点，研究对象发生了重大的变化。一些书籍和报告出版后，内容已经是对前两三年的现象和问题进行分析。另外，还缺乏对地方互联网发展系统性研究的相关文献。现有文献大都采用论文集的方式对地方互联网发展展开研究。这种研究固然能照顾到地方互联网发展的方方面面，但重点不突出、内容不集中、观点不鲜明，甚至有相互矛盾的地方。在前后一致的研究框架下，对地方互联网发展的系统性研究成果还比较匮乏。因此，本研究就是尝试在时效性和内在逻辑性上实现突破，及时研究最近两年（2016—2017 年）首都互联网发展情况，以前后一致的研究逻辑系统分析首都互联网发展的外在环境、基础情况和发展特点等内容。

第三节 研究范围

一、研究对象

互联网就是网络与网络之间所串连成的庞大网络，这些网络以一组通用的协议相连，形成逻辑上的单一巨大国际网络。互联网概念发展至今已经拥有很丰富的含义。在实际语境中，互联网包含以下三个层次的含义，如表 1–1 所示。

表 1–1 互联网含义的三个层次与实例

序号	层次	内容	实例
1	宏观层次	与互联网有关的事物	互联网经济、互联网文化、互联网治理、互联网文明等
2	中观层次	与互联网经济运行相关的事物	互联网产业、互联网行业、互联网企业群等
3	微观层次	与互联网具体实际应用相关的事物	互联网技术、互联网科技等

在本研究中，如无特殊说明，互联网指的是中观层次的互联网产业与互联网行业。本研究就是对首都互联网经济运行中的产业与行业进行分析与研究。

在这有必要对“互联网产业”与“互联网行业”进行区分。这两者一般情况下是相等同的，但在实际研究中两者还是存在显著差别的。我们知道产业的定义是“具有某种同类属性的经济活动的集合体”，而行业的定义是“具有高度相似性和竞争性的企业群体”[1]。由此可见，产业是一种经济活动的集合体，而行业是一种实体企业的集合体。互联网产业可以定义为：以现代新兴的互联网技术为基础，专门从事网络资源搜集和互联网信息技术的研究、开发、利用、生产、贮存、传递和营销的信息商品，可为经济发展提供有效服务的综合性生产活动的集合体。互联网行业就是在互联网产业系统中运行的，具有相似性和竞争性的企业群体。后面几章的研究都是在这样的概念约定下进行的。

二、研究时间段

本研究的时间段集中在 2016—2017 年，由于相关数据的公开程度有所不同，部分数据采用的是 2017 年前三个季度的数据（会在下文中标明）。经过三个季度的发展，2017 年首都互联网发展的大趋势已经基本显露，一些重大的历史进程已经发生，因此，部分内容选取这个时间段并不影响本研究的严谨性。

此外，本书成稿于 2017 年年底，修改于 2018 年年初。

第四节　研究的技术路线

一、技术路线图

本研究的技术路线如图 1–1 所示。

1　臧旭恒，杨蕙馨，徐向艺 . 产业经济学 [M]. 5 版 . 北京：经济科学出版社，2015：27.

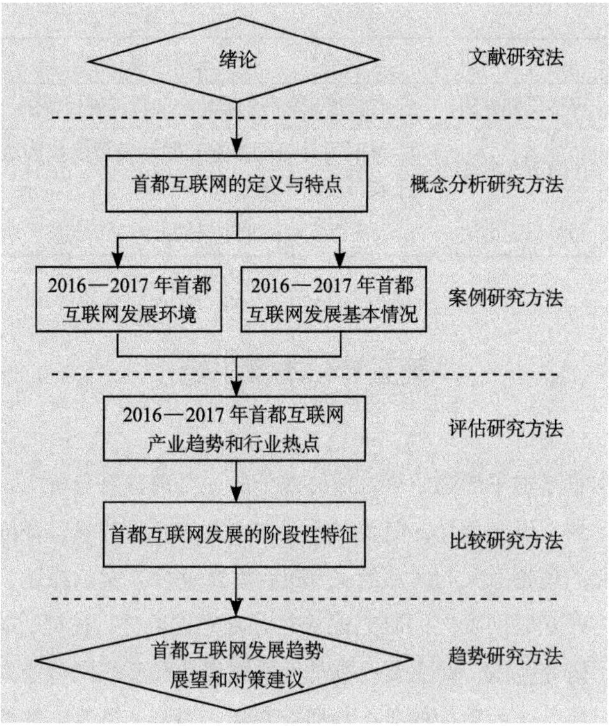

图 1–1　本研究的技术路线图

二、研究方法

本课题的研究方法主要有以下几种，如表 1–2 所示。

表 1–2　本研究的主要研究方法类型和内容

序号	研究方法类型	主要内容
1	概念分析研究方法	系统梳理相关概念与理论
2	案例分析研究方法	对首都互联网内重点企业和行业案例进行深入分析

续表

序号	研究方法类型	主要内容
3	评估研究方法	对首都互联网发展特征和特点进行评估
4	比较研究方法	对不同时间段首都互联网发展的内容进行比较，发现异同之处
5	趋势研究方法	对首都互联网未来发展方向进行趋势分析

第五节　本章小结

本章是本书的起始章，这一部分的主要内容是分析本研究的研究背景、研究意义，简要回顾了本研究的时代背景，详细分析了研究的理论意义与实践意义；随后本章进行了文献综述，梳理了国内外互联网发展的研究现状并对研究成果进行述评；本章还明确了研究范围，即主要以首都互联网产业和互联网行业为主要研究对象，这为后面的分析与研究奠定了基础；最后，本章规划了本研究的技术路线图和研究方法。

第二章

首都互联网的定义与特点

在详细分析研究 2016—2017 年首都互联网发展之前，有必要厘清首都互联网的定义与特点，为以后的深入分析打下基础。

第一节　首都互联网的定义

一、首都的定义

首都是一个政治称谓，它通常指的是一个国家的政府所在地，是一个国家政治和经济活动的中心城市。北京是中华人民共和国的首都，是直辖市和国家中心城市，是中国的政治、文化中心，是中国经济的决策和管理中心。《北京城市总体规划（2016—2030 年）》明确提出：北京的一切工作必须坚持全国政治中心、文化中心、国际交往中心、科技创新中心的城市战略定位，履行为中央党政军领导机关工作服务，为国家国际交往服务，为科技和教育发展服务，为改善人民群众生活服务的基本职责。

二、互联网的定义

互联网（Internet）有宏观、中观与微观三个层次的定义。在宏观层面上，互联网是指由一些使用公用语言互相通信的计算机连接而成的网络，即广域网、局域网及单机按照一定的通讯协议组成的国际计算机网络。在中观层面上，互联网是指围绕互联网技术而形成的一系列国民经济产业和行业的总和。正如第一章所述，本书所研究的互联网主要指的是互联网产业。在微观层面上，互联网指的是互联网技术，是在计算机技术的基础上开发建立的一种信息技术，其主要包括信息的存储、处理和传输技术以及信息的应用技术等。

三、互联网产业的定义与分类

结合本研究的目标和研究对象的实际情况，本文所提及的“互联网”更多地指涉中观层面上“互联网产业”。由于互联网的内涵丰富，因此互联网产业是一系列产业的集合。一般意义上，学术界讨论的互联网产业指的是，以现代新兴的互联网技术为基础，专门从事网络资源搜集和互联网信息技术的研究、开发、利用、生产、贮存、传递和营销的信息商品，可为经济发展提供有效服务的综合性生产活动的产业集合体。这个定义是从互联网产业链角度来界定的。在这样的定义下，互联网的产业内容与其他国民经济行业部类生产内容有交叉和重叠的地方，不利于我们分析现实生产中的互联网产业，我们还需要从严格的国民经济行业分类角度来分析互联网产业。

众所周知，行业分类指的是从事国民经济中同性质的生产或其他经济社会的经营单位或者个体的组织结构体系的详细划分，如林业、汽车业、银行业等。行业分类可以有助于清晰地展示行业内涵和行业边界，也可以解释行业本身所处的发展阶段及其在国民经济中的地位。从具体的国民经济行业部类角度观察，互联网产业是信息传输、软件和信息技术服务业的重要组成部分。2017 年 10 月，国家质检总局、国家标准委发布了最新一版《国民经济行业分类》(GB/T 4754—2017)。在这一版分类目录中，互联网产业是指在“信息传输、软件和信息技术服务业”门类(门类编号：I)下的64、65大类，即互联网和相关服务(行业大类代码：64)、软件和信息技术服务业(行业大类代码：65)。其中互联网和相关服务(64大类)包含6项中类、12项小类；软件和信息服务业(65大类)包含8项中类、15项小类，如表格2–1所示。[1]

表2–1 信息传输、软件和信息技术服务业门类划分

门类	大类	中类	小类
信息传输、软件和信息技术服务业(编号：I)	电信、广播电视和卫星传输服务(代码：63)	电信(631)、广播电视传输服务(632)、卫星传输服务(633)	7小类
	互联网和相关服务(代码：64)	互联网接入及相关服务(641)、互联网信息服务(642)、互联网平台(643)、互联网安全服务(644)、互联网数据服务(645)、其他互联网服务(649)	12小类
	软件和信息技术服务业(代码：65)	软件开发(651)、集成电路设计(652)、信息系统集成和物联网技术服务(653)、运行和维护服务(654)、信息处理和存储支持服务(655)、信息技术咨询服务(656)、数字内容服务(657)、其他信息技术服务业(659)	15小类

资料来源：《国民经济行业分类》(GB/T 4754—2017)。

1 随着互联网产业融合进程不断加快，信息传输、软件和信息技术服务业门类下的63大类(电信、广播电视和卫星传输服务)也逐步融入互联网产业中去。随着经济发展和产业升级，互联网产业将会包括一部分电信传输业务甚至部分电视业务，但在本研究中，如无特别提及，电信、广播电视和卫星传输服务产业(63大类)仍不纳入互联网产业的范畴。

四、首都互联网的定义

互联网产业生产与经营需要具体的空间和地域，这种产业属地性质是地区互联网的重要内容。根据《互联网信息服务管理办法》《中国互联网络域名管理办法》《非经营性互联网信息服务管理办法》《互联网 IP 地址备案管理办法》和《互联网管理工作细则》等有关规定，我国互联网产业的管理采取“属地管理”原则：只要在北京管辖地域范围内接入互联网，开展互联网产业运营并接受北京互联网相关管理部门监管的活动与行为都能纳入“首都互联网”范畴中。所以在现实生产中，互联网具有了地区上的分别，比如首都互联网、上海互联网和深圳互联网等。

因此，结合以上对互联网产业和属地管理原则的分析，本研究在这提出“首都互联网”的定义：在首都北京管辖地域范围内开展运营，并接受北京属地管理的互联网和相关服务业与软件和信息技术服务业的集合。需要指出的是，首都互联网并不等同于北京互联网，一些在京中央国家机关和企事业单位的网站从严格意义上来看属于首都互联网范畴，不属于北京互联网范畴。根据内涵的大小，首都互联网包含北京互联网。

第二节　首都互联网的特点

根据上述首都互联网的定义，结合首都北京的战略定位和未来发展趋势，可以将首都互联网的特点概括为以下 16 个字：立足北京、服务首都、影响全国、辐射全球。

一、立足北京

立足北京指的是首都互联网行业扎根于首都北京，以首都北京为属地开展经营业务活动，并接受北京相关互联网管理部门（如网信办、公安、工商等）的监督管理。这是首都互联网的本质特点。首都互联网之所以区别于上海互联网、深圳互联网，就是属地不同。首都北京具有得天独厚的互联网发展优势，拥有先进的技术储备、充裕的科技创新人才，政府管理水平较高，资本市场活跃，信息流动性大，市场规模巨大，这些优势集聚了大量的互联网企业在京开展产业活动，其中很多企业是互联网行业中的巨头。根据艾瑞网 2017 年 8 月的数据，中国月度覆盖人数排名前 20 名的网站中，有 14 家位于北京。[1] 2017 年 8 月，中国互联网协会、工业和信息化部信息中心发布了 2017 年“中国互联网企业 100 强”榜单，榜单前十名为：腾讯、阿里巴巴、百度、京东、网易、新浪、搜狐、美团、携程、360，其中有 7 家企业总部设在北京。[2] 不仅如此，北京还是中国互联网产业创新的高地，吸引着众多创新型企业在京创业。北京拥有丰富的互联网创新资源，拥有 300 余家国家级科技创新基地、90 余家高等院校、400 余家科研院所、43 万家科技型企业、16000 家高新技术企业、近 300 家上市公司、10 余个国家重大科技基础设施、近 4000 家

1 “2017 年 8 月 PC 指数排名解析”，http：//report.iresearch.cn/content/2017/09/270827.shtml。这 14 家网站分别是：百度、360 搜索、新浪、搜狐、搜狗、360 安全中心、凤凰网、优酷、爱奇艺、网易、360 影视、新浪微博、风行网、京东商城。

2 “2017 年中国互联网企业 100 强”，http：//tech.163.com/17/0803/20/CQUMGPB800097U7R.html。

创业投资和股权投资机构、1480 亿元的全社会研发经费支出、5.94% 的研发经费投入强度以及不断涌现的原创重大科技成果，这些资源强烈吸引着众多互联网创业型中小型企业。据科技部火炬中心和长城战略咨询合作发布的《2016 中关村独角兽企业发展报告》和《2016 中国独角兽企业发展报告》显示，中国共有 131 家独角兽企业，北京拥有 65 家独角兽企业，占比 49.7%，接近一半。2016 年全国独角兽企业比 2015 年增加了 61 家，其中北京增加独角兽企业 24 家，成为全国独角兽企业增加的主要来源。中国独角兽企业的地域分布情况如图 2–1 所示。

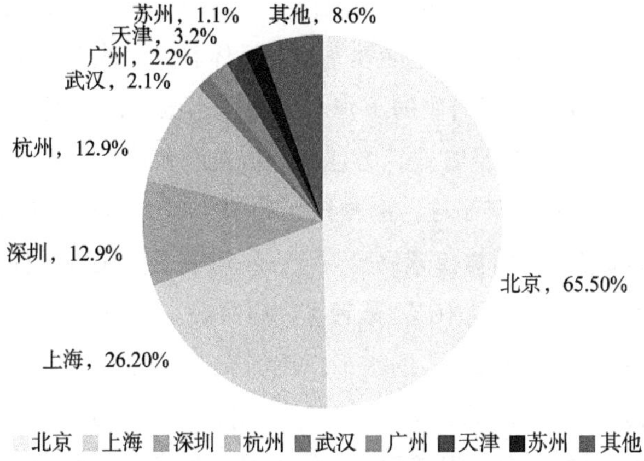

图 2–1　中国独角兽企业的地域分布情况

资料来源:《2016 中关村独角兽企业发展报告》和《2016 中国独角兽企业发展报告》。

二、服务首都

服务首都是指首都互联网是首都国民经济中的重要组成部分，服务于首都北京社会生产的方方面面。具体表现为，首都互联网紧密结合中央党政军领导机关的现实要求，为中央党政军领导机构的信息服务提供了良好的保障，如中国政府网（www.gov.cn）、新华网（www.xinhuanet.com）等；首都互联网服务于日益扩大的国际交往任务，为首都的世界城市建设和国际一流和谐宜居之都的营造提供了信息支持。首都地区很多网站具有多语言界面，方便了国际人士阅览和查询信息；北京率先在全国实现了出入境网上签证办理业务，在手机、电脑上提交资料即可办理相关出入境业务，为人员经贸往来提供了便捷条件；首都互联网为国家教育、科技、文化和卫生事业的发展服务，为首都的文化中心、科技创新中心建设提供了强有力的信息服务支撑，当前首都居民通过手机客户端就可以实现挂号、预约专家、远程会诊的移动互联网医疗服务，使生活效率和生活体验大大改善；首都互联网还为2300万首都居民的工作和生活提供服务，深刻地改变了首都人民的生产生活方式，为首都经济发展和社会进步贡献了巨大的力量。2017年8月，由腾讯、中国人民大学重阳金融研究所和法国咨询公司益普索联合发布的一份关于“无现金社会”的报告中显示：北京是中国“最智慧”的城市。该份报告用不同的指标衡量了“智慧城市”的水平，比如交通、教育、购物和食品配送等。并在中国的324个城市中，调查了超过6500名居民使用移动支付的情况。报道称，总体来看，北京在移动支付中排名第一，其次是深圳、广州和上海。[1]

三、影响全国

影响全国是指首都互联网的影响力巨大，对全国互联网产业

1 《新媒称北京是中国“最智慧”城市》，http://world.gmw.cn/2017-08/01/content_25353485.htm。

的发展和行业的进步具有举足轻重的作用。众所周知，互联网具有开放性，首都互联网虽然扎根于北京，但其影响力和号召力却可以通过网络迅速地传遍整个中国。北京是“中国网都”，互联网将北京地区的技术优势、资源优势、人才优势、创新优势集中起来，将首都互联网建设成为中国互联网的技术中心、网络文化扩散中心、网络平台集聚中心、网络信息服务中心，更好地发挥示范、带头与引领作用，实现全国范围内的辐射带动和桥梁纽带作用。

以网络表演治理为例，首都互联网就具有显著的引领示范作用。近年来，我国网络表演市场快速发展，繁荣了网民精神文化生活，促进了网络文化行业创新，在扩大和引导文化消费等方面发挥了积极作用。但在网络表演行业发展进程中，部分经营单位责任缺失、管理混乱；一些表演者以低俗、色情等违法违规内容吸引观众，2015 年的“优衣库试衣间”“YY 直播出事”等不雅视频亮相网络，引发公众关注，受到广大网民谴责，社会影响恶劣，严重危害行业健康发展。北京在全国范围内率先实施网络表演行业监管，利用多元治理的方式规范行业发展，依法查处违法违规行为，为全国互联网表演行业治理开了一个好头。2015 年 8 月 24 日，北京文化执法总队与网络文化协会联合召开网络表演行业自律座谈会。会上，百度、新浪、搜狐、爱奇艺、乐视等 12 家网络表演企业发布《北京网络表演行业自律行动宣言》，共同承诺支持“净网行动”。在加强行业自律的同时，北京市各级相关管理部门，如文化行政部门和文化市场综合执法机构等加大行政执法力度，对提供违法违规网络表演的网络表演经营单位、机构依据《互联网文化管理暂行规定》予以严厉查处，没收违法所得，并处罚款；情节严重的，责令停业整顿直至吊销《网络文化经营许可证》；构成犯罪的，依法追究刑事责任。对提供违法违规网络表演的表演者，北京各级文化行政部门和文化市场综合执法机构责令所在网络表演经营单位关停表演者频道，并及时将违法违规表演者的信息和证据材料报送文化部。文化部根据情形，将违法违规表演者列入黑名单或警示名单。列入黑名单的表演者，禁止其在全国范围内从事网络表演及其他营业性演出活动，具体时限视违法违规情节轻重确定。同时，强化对违法违规网络表演经营单位和表演者"一处违法，处处受限"的信用监管。各级行业协会要在本行业协会范围内，对列入黑名单的网络表演经营单位和表演者予以通报并抵制。首都互联网的工作经验迅速传播，为广大地方互联网治理机构所吸收。

四、辐射全球

辐射全球是指首都互联网成为首都对外交往和开放的主要窗口，发挥着日益重要的经济与文化辐射作用。经过近 30 多年的发展，中国互联网已经取得了令全球关注的成绩，不但在用户规模、网上信息资源等方面位居世界前列，而且在互联网产业规模、吸引外资等方面也熠熠生辉，创新产品层出不穷，技术水平不断提高，互联网介入生活程度持续加深，全球互联网创新的重心逐渐向中国转移，互联网未来的发展要看中国。而北京是中国互联网发展的"领头羊"，中国互联网未来的发展要看首都北京。首都互联网资源日益集中，创新水平稳步提高，行业竞争力和全球影响力日益突出，在全球互联网发展格局中的地位越发重要。以网络游戏为例，首都互联网的网络游戏产品日渐成为北京地区乃至中国文化创意产业的主要出口产品，在国外拥有数量庞大的消费者群体，对传播中国互联网文化起到了不可低估的作用。

2016 年 10 月，美国应用研究公司 App Annie 发布了全球手游指数报告，内容显示，网易成功拿下了全球手游收入最高的游戏公司，其中《阴阳师》这款游戏市场业绩显著，是 2016 年全球游戏 IOS 收入榜的冠军，而排在第二名的依然是网易旗下的产品《梦幻西游》，由于有这两款现象级的产品，帮助网易荣登全球手游企业收入排行榜首。[1] 在技术高地领域，2017 年 7 月中国移动 5G 北京试验网正式启动。根据中国移动规划，2017 年在北京、上海、广州、苏州、宁波 5 个城市启动 5G 试验，推动平台架构成熟，验证 3.5GHz 组网关键性能。北京试验网将在昌平未来科技园建设 7 个宏站，组成基本的试验环境；在验证 5G 基本组网性能的基础上，补充建设部分灯杆小站，组成宏微融合覆盖的特色网络环境，支撑 5G 三大应用场景的综合性能验证；同时结合首都高科技园特色，搭建 5G 联合创新平台，联合园区内其他生态链伙伴，在智慧园区和车联网等方向探索 5G 特色应用。北京试验网的启动标志着中国移动的 5G 试验全面启动，也标志着首都北京将会抢占 5G 移动通信网络技术高地，为今后的“中国网都”角色的发挥提供牢固的技术支撑。

第三节　本章小结

本章分析的内容为后续研究奠定基础，首先详细阐述了互联网产业的内涵，结合互联网产业管理的“属地管理”这一基本

1 《网易手游收入世界第一》，http：//www.techweb.com.cn/internet/2016-11-23/2438280.shtml。

原则，提出了首都互联网的定义：在首都北京管辖地域范围内开展运营，并接受北京属地管理的互联网和相关服务业与软件和信息技术服务业的集合。这一定义充分参考了最新制定的国民经济行业分类标准，并根据行业管理的实际情况而提出，具有概念简洁、内涵明确、分类界定清晰的特点。后续研究中的首都互联网都是在这一定义下展开的。

结合首都互联网的定义以及多年来首都互联网发展的实际情况，结合首都北京的城市战略定位，提出了首都互联网的特点：立足北京、服务首都、影响全国、辐射全球。其中“立足北京”是首都互联网的本质特点；“服务首都”是首都互联网的主要职能；“影响全国”是首都互联网实力和地位的体现；“辐射全球”是首都互联网的未来发展趋势。四个层面的意义既有区别，又有联系，这 16 个字高度概括了首都互联网的特点与性质，为深入分析首都互联网发展的现状、阶段性特点以及诸多问题提供了有力的参考。

第三章

2016—2017年首都互联网发展环境

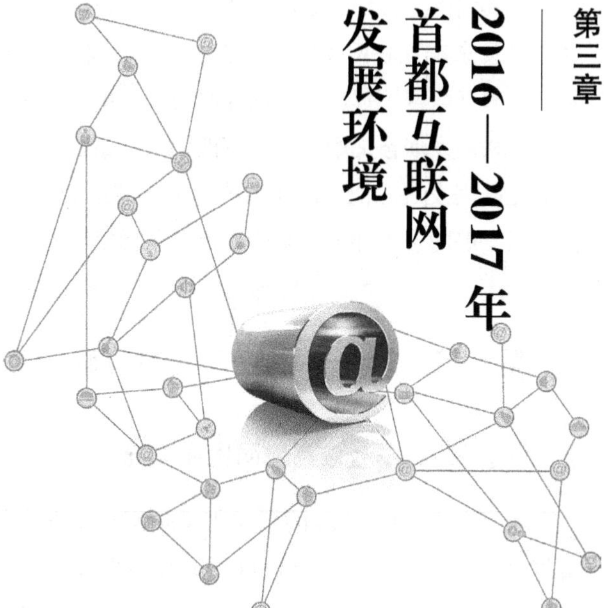

互联网具有三大特性：创新性、开放性和连通性。首都互联网扎根于首都北京，但不局限于首都北京，它是一个开放的信息网络。首都互联网的发展与进步是在内因与外因的共同作用下实现的。其内因是首都互联网产业自身的运行与创新，其外因就是中国以及全球互联网发展与进步的时代环境。经过 30 多年的发展，首都互联网不仅成为中国互联网的重要组成部分，也成为了全球互联网发展格局中不可小觑的创新力量。因此，在分析研究首都互联网发展之前，需要系统了解与掌握 2016—2017 年首都互联网发展的宏观环境，明确首都互联网发展的时代背景。

第一节　2016—2017 年全球互联网发展情况

一、2016 年全球互联网发展情况

凯鹏华盈（KPCB）的《2017 互联网趋势》（Internet Trends）报告显示，2016 年全球互联网增速较为平稳。2016 年全球互联网用户数达到 34 亿，与 2015 年同期水平相比增长了 10%，正在逐步走出 2010 年以来下降的趋势，见图 3–1；全球智能手机出货量增速同 2015 年相比略有降低，2016 年增速约为 3%；受制于个人消费结构和市场饱和等因素，全球智能手机用户数增速与 2015 年相比也有所降低，2016 年增速为 12%，远远低于 2015

年 25% 的水平。

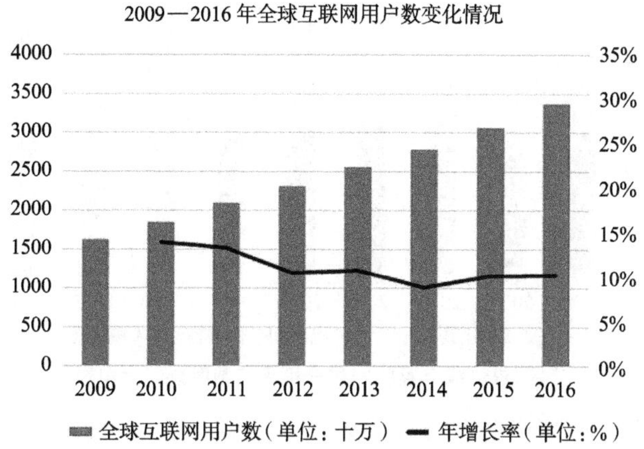

图 3–1　2009—2016 年全球互联网用户数变化情况

资料来源：KPCB。

美国作为全球互联网中最重要的组成部分之一，其 2016 年互联网发展呈现出以下趋势：美国完美的互联网使用率增速稳定，2016 年增速达到 4%；互联网终端结构呈现出移动终端占主导的局面。KPCB 的数据显示，美国每位成年互联网用户每天在数字媒体上消耗的时间为 5.6 个小时，其中 3.1 个小时是通过手机等移动终端，2.2 个小时是通过电脑、平板设备，0.3 个小时是通过其他终端设备。由此可见，移动终端设备已经成为美国消费者主要的资讯获取渠道和主要使用设备。美国每位成年互联网用户每天在数字媒体上消耗的时间，如图 3–2 所示。

移动互联网广告是互联网广告的最新形式，它把手机短信、彩信和 WAP 作为信息载体，利用手机的即时性、随身性、针对性和私密性等特点，进行精确、互动、无处不在的广告营销模式。一个国家或地区的移动互联网广告规模受互联网用户规模、

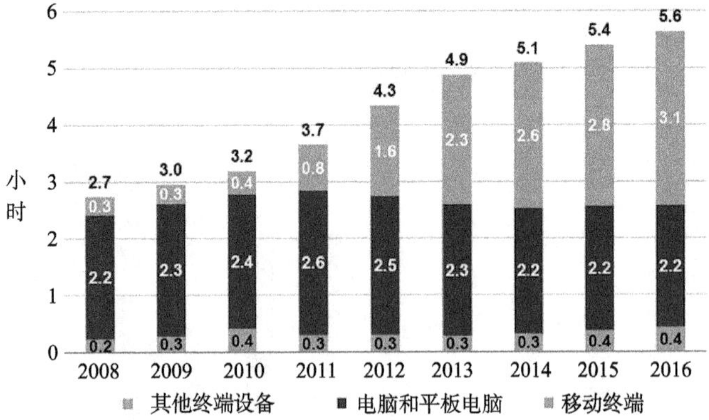

图 3–2　美国每位成年互联网用户每天在数字媒体上消耗的时间

资料来源：KPCB。

互联网行业发展水平和消费模式共同影响，是衡量互联网产业发展水平的重要标志。美国互联网广告规模从 2014 年开始走出下降区间，连续三年呈现出增长局面。KPCB 的数据显示，美国移动互联网广告占比大幅度提高，2016 年美国互联网广告规模中有一半以上已经为移动互联网广告所占据，并且这种结构上的变化在 2015 年和 2016 年之间表现得特别明显，见图 3–3。

电子商务是互联网产业应用的主要形式。2016 年全球电子商务快速发展，电子商务领域已经覆盖所有传统零售领域，已经成为改变全球人类生产生活方式的重要力量。电子商务厂家不断创新营销方法，继续在消费者中扩大市场份额，网上购物已经不再是少数互联网发达国家互联网用户才能拥有的消费方式。eMarketer（中文互联网数据资讯中心）的数据显示，2016 年全球电商销售额达 1.915 万亿美元，其中北美地区占 4233.4 亿美元，预计到 2020 年，零售电商增长率将达两位数。eMarketer 的报告还显示，食杂生鲜、保健品、运动用品、宠物用品是促进全球电

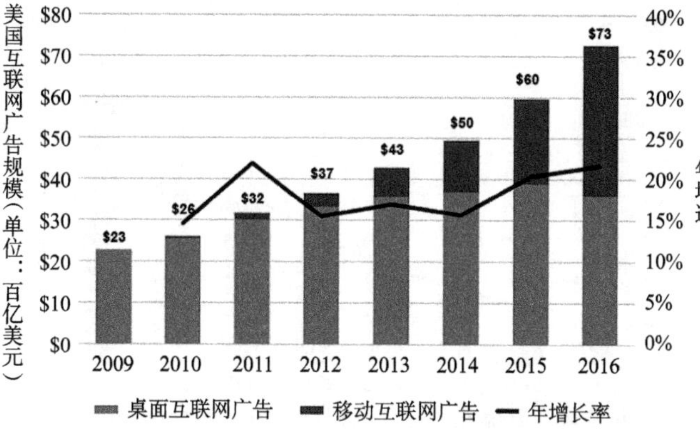

图 3–3　2009—2016 年美国互联网广告规模变化情况

资料来源：KPCB。

商发展的主要品类之一。[1]

印度互联网是全球互联网发展格局中的新兴力量，由于巨大的市场规模和快速增长的业务总量，印度互联网已经成为全球互联网中仅次于美国与中国的第三大市场。印度互联网发展代表了第三世界国家互联网产业发展的最高水平。根据 KPCB 的数据，2016 年印度 GDP 增速为 6.8%，为全球最高增速，超过中国的 6.7%。截至 2016 年 6 月，印度网民数量达 3.55 亿，互联网渗透率达 27%。印度移动与互联网协会（IAMAI）在 2017 年 3 月发布的报告中预测，到 2017 年 6 月，印度网民数量会达到 4.6 亿，互联网渗透率达 31%。2009—2016 年印度互联网用户规模和网络渗透率变化情况如图 3–4 所示。

自从莫迪总理上台以来推出了 Aadhaar 身份认证系统、数字印度、初创印度等一系列政策措施，极大地推进了印度的网络化

1 《全球电商快速发展》，http：//www.shenyongxiang.com/content-136127-1/。

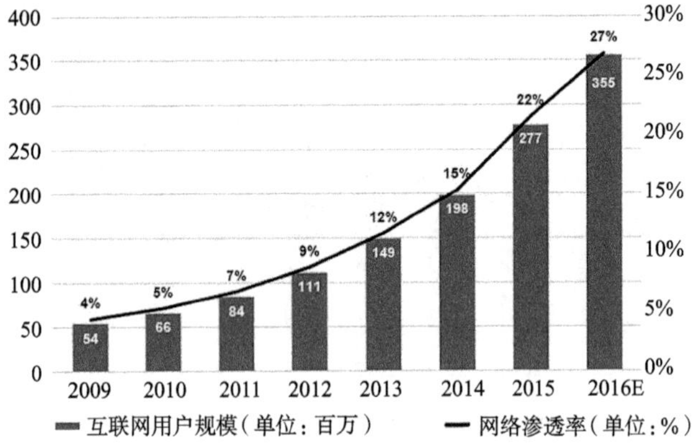

图 3–4　2009—2016 年印度互联网用户规模和网络渗透率变化情况

资料来源：KPCB。

进程：从 2010 年开始印度已经发放了超过 10 亿张身份证；新增了 2.8 亿个银行账户，政府从此可以直接向公民银行账户发放救济金，减少了腐败和挪用现象；国家统一支付界面 UPI 和拥有政府背景的支付钱包 BHIM，极大地促进了移动支付交易。以 UPI 为基础的移动支付交易已经达到 3.59 亿美元每月，占印度月移动交易总量的 30%。

印度智能机售价和资费均呈现下降趋势。2016 年第三季度出货量达 3200 万部，居历年之最。由于废除旧币政策的影响，2016 年第四季度（2600 万部）和 2017 年第一季度（2700 万部）出货量稍有下降，但目前已经恢复。在使用模式上，印度用户的安卓机使用时长达 1480 亿小时（中国除外），居全球第一。印度用户的 Google Play 软件商店下载量也居全球第一，达 62 亿次，已经超过美国。

印度 2016 年的平均手机售价为 131 美元，占该国人均 GDP 的 8%，占比仍显得较高。印度的移动上网成本下降明显，已经从 2014 年第一季度的年化每月 1GB 53 美元下降到 2017 年第一季度的 23 美元。[1] 而 23 美元占印度人均 GDP 的 1.3%，2014 年的年化每月 1GB 消费额占人均 GDP 高达 3.5%。近年全球手机厂商围绕着印度市场展开了激烈竞争。中国手机品牌，如联想、小米、oppo、vivo 等在印度市场攻城略地，到 2017 年第一季度已经占据一半市场份额。

在互联网技术领域，2016 年全球互联网创新的主要亮点在“AI”（Artificial Intelligence，人工智能）和云技术这两个方面。在人工智能领域，AI 在 2016 年经历了许多具有里程碑意义的事件：比如阿尔法围棋战胜人类棋手，语音识别技术达到人类水平，各大云服务平台公司争先恐后进入 AI 平台开发领域等。2016 年 AI 领域发展的重头戏无疑要数阿尔法围棋（AlphaGo），它以 4:1 的比分战胜世界著名围棋选手李世石。这是 AI 领域继 1996 年深蓝（DeepBlue）战胜卡斯帕罗夫、2011 年 Watson 赢得“危险边缘”（Jeopardy！）之后，又一里程碑事件。越来越多的公司投入 AI 系统构建的风潮中。几大云平台公司都开始组建 AI 平台事业部，并且引进关键人才，确保自己能够在这样的竞争中抢得先机。在云技术领域，区块链（Blockchain）的出现加速了相关领域的实际应用步伐。区块链是一种按照时间顺序将数据区块以顺序相连的方式组合成的一种链式数据结构，并以密码学方式保证的不可篡改和不可伪造的分布式账本。区块链技术主要具有以下特点：一是利用块链式数据结构来验证与存储数据；二是利用云计算中的分布式节点共识算法来生成和更新数据；三是利用密码学的方式保证数据传输和访问的安全；四是利用由自动化

1　年化每月 1GB 费用是指如果每月用 1GB 流量，一年上网的费用。

脚本代码组成的智能合约来编程和操作数据，它是一种全新的分布式基础架构与计算范式，在诸多领域具有应用价值。目前，该技术主要应用于金融行业的征信、交易安全和信息安全，可以形成点对点的数字价值转移，从而提升传输和交易的安全性。2016年3月，俄罗斯联邦中央证券所（NSD）宣布了一个基于区块链技术的试点项目。许多在音乐产业中具有监管权的机构开始利用区块链技术建立测试模型，用来征收版税和世界范围内的版权管理。2016年7月，IBM在新加坡开设了一个区块链创新研究中心。2016年11月，世界经济论坛的一个工作组举行会议，讨论了关于区块链政府治理模式的发展。

二、2017年全球互联网的发展情况

结合现有报道和分析，2017年全球互联网发展情况呈现出以下特点。

第一，互联网用户数继续增长，但增速放缓。最近一份报告显示，2017年第四季度全球互联网用户数达到了35亿之多。鉴于目前地球人口总数约为85亿，这意味着全球有42%以上的人口通过互联网进行联系。可以预计2018年第二季度，全球互联网用户数肯定能达到37亿，全球互联网渗透率还将会进一步提高。但由于新兴第三世界国家互联网用户数增长速度有限以及印度互联网市场的饱和，全球互联网用户增速将会放缓。从用户分布来看，全球互联网用户存在着明显的差异，东亚地区拥有9.23亿互联网用户，而非洲和中东地区的用户则较少。而在欧洲地区，截至2017年12月31日，互联网用户总数达到了7.37亿，普及率也达到了77.4%。

第二，在需求增长、行业整合推动下，2017年全球互联网

行业整体趋势向好，互联网企业业绩回归良好。2017 年以来，纳斯达克互联网行业指数的股市牌价回报率达到 24.6%，回报较同期标准普尔 500 高出将近 18%。究其原因，主要是全球数字广告和电商的终端市场需求高涨，大幅度带动市场预期，令广大消费者和投资者对 2017 年互联网大盘股企业整合进程充满信心。

第三，虚拟现实（VR）技术和增强现实（AR）技术是当前全球互联网行业技术发展的新战场。IDC（International Data Corporation 国际数据公司）预计，2017 年，虚拟与增强现实硬件销售额将达到 60 亿美元，其中大部分可能源于索尼等公司制造的视频游戏用虚拟现实硬件。Facebook 正在努力通过旗下虚拟现实科技公司 Oculus 占有一定市场，而 Google 的 Daydream 平台以智能手机为依托，逐步抢占相关市场的份额，提高市场地位。预计到 2020 年，虚拟现实与增强现实可能推动销售业绩增长，相关硬件销售额可能高达 400 亿美元，此外，相关软件与服务可能最终占整个行业支出的 50%。

第四，竞争压力和成本负担进一步推动全球音乐流媒体领域整合。由于音乐流媒体市场竞争逐步加大，近期音乐流媒体盈利前景面临挑战，这可能促使市场整合。这场整合运动的主力就来自财力雄厚并拥有多元互联网业务的企业。Amazon 和苹果可能各自利用流媒体增加 Prime 会员和旗下设备的吸引力。Sirius 可能将获取流媒体用户作为未雨绸缪的战略，因为越来越多的音乐消费在借助媒体这个渠道。较小的音乐流媒体公司可能成为收购目标，或者退出这个市场。

第五，移动社交应用继续保持良好业绩。由于全球互联网正在向移动互联网深度转型，从宏观形势上来看，手机已经取代电脑成为互联网最重要的入口。与此同时，移动社交应用继续保持良好业绩，预计 2017 年即时通信行业规模预计会达到 2000 亿美元。2017 年包括微信、WhatsApp 和 Facebook Messenger 在内，全球即时通信应用的价值可能达到 2000 亿美元，由此带来的经济乘数效应将达 28 倍。不仅如此，智能手机的交易和服务可能进一步融入即时通信应用，成为互联网公司长期的巨大营业收入来源。2017 年，这类营业收入达 70 亿美元，主要来自微信和 Line 这两款即时通信应用。[1]

第六，即时通信、虚拟现实以及人工智能技术将成为今后全球互联网的“蓝海领域”。这三大技术还处在市场探索时期，对 2017 年全球互联网行业的销售业绩影响力有限。但这些技术将在 2017 年面临节点性变化。根据全球知名信息技术业咨询公司 Gartner 预计，到 2020 年，云基础设施服务市场规模将达到 720 亿美元。长远来看，随着核心的广告与电商业务增速回归正常，互联网企业将寻求把这些垂直业务作为未来销售的支撑点。全球即时通信应用的市场规模估值可能高达 2000 亿美元，2017 年的合计销售额只有 70 亿美元。根据知名信息技术行业咨询服务公司 IDC 的预计，2017 年虚拟现实和增强现实硬件的销售额达 60 亿美元，其中大部分来自视频游戏。人工智能技术现在正处在萌芽期，属于未来会大展拳脚的潜力股。

1 《2017 年上半年全球互联网发展表现突出》，http：//tech.sina.com.cn/roll/2017-06-27/doc-ifyhmtrw4182465.shtml？ cre=techpagepc&mod=f&loc=5&r=9&doct=0&rfunc=100。

第二节　2016—2017 年中国互联网发展情况

一、2016 年中国互联网发展情况

2016 年是我国“十三五”规划的开局之年。在这一年里，面对复杂多变的国际环境和国内繁重艰巨的改革发展稳定任务，在以习近平同志为核心的党中央坚强领导下，各地区各部门全面贯彻党的十八大和十八届三中、四中、五中、六中全会精神，认真落实党中央、国务院决策部署，统筹推进“五位一体”总体布局和协调推进“四个全面”战略布局，坚持稳中求进工作总基调，坚持新发展理念，以推进供给侧结构性改革为主线，适度扩大总需求，坚定推进改革，妥善应对风险挑战，引导形成良好社会预期，经济社会保持平稳健康发展，实现了“十三五”良好开局。

2016 年中国互联网产业继续保持稳步增长的态势。根据国家统计局初步估算的数据，2016 年国内生产总值 744127 亿元，比上年增长 6.7%。2016 年与互联网产业密切相关的信息传输、软件和信息技术服务业实现产值约 26080 亿元，比上年增长 22%，约占 GDP 比例为 3.5%。[1] 信息传输、软件和信息技术服务业实现固定资产投资 6319 亿元，比上年增长 14.5%；信息传输、软件和信息技术服务业对外直接投资 203.6 亿元，比上年增长 252.2%。互联网产业已经成为我国产业“走出去”的排头兵，是我国“一带一路”战略实施的主力产业。阿里巴巴、华为、中

1 《中华人民共和国 2016 年国民经济和社会发展统计公报》，http：//www.stats.gov.cn/tjsj/zxfb/201702/t20170228_1467424.html。

兴等互联网行业巨头海外业务日渐扩大，消费者群体规模逐步提高，中国智造的互联网产品与服务正在为世界各国人民所接受。

长期跟踪中国互联网发展的中国互联网信息中心（CNNIC）于 2017 年 1 月 22 日在京发布《第 39 次中国互联网络发展状况统计报告》。报告显示截至 2016 年 12 月底，我国互联网用户数达 7.31 亿，普及率达 53.2%，超过全球平均水平 3.1 个百分点，超过亚洲平均水平 7.6 个百分点。全年共计新增网民 4299 万人，增长率为 5.2%。2006—2016 年中国互联网网民数和互联网普及率变化情况如图 3–5 所示。

图 3–5　2006—2016 年中国互联网网民数和互联网普及率变化情况

资料来源：《第 39 次中国互联网络发展状况统计报告》。

截至 2016 年 12 月，我国手机网民规模达 6.95 亿，增长率连续三年超过 10%。台式电脑、笔记本电脑的使用率继续保持下滑态势，手机等移动终端不断挤占其他个人上网设备的使用。移动互联网与线下经济联系日益紧密，并推动消费模式向资源共享化、设备智能化和场景多元化发展。中国网民网络接入方式比例（2015 年与 2016 年）如图 3–6 所示。

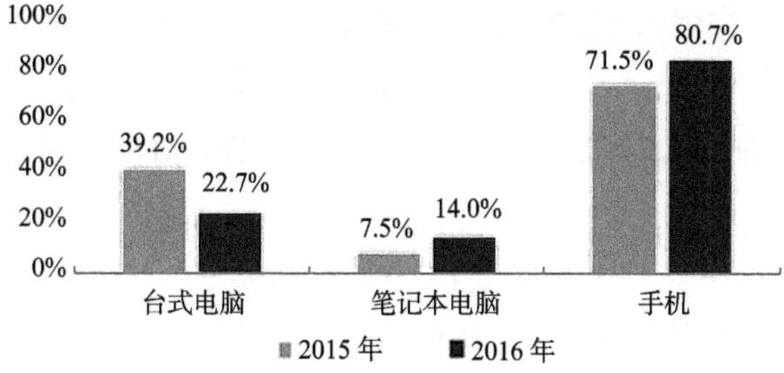

图 3–6　中国网民网络接入方式比例（2015 年与 2016 年）

资料来源：《第 39 次中国互联网络发展状况统计报告》。

截至 2016 年底，我国手机网上支付用户规模增长迅速，达到 4.69 亿，年增长率为 31.2%，网民手机网上支付的使用比例由 57.7% 提升至 67.5%。手机支付向线下支付领域的快速渗透，极大丰富了支付场景，有 50.3% 的网民在线下实体店购物时使用手机支付结算。网络预约专车用户规模为 1.68 亿，比 2015 年同期水平增加近 5000 万，增长率为 37.9%。网约车作为共享经济的代表性服务，在盘活社会车辆资源、满足用户出行需求方面发挥了重要作用。2016 年，网约车管理办法陆续制定出台，网约车进入了规范发展期。

伴随着"宽带中国"战略的推进和提速降费措施的落实，宽带提速效果日益显著。电信普遍服务试点的实施，支持全国 27 个省（区、市）的 10 万个行政村开展网络光纤到村建设和升级改造，解决 3.1 万个建档立卡贫困村网络覆盖建设问题，为网络扶贫、缩小城乡"数字鸿沟"提供了重要手段，为网络强国建设提供了有力支撑。据工业和信息化部有关数据，8Mbps 及以上接入速率的宽带用户总数达到 2.59 亿户，20Mbps 及以上宽带用户总数 2.11 亿户，光纤接入 FTTH/0 用户总数达到 2.15 亿户，比去年同期分别增长121%、262%和95%，占宽带用户总数的比重分别达88.1%、71.7%和73%。随着网络带宽的不断提升，建设光网城市成为城市下一步发展方向，并为智慧城市的落地夯实了基础。

到2016年底，中国域名总数为4228万个，其中".CN"域名总数为2061万个，占中国域名总数比例为48.7%，".中国"域名总数为47.4万个；网站总数为482万个，其中".CN"网站数为259万个。2010—2016年中国网站总数变化情况如图3-7所示。

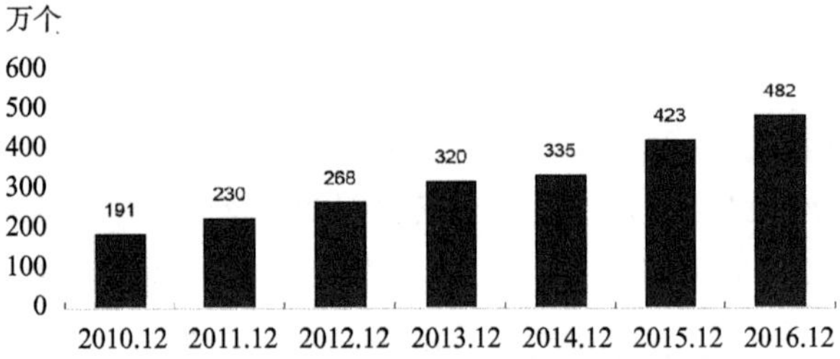

图3-7　2010—2016年中国网站总数变化情况

资料来源：《第39次中国互联网络发展状况统计报告》。

2016年，我国境内外上市互联网企业达91家，总体市值为5.4万亿人民币。其中腾讯公司和阿里巴巴公司的市值总和超过3万亿人民币，两家公司作为中国互联网企业的代表，占中国上市互联网企业总市值的57%。2016年，中国企业在线销售、在线采购的开展比例实现超过10个百分点的增长，分别达45.3%和45.6%。在传统媒体和新媒体加快融合发展的趋势下，互联网在企业营销体系中扮演的角色越发重要，互联网营销推广比例达38.7%。

从发展趋势来看，2016年中国互联网体现出以下特征。

（一）互联网发展基础条件进一步提升

十八大以来，互联网基础设施建设力度逐步加快，经过近五年多的建设，中国基本建成宽带、融合、泛在、安全的下一代国家信息基础设施。良好的互联网基础设施水平对于提升“互联网 +”的支撑能力，促进“中国制造 2025”的实施和网络强国的建设提供了坚强保证。2016 年，全国互联网普及率即将过半，农村与城市“数字鸿沟”进一步缩小。高速光纤网络光网覆盖范围更广，20Mbps 及以上接入速率成为高速宽带的发展重点。在农村及偏远地区宽带电信普遍服务补偿机制的引领下，农村互联网的普及率与接入速率将有显著提高。高速移动网络加快普及，提速降费持续推进。随着 4G 网络城乡覆盖范围的进一步扩大，以及运营商提速降费政策的进一步推进，2016 年 4G 移动互联网保持了高速发展的态势，新增加 2 亿～ 3 亿 4G 新用户。同时，移动互联网接入流量也将继续保持翻倍增长的态势，移动互联网对信息社会的支撑能力将进一步增强。5G 技术试验将全面启动，为下一代移动互联网奠定基础。

（二）互联网市场发展模式逐步转向内生技术推动型

在中国互联网产业发展的初期，发展模式主要以粗放式为主，主要依靠单纯的固定资产投资和消费群体扩张而推进。随着我国自主创新能力的不断加强以及互联网产业升级步伐加快，互联网市场发展模式逐步转向内生技术推动型。2016 年，大数据交易相关标准逐步出台，市场交易转向活跃。大数据交易标准、技术标准、安全标准、应用标准等相应制定完成，大数据流通交易环节中的关键问题有望得以解决。在国家大数据战略的推动下，把大数据交易作为平台的大数据市场交易逐渐繁荣，可能会有里程碑意义的数据交易案例产生。物联网推动城市生活智能化，平台入口之争越发激烈。智能家居产品、个人可穿戴智能设备进一步普及，城市基础设施将广泛相连并推动智慧城市建设，以智能手机为核心的物联网将会加速融入生活。物联网市场的发展也将带动传感器、闪存市场的活跃，而各个企业也将围绕物联网入口的平台展开激烈竞争。云计算2.0时代下数据资源成为核心资产。从注重底层技术到关注数据资源，云计算技术的发展使得云计算服务提供商会更加注重数据资源的聚集，并通过数据聚合而产生大数据利息，降低用户使用云计算的成本，从而推动云计算的普及。

（三）互联网产业融合进程进一步加快

2016年，中国“互联网+”战略深度推进，通过传统企业与互联网的融合，互联网产业不断扩展产业边界，与其他产业深度交叉融合，创造出全新管理与服务模式，为用户提供更好的服务体验，产生不局限于流量的更高价值的产业形态，如新型的生产制造体系、销售物流体系和融资体系。互联网产业整合的主要内容和基本目标如表3–1所示。

表3–1　互联网产业融合的主要内容和基本目标

序号	融合产业	主要内容	基本目标
1	互联网+工业	“互联网+工业”的软硬一体化将造就新的工业体系，智慧工业将成为工业互联网的重要部分。工业生产模式产生改变，两化融合日益加深，信息物理系统（CPS）产业化、标准化，智能制造将逐步成为新型生产方式，生产性服务业得到快速发展，加快从制造大国转向制造强国，重塑中国制造的全球优势。	助推中国向制造强国转型。
2	互联网+能源产业	互联网的新技术会加快升级现有的发电系统、输电系统、配电系统，夯实智能电网的基础性地位。工业园区和企业开展分布式绿色智能微电网建设，智能电网用输变电及用户端设备获得发展，智能电网成套装备产业化。	推动智能能源系统建设。

续表

序号	融合产业	主要内容	基本目标
3	互联网＋农业	农业通过与互联网的结合将生产者和消费者直接连接起来，从而有效解决盲目生产的问题，实现农村生产营销一体化。互联网企业加速与地方政府合作建设，电商纷纷向村县扩展，将新信息、新商品、新资金带入农村。生产方面，互联网智慧农业逐渐普及，农业的自动化水平稳步提高；流通方面，通过互联网解决信息不对称问题。	改变农业传统生产经营格局。
4	互联网＋服务业	通过互联网实现资源共享，从现有的出行、餐饮、酒店租赁迅速扩展到医疗、教育、家政等与人们日常生活密切相连的各个服务领域，同时分享经济中的信用体系、服务体系完成初步构建，分享经济的发展将进一步改变人们的生活。	分享经济影响范围快速扩展，信用服务体系初步建立。
5	互联网＋健康产业	移动健康类APP将会逐渐覆盖远程预约、远程医疗、慢病监控等服务，并逐渐改变现有的医疗健康服务模式。借助大数据技术完成健康数据的采集、管理和分析，从而实现个性化健康管理与医疗服务。移动支付业务形态向金融生态圈演变。	促进“互联网＋健康”向个性化服务演进。

资料来源：自行收集整理。

（四）网络安全产业发展势头良好

2016年，我国工业系统网络与信息安全问题越发受到重视，专用设备技术快速发展。随着“互联网＋”与传统工业融合逐步加深，接入网络中的设备、信息将会面临新的安全风险。保障工业系统安全的设备、技术和服务的需求将会大幅增长，自主可控的技术将取得进展。主动安全防御受到重视，智能化防御手段保障网络安全。充分利用大数据分析技术与人工智能技术的结合，实现对不安全行为或恶意攻击的自动预警，并融入机器学习技术，提高未知威胁的识别能力，形成被动防御与主动识别相结合的网络安全防护体系，从而确保关键基础设施的安全。

（五）网络治理开创新局面

2016年，我国全覆盖的互联网立体治理体系的构建初步形成。标准协商机制逐步形成，网络技术标准在实际应用中形成共识；政府、行业组织、企业之间的多方协作治理机制逐渐完善；法律体系建设不断推进，个人、企业网络行为的法律边界更加清晰，隐私信息、敏感数据保护体系更加健全。2016年，我国互联网监管政策法规建设情况如表3–2所示。

表3–2　2016年中国互联网监管政策法规建设情况

序号	政策法规	发布时间	主要内容
1	《互联网新闻信息服务管理规定》（修订征求意见稿）	2016年2月	将各类新媒体纳入管理范畴，新媒体发布时政类新闻也需要取得许可，并提高了申请互联网新闻信息服务许可的标准，强调总编辑负责和加强用户个人信息的保护。
2	《网络出版服务管理规定》	2016年3月	旨在统一网上和网下的出版服务市场准入和管理标准，加快出版业和新媒体的融合发展。
3	《专网及定向传播视听节目服务管理规定》	2016年4月	基于2004年的《互联网等信息网络传播视听节目管理办法》内容调整，结合现实情况制定全新的管理制度。
4	《互联网信息搜索服务管理规定》	2016年6月	引入了“付费搜索信息服务”和“商业广告信息服务”两个概念，要求互联网信息搜索服务提供者醒目区分自然搜索结果与付费搜索信息。

续表

序号	政策法规	发布时间	主要内容
5	《移动互联网应用程序信息服务管理规定》	2016 年 8 月	规定移动互联网应用程序提供者应严格落实信息安全管理责任，实行实名制管理。对发布违法违规信息内容的，视情节采取警示、限制功能、暂停更新、关闭账号等处置措施，并对收集、使用用户个人信息的基本原则做了规定。
6	《网络安全法》	2016 年 11 月	规定了网络空间主权的原则，明确了网络安全监管部门职权及配合，明确了网络产品和服务提供者、网络运营者的安全义务，建立了关键信息基础设施安全保护制度，确立了关键信息基础设施重要数据跨境传输的规则等。
7	《互联网新闻信息标题规范管理规定（暂行）》	2016 年 12 月	旨在加强互联新闻信息标题规范管理，重点解决突出存在的“标题党”乱象，确保标题内容准确、客观、全面，进一步规范互联网新闻信息传播秩序。
8	《网络表演经营活动管理办法》	2016 年 12 月	加强对网络表演市场的管理和规范，主动引导网络文化经营单位依法依规开展经营活动，自觉提供内容健康、向上向善，有益于弘扬社会主义核心价值观的优秀网络表演。

资料来源：自行收集整理。

二、2017 年中国互联网发展情况

2017 年，在以习近平同志为核心的党中央坚强领导下，各地区各部门深入贯彻落实新发展理念，坚持稳中求进工作总基调，以供给侧结构性改革为主线，适度扩大总需求，深化改革创新，振兴实体经济，防范化解风险，强化预期引导，全年国民经

济运行总体平稳，结构不断优化，新兴动能加快成长，质量效益明显提高，稳中向好态势持续发展。

2017年，中国互联网发展继续保持快速增长的态势，已经成为中国经济发展和社会进步的新引擎。根据国家统计局的初步估算数据，全年国内生产总值827122亿元，按可比价格计算，同比增长6.9%，增速与上半年持平，比上年同期加快0.2个百分点，全国服务业生产指数同比增长8.3%，增速比上年同期加快0.2个百分点。其中，交通运输、仓储和邮政业，信息传输、软件和信息技术服务业，租赁和商务服务业增长较快。和互联网产业密切相关的信息传输、软件和信息技术服务业在2017年前三季度实现产值21143亿元，同比增长23.5%，占国民经济比重约为3.56%。[1] 信息传输、软件和信息技术服务业全年固定资产投资额达到6987亿元，同比增长12.8%。[2]

从2017年发展情况来看，我国互联网发展呈现出以下特点。

(一) **新一代信息基础设施成为网络强国战略的关键支撑**

在电信普遍服务试点等项目的支持下，加强农村网络基础设施建设，提升农村宽带网络覆盖水平，将让广大农民分享宽带红利。“光网城市”建设受到重视。随着宽带中国战略的推进，“光进铜退”成为地方“光网城市”的重要手段。“光网城市”的建设将大幅度提高城市的服务能力，一系列试点城市将会陆续出现，发挥示范引领作用。4G网络覆盖进一步扩大，5G研发试验和商用进一步推进，5G频谱规划工作取得进展，5G产业链中企业

1 《前三季度国民经济稳中向好态势持续发展》，http://www.stats.gov.cn/tjsj/zxfb/201710/t20171019_1543751.html。

2 《中华人民共和国2017年国民经济与社会发展统计公报》，http://www.stats.gov.cn/tjsj/zxfb/201802/t20180228_1585631.html。

的研发、运营能力进一步提升，下一代互联网商用部署加快实施。物联网成为 5G 主要应用场景之一，将大大拓展物联网的应用，促进物联网和移动互联网深度融合，开始进入企业为主体的应用时代。技术先进、高速畅通、安全可靠、覆盖城乡、服务便捷的宽带网络基础设施体系进一步完善。

（二）互联网技术成为创新发展的强劲动力

一是数字化、智能化服务技术蓬勃发展。人工智能将在未来发挥越来越大的作用，使一些长期以来需要人力劳动的任务实现自动化，变革现有的经济体系。2017 年，包括第 5 代移动通信网络、物联网、云计算、信息安全等面向消费者和企业服务的数字化应用场景进一步拓展，并且与人工智能、深度学习、大数据、嵌入式系统等技术深入融合，赋予物理设备（机器人、汽车、飞行器、消费电子产品）以及应用和服务类产品的智能功能，从而产生新一类的智能应用和物件，以及可广泛应用的嵌入式智能。

二是增强信用与安全的技术将进一步丰富。如区块链等在不可信环境中增加信任的技术将进一步丰富，应用范围与应用场景都将进一步扩大，涵盖被动式数据记录到动态预置行为等领域。该类技术将提升重要数据和事件不可更改的记录，例如：货币交易、财产登记或其他有价资产等。此外，自适应安全架构技术将进一步加强，包括持续分析用户和实体行为等领域。

三是企业信息化与云端迁移技术将释放更大影响力。促进企业信息化与云端迁移的技术将进一步提升，云平台的优势将获得企业界更广泛的关注，进而加速应用和服务的开发和部署，减少业务缺陷和资源浪费。云交付模式的最大优势在于它们能够为企业提供最出色的基础设施环境，推动企业开展自己的技术创新和数字化转型。

四是物理和数字世界互动技术应用范围进一步扩大。交互类技术进一步发展，在更大范围内推动沉浸式消费、商业内容和应用程序的格局巨变。虚拟现实和增强现实功能将进一步与数字网络融合，相关设备的成本进一步降低，技术生态更加完善，应用服务范围进一步扩大。互动技术将与移动网络、可穿戴设备和物联网一起实现大范围的应用服务协同，构建跨越物理世界与数字世界之间的信息流。

五是制造技术与信息网络技术融合塑造新的生产模式。提升速度和效率的支持类信息网络技术将进一步发展，尤其在制造业领域。以物联网、工业数据分析、人机协作为代表的支持类技术将获得更深应用，进而塑造新的生产模式。如，通过改变机器、人员和业务流程之间的信息流，来提高工厂之间的连接灵活性。工厂流程将更多依赖数据搜集与分析，人机交互性能也将大幅提升，生产过程的敏捷性、智能性、灵活性将大大提高。

（三）**产业融合成为振兴实体经济的重要体现**

2016 年 12 月举行的中央经济工作会议强调，以推进供给侧结构性改革为主线，着力振兴实体经济。互联网与传统产业的融合，将在培育壮大新动能、提振产业发展方面发挥不可替代的作用。智能制造成为产业转型升级的关键领域。《智能制造发展规划（2016—2020 年）》指出，加快发展智能制造，是培育我国经济增长新动能的必由之路，是抢占未来经济和科技发展制高点的战略选择，对于推动我国制造业供给侧结构性改革，打造我国制造业竞争新优势，实现制造强国具有重要战略意义。制造业与互联网的融合，将更多瞄准制造业发展重大需求，依托现有制造业的产业基础，从供给侧改革入手，集聚创新要素、激活创新元素、转化创新成果，为效率提升和价值创造带来新的机遇。互联网推进制造业向基于互联网的个性化、网络化、柔性化制造模式和服务化转型，提升制造业企业价值链。数字化生产、个性化定制、网络化协同、服务化制造等“互联网 +”协同制造新模式将取得明显进展，拓展产品全生命周期管理服务，促进消费品行业产品创新和质量追溯保证，推动装备制造业从生产型制造向服务型制造迈进，完善原材料制造业供应链管理。农业供给侧结构性改革将进一步深化。现代信息技术在农业生产、经营、管理、服务各环节和农村经济社会各领域深度融合，农产品需求结构升级与有效供给不足的结构性矛盾将得到缓解，互联网与农业生产经营管理服务进一步融合，引领驱动农业现代化加快发展，改造传统农业的基础设施、技术装备、经营模式、组织形态与产业生态。

（四）应用与服务成为惠及民生的创新举措

一是国内分享经济领域将继续拓展，在营销策划、餐饮住宿、物流快递、交通出行、生活服务等领域进一步渗透。同时，教育和医疗可能成为分享经济发展的新领域，通过分享经济突破传统资源约束，开展供需对接，较低成本地解决就医难、教育不公平等问题。平台企业的数量将不断上升，有望形成一批初具规模、各具特色、有一定竞争力的代表性企业。同时，诸多领域的分享经济都处于探索阶段和发展初期，其服务和产品的安全性、质量保障体系、用户数据保护等方面将引起相关部门的重视。

二是互联网与政府公共服务体系的深度融合将加快。大数据等现代信息技术的运用，有助于推动公共数据资源开放，促进公共服务创新供给和服务资源整合，构建面向公众的一体化在线公共服务体系，提升公共服务整体效能。政府信息公开方面，重点领域（如食品药品安全类、环境保护类、安全生产类等）政府信息公开的力度将加大；政府网站在线办事方面，将会在服务深度、服务质量和服务水平上加强；政府在线服务方面，互动交流水平持续提升，并建立较完善的政务咨询、调查征集类互动渠道等。

三是随着“互联网+”行动计划的深入，智慧城市建设快速推进，互联网将作为创新要素对智慧城市发展产生全局性影响，公私合营PPP模式将成为社会资本参与智慧城市建设的主流模式。产业园区建设开始转向智慧型，提供更多功能，服务更加人性化，理念更加先进，模式更加开放。

（五）安全与治理成为产业发展的有力保障

一是物联网安全态势感知能力增强，云计算安全更加重要。为避免物联网遭受更多的攻击与破坏，产业界将积极采取整体措施增强安全态势。2017年，物联网嵌入式安全得到认真对待，对网络供应链进行检查将会成为一项重点，以物联网为推力的分布式拒绝服务攻击问题得到进一步研究，物联网态势感知成为企业发展追求的更高目标。随着云计算越来越受欢迎，终端用户将会对云服务提供商的安全性进行评估。企业将会利用加密、标记或其他解决方案来确保敏感数据或机密信息，强大的身份验证措施将持续发挥作用。

二是安防领域的智能化水平提升。具备自主、个性化、不断进化完善的人工智能技术，将有效解决安防领域日益增加的用户需求，提升整个安防领域的智能化水平，推动安防产业的升级换代，助推国家网络空间战略预警和防御体系不断完善，威胁发现和态势感知预警、重大安全事件应急处置和追踪溯源等协作机制将会逐渐建立。

三是互联网治理的方式与手段进一步创新。随着互联网与经济社会各领域的深度融合，产业发展呈现融合化、区域化、生态化的发展特点，分享经济、区块链等新模式、新技术与旧制度的碰撞仍在继续，无人驾驶汽车、人工智能应用面临的法律问题日益凸显，区块链、云计算、大数据等新兴技术将会不断促进互联网治理方式与手段的创新，多元协同共治的需求将更加强烈。

四是中国在网络空间方面的国际影响力增强。全球互联网进入多利益相关方共同治理新时代，构建“多边、民主、透明”的国际互联网治理体系成为共识，中国在互联网治理论坛、国际电信联盟、亚太经合组织、上海合作组织、中国—东盟合作框架等组织中的影响力将继续增强。我国企业、研究机构、行业组织更加积极参与国际网络安全交流等活动，围绕全球网络空间新秩序的研究会进一步深入。

第三节　2016—2017 年兄弟省市互联网发展情况

一、2016—2017 年上海互联网发展情况

上海是我国经济、交通、金融和航运中心，经济发达，互联网发展水平一直居于全国前列。上海市统计局的相关数据显示，2016 年上海网民规模达到 1791 万，网络渗透率达 74.1%，仅次于北京，比上一年增长 1%。2016 年，上海拥有网站数目 399983 个，占全国网站总数比例为 8.3%。至 2016 年末，全市光纤到户覆盖总量达 941 万户，比上年末增加 31 万户，实际使用用户数达到 515.74 万户，比上年末增加 54.62 万户。固定宽带用户平均可用下载速率达 14.03Mb/s，比年末提高 2.72Mb/s。下一代广播电视网（NGB）覆盖 744 万户家庭，比上年末增加 24 万户。全市第三代移动通信技术（3G）和第四代移动通信技术（4G）用

户总数达到2390.09万户，比上年末增加178.82万户。开展i-Shanghai服务优化升级，公共场所服务场点累计开通1400余处，比上年末增加近600处。互联网网民数1791万人，互联网普及率为74.1%。城市公共区域WLAN接入热点累计达13.72万个。互联网宽带接入用户804.12万户，比上年末增加119.30万户。互联网省际出口带宽8.59T，比上年末增加2.99T，互联网国际出口带宽1.08T，比上年末增加0.16T。IPTV用户数达230万户，增加53万户。数字电视用户数达562万户，增加20万户。

2016年，上海市全年完成电子商务交易额20049.30亿元，比上年增长21.9%。其中，B2B交易额14445.60亿元，增长17.3%，占电子商务交易额的72.1%；网络购物交易额5603.70亿元，增长35.4%，占27.9%。全年口岸税费电子支付系统入网企业累计约8.3万家，增长3.7%；报文传输量为2.47亿个，实现电子支付金额13662亿元，增长7.4%。

2016年，上海互联网紧密抓住时代机遇，不断结合自身特色加快行业创新，利用内生力量推动自身发展，取得了诸多令人瞩目的成绩。

（一）进一步提高移动互联网基础设施建设水平

2016年5月，上海移动宣布4G用户规模突破1000万，相当于每两位移动用户中就有一人正在使用4G，成为我国4G网络覆盖率最高的城市之一。截至2016年底，上海移动已经部署开通超过2.5万个4G基站，实现了上海全市人口的完全覆盖，并率先推出网速加倍、通话清晰度加倍的“4G+”服务，同时，上海移动还进行了多次大规模的资费下调。2016年5月，上海移动与浦东新区人民政府进行了战略合作框架协议签约，3年内将在浦东新区滚动投入60亿元，以提升浦东新区信息化建设和信息产业发展的参与和支持力度。

（二）继续在互联网金融领域推进创新

上海是我国互联网金融发展水平较高的地区。2016 年 3 月，中国互联网金融协会在上海黄浦区正式挂牌成立，在一定程度上代表了行业监管的新方向。中国互联网金融协会并非所有平台都能加入，协会不把平台成立的时间长短、规模大小作为准入的评判依据，协会关心的是安全性以及合规性，对每一家申报的互联网金融平台都做了严格的审核。值得注意的是，近年来，随着平台数量的增加，互联网金融行业出现一些违背监管要求的市场行为，对整个行业的发展造成了一定的负面影响。而此次中国互金协会的成立，给行业带来了正能量。

（三）全面推动“互联网 +”战略

2016 年 10 月，上海市人民政府分别与上海联通、上海移动和上海电信在沪签署“互联网 +”战略合作协议。“十三五”期间，将围绕提升基础网络能级、推动重点产业创新、服务社会民生及建设高效服务政府等方面展开合作，努力将上海打造成亚太领先的“互联网 +”标杆城市，推进“互联网 +”应用融合，推动现代信息通信技术与金融贸易、先进制造等重点产业深度融合发展。在服务社会民生方面，将加快高清视频、家庭智能组网、综合支付平台等应用普及，利用云计算、大数据等技术手段提供智慧家庭、智慧医疗、智慧教育服务。在打造高效政府方面，三大运营商将助力上海各级政府机构进行信息系统云化改造和集中运营，开展基于大数据的精准决策，帮助政府提供更好的公共服务。

进入 2017 年后，上海经济继续保持总体平稳、稳中有进、稳中向好的发展态势，前三个季度经济运行好于预期，经济结构不断优化，新兴动能加快成长，质量效益进一步提高。2017 年前三个季度，与互联网产业密切相关的信息传输、软件和信息技术服务业增加值为1344.88亿元，占GDP比重为6.22%，与去年相比增长13.7%。

二、2016—2017年深圳互联网发展情况

深圳是我国改革开放的经济特区之一，也是中国互联网发展最前沿的城市，被誉为“最互联网的城市”。早在1994年，深圳和北京、上海一起成为中国第一批向社会提供Internet接入服务的城市。深圳的发展与互联网息息相关，从腾讯QQ的诞生，到微信风靡全球，从“我们一起当市长”的网络问政，到深圳十大观念经由数百万网友评选产生，互联网已经深入渗透到各个领域，成为其经济发展和社会运行的基本要素。

深圳市互联网产业发展活跃，聚集效益优质，不仅培育出华为、中兴、腾讯等电子信息制造及互联网巨头，还吸引了百度、阿里巴巴等互联网企业入驻。在深圳10多个互联网产业园区，入驻的互联网企业超过1000家。为抢占互联网产业发展新高地，深圳市率先制定互联网产业振兴发展规划和政策，每年安排5亿财政专项资金扶持互联网发展，营造了良好的产业发展环境。在电子商务、电子支付等互联网应用的推动下，深圳市互联网商务类应用成为新的经济增长点。《深圳市“互联网+”行动计划》明确提出“互联网+制造”“互联网+金融”“互联网+商贸”“互联网+物流”“互联网+交通”“互联网+文化创意”等12项任务，致力于将深圳打造成为国际信息港、全球领先的信息经济体。

根据CNNIC的《2016年深圳互联网发展状况研究报告》，截至2016年12月31日，深圳市网民规模达到965万，全年新增网民68万，网民规模在2015年高位基础上继续增长7.6%；

网民渗透率高达84.8%，比全国平均水平高出31.6个百分点。其中，深圳市手机网民规模达到933万人，较2015年增长82万人，增长率为9.6%。深圳网民使用手机上网的比例为96.7%，在2015年基础上提升了1.9个百分点，比全国平均水平高1.6个百分点。

深圳十区（包括新区）网民手机上网比例均在93%以上。其中罗湖区、龙华区网民使用手机上网的比例都在99%以上，明显高于其他区。大鹏新区手机网民规模基本稳定，其他区手机网民规模均有所提升。截至2016年12月31日，深圳手机网民通过3G/4G上网的比例为91.3%，97.5%的网民7月份至12月份曾通过Wi-Fi无线网络接入互联网。对比2015年“深圳人日均‘连网’5小时”数据，2014年深圳网民人均周上网时长为35.7小时，与2015年持平，比全国平均水平高9.3小时。截至2016年12月31日，深圳网民在家里通过电脑上网的比例为82.6%，与2015年底相比基本持平；在网吧、学校、公共场所通过电脑接入互联网的比例均有小幅上升，在单位上网的比例略有下降。

网络购物越来越成为网民生活中的一部分。2015年，深圳网民网购花费占日常消费采购支出的比例集中在1%～10%，2016年，这一比例则主要集中在31%～80%，越来越多的消费从线下转移到线上。阿里巴巴财报显示，2015年前三季度平均每用户网购花费为516元，2016年这一数字增长到606元，增长率为17.4%，2015、2016年前二季度移动端的花费分别为225元、414元，增长率为84%，网民在网络购物上的花费增长迅速。

截至2016年12月31日，深圳网络购物的网民规模达到764万人，使用率为79.2%，高出全国平均水平15.4个百分点。而这其中，八成以上的网民主要在手机端购物，其中22.3%的人“基本都是在手机端网购，电脑上很少买”，另外有61.9%的网民虽然也在电脑端买，但还是“手机上买的多”。网购对深圳市网民购物行为的影响主要表现为：网购替代了深圳网民部分实体购物行为。认为网络购物减少了自己在实体店购物次数的群体所占比例为78.8%，较2015年提升10.6个百分点。首先，网购激发了部分深圳网民的增量消费。因为网购而增加购买了之前没有计划购买商品的网民群体占比为59.4%。其次，网络购物未来的市场增长潜力较大。未来会继续加大网购比例的深圳网民占62.4%。移动互联网塑造了全新的社会生活形态，潜移默化地改变着移动网民的日常生活。除了网购以外，58.0%的深圳网民在网上预约过出租车，51.6%的网民预约过专车/快车/顺风车，21.3%的网民接触过在线教育课程。

深圳互联网产业继续保持快速增长态势，已经成为深圳国民经济和社会发展的主要驱动力。根据深圳市统计局的初步核算，2016年深圳地区生产总值为19492.60亿元，比上年增长9.0%。其中与互联网密切相关的新一代信息技术产业增加值为4052.33亿元，比上年增长9.6%；互联网产业增加值为767.50亿元，比上年增长15.3%。信息传输、计算机服务与软件业实现固定资产投资100.20亿元，比上年增长122.3%。

2016年深圳互联网发展取得了令人瞩目的成绩，发展亮点频出。宏观来看，2016年深圳互联网发展有以下几方面的特点。

（一）按照高标准高要求建设网络基础设施

2016年，深圳按照既定规划要求，通过各种途径加强网络基础设施规划。结合城市规划，大力推进光纤接入网、无线接入网建设，已经实现全市范围内4G移动互联网接入的无缝覆盖。推动通信网络和广播电视网络IP化、宽带化、移动化和全光化，建设具有国际先进水平的宽带城域网。积极发展下一代互联网、宽带移动通信网和下一代广播电视网（NGB），推进深圳“数字城市”建设，进一步提高城市信息化水平。支持电信运营商加强网络基础设施建设，适度降低互联网企业网络接入、服务器托管等费用，进一步优化互联网产业发展环境。鼓励深圳广电与电信类企业在网络基础设施、业务内容、商业模式等领域开展合作，在三网融合上先行先试并取得突破。

（二）持续提升互联网行业创新能力

深圳各级政府充分意识到创新对于互联网产业以及整个深圳国民经济的重要作用，制定、出台各类优惠扶持政策鼓励行业创新。政府加大扶持力度，促进行业模式创新，培育新的商业形态和服务。把握互联网产业快速发展的有利时机，结合行业特点和应用需求，促进互联网技术和服务业相互渗透融合，推进应用创新示范，推动新服务和新业态发展，拓展城市和产业发展的新空间。在充分发挥深圳人才高地的基础上，鼓励技术创新，提高产业核心竞争力。密切跟踪国内外互联网技术发展趋势，加强产学研合作，建立技术与标准研发平台，积极开展互联网应用基础研究、共性关键技术与前沿技术攻关、技术验证，加强互联网知识产权保护，鼓励企业参与制定行业标准和技术规范，把握产业发展主动权。

（三）全力完善支撑保障体系

2016 年，深圳继续完善互联网发展的支撑保障体系，释放制度和政策红利。政府已经建立信用服务体系，以加强政府监管、行业自律及部门间协调合作，鼓励企业积极参与，并按照完善法规、特许经营、商业运作、专业服务的方向，支持建立科学、合理、权威、公正的信用服务机构，完善电子支付手段，构建规范有序、安全诚信的网络环境。建立健全相关部门间信息数据资源的共享机制，推进在线信息数据服务平台建设，实现数据的动态采集、处理、交换。扶持互联网咨询、测评、认证等行业发展，鼓励相关行业协会、中介机构以及其他各类组织组建联合服务平台，支持互联网中小企业创业发展，促进产业链协同发展，推进跨行业的协调服务。进一步加强监管，明确互联网产业相关主体的职责与义务，维护互联网产业正常秩序。强化网络安全，建立健全网络安全技术保障公共服务体系，保障互联网产业健康发展。建立互联网产业技术标准联盟，开发具有自主知识产权的技术标准，推动行业标准和国家标准的制定。

（四）加强互联网产业投融资渠道建设

2016 年，深圳互联网产业发展面临着产业创新点瓶颈期、投融资渠道不通畅等结构性问题。政府相关机构及时出台政策，大力培育上市资源，推动互联网企业上市融资。积极发展债券市场，推广集合型发债模式，支持互联网企业发行企业债券，扩大债券融资规模。完善担保、再担保和互保金制度，积极为互联网企业服务。完善风险投资体系，引导创业风险投资、产业基金等投向互联网产业。鼓励金融产品创新，强化银行等金融机构对互联网产业发展的服务功能。

2017 年前三个季度，深圳互联网继续保持良好的业绩表现。深圳统计局的数据显示，新兴产业（七大战略性新兴产业和四大未来产业）保持较好增长势头。2017 年前三季度，新兴产业实现增加值 6269.66 亿元（已剔除行业间交叉重复），增长 14.6%，分别高于上半年和上年同期 0.7 个和 3.4 个百分点，占 GDP 比重达到 40.7%。其中，新一代信息技术产业增加值 3029.11 亿元，增长 12.3%；互联网产业增加值 742.01 亿元，增长 20.9%；新材料产业增加值 306.71 亿元，增长 17.3%；生物产业增加值 204.22 亿元，增长 20.1%；新能源产业增加值 474.70 亿元，增长 14.5%；节能环保产业增加值 463.58 亿元，增长 15.7%；文化创意产业增加值 1576.08 亿元，增长 15.1%；海洋产业增加值 284.39 亿元，增长 17.4%；航空航天产业增加值 104.74 亿元，增长 40.2%；生命健康产业增加值 64.03 亿元，增长 13.7%；机器人、可穿戴设备和智能装备产业增加值 425.50 亿元，增长 17.8%。[1]

2017 年，深圳互联网还积极加快特色优势行业建设，积极推进综合运营服务。巩固既有优势，进一步支持即时通信、数字音乐、动漫游戏、网络资讯、网络广告和网络下载等互联网应用服务企业做大、做强和快速成长。鼓励和支持企业调整、优化产业结构，立足核心优势，完善赢利模式，丰富服务方式，拓展增值服务领域，积极打造在网络通信、网络娱乐、网络内容等领域融合发展的互联网综合运营服务商。与此同时，深圳市在 2017 年还进一步加强了互联网行业供给侧改革，不断拓展互联网新兴应用领域，促进实体经济发展。加快推进互联网与实体经济的渗透融合，推动互联网技术在传统产业中的应用，促进互联网产业从“消费服务型”向“生产服务型”延伸，支持开发新的商业模式和业态，开拓数据挖掘、网络安全等新的发展领域，带动传统产业发展，增强实体经济发展后劲。

三、2016—2017 年杭州互联网发展情况

杭州是我国互联网发展格局中的后起之秀，其发展势头和

1 《2017 年前三季度深圳国民经济发展情况分析》，http://www.askci.com/news/finance/20171030/090306110727_5.shtml。

发展速度为中国乃至世界所瞩目。许多具有强大市场影响力的互联网产品和服务诞生于杭州，比如电商领域翘楚——阿里巴巴集团、互联网约车的“快的打车”、创新型消费 APP “51 信用卡管家”以及“蘑菇街”“挖财”“同花顺”“铜板街”等一大串让人眼花缭乱的企业和产品。

《2016 年杭州市国民经济和社会发展统计公报》数据显示，全市信息经济实现增加值 2688.00 亿元，增长 22.8%，占 GDP 的 24.3%，同比提高 1.3 个百分点。其中，电子商务产业、移动互联网产业、数字内容产业分别增长 45.2%、45.1% 和 35.0%。2015—2016 年杭州市互联网相关产业产值对比如表 3–3 所示。

表 3–3　2015—2016 年杭州市互联网相关产业产值对比

产业名称	2015 年		2016 年	
	绝对值（亿元）	增速（%）	绝对值（亿元）	增速（%）
合 计	2313.85	25	2688	22.8
电子商务	826.54	34.5	1026.73	45.2
云计算与大数据	828.96	29.6	960.58	28.2
物联网	307.21	12.7	335.45	8.8
互联网金融	326.17	33.5	230.4	7
智慧物流	58.07	8.4	96.45	18.5
数字内容	1234.45	35.5	1499.21	35
软件与信息服务	1596.45	29.4	1869.42	28.8
电子信息产品制造	557.83	12.5	620.73	11
移动互联网	844.71	37.5	1034	45.1
集成电路	42.54	8.6	53.23	21.5
信息安全	221.58	15.3	250.27	14.6
机器人	15.77	1.5	19.98	4.2

2016—2017 年，杭州互联网发展继续“高歌猛进”，在进一步建设好互联网发展基础的同时，大力支持互联网中小型企业发展，积极制订互联网行业的相关发展规划，创新型地提高政府职能部门的互联网融入程度。

2016 年 3 月，杭州市正式出台《关于支持大众创业促进就业的意见》，在创业资金、经营场所、税收政策、行政审批等问题上，给予了创业者诸多支持，特别是对农村电商给予了相当大幅度的支持。该《意见》提出要支持农村电子商务创业：在校大学生、毕业 5 年以内高校毕业生、登记失业半年以上人员、就业困难人员、城镇转业复退军人，在市区的行政村、县（市）从事电子商务创业或在市区从事农产品网络销售创业，达到一定网络销售额且符合享受一次性创业社保补贴、带动就业补贴条件的，补贴标准上浮 20%。其中企业招用毕业年度离校未就业高校毕业生，办理就业登记并依法缴纳社会保险费的，企业可按为其实际缴纳的基本养老、医疗和失业保险费之和享受社保补贴，期限不超过 3 年。劳动者在村级电子商务服务站服务 1 年（含）以上并依法缴纳社会保险费的，经当地人力社保、财政部门认定，可享受一次性创业社保补贴，其中毕业年度离校未就业高校毕业生的补贴标准可提高到 1 万元。就业困难人员到村级电子商务服务站就业并依法缴纳社会保险费的，经当地人力社保、财政部门认定，可参照公益性岗位政策享受社保补贴和岗位补贴，不再享受一次性创业社保补贴。对于创办农村电子商务创业园的人员，可参照大学生创业园、小微创业园政策，享受一次性建园资助、房租补贴、主办方补贴。参加电子商务培训并取得职业资格证书或专项职业能力证书的人员，可按规定享受培训鉴定补贴。

2017 年 3 月，杭州市人民政府印发《杭州市科技创新“十三五”

规划》，规划显示到2020年，杭州将在国家科技体制改革先行区、创新驱动转型升级示范区、互联网大众创业集聚区、全球电子商务引领区和信息经济国际竞争先导区等建设取得重大阶段性成果，初步建成具有全球影响力的“互联网+”创新创业中心。该《规划》指出，将在成果转化与产业化、企业创新能力提升、科技金融创新、创业人才激励、科技管理体制完善等方面取得重大突破；创新政策率先落地、科技成果转化率先示范、创新指标率先达到，形成以科技创新为核心推动全面创新的发展新格局；杭州自主创新能力、科技竞争力和科技综合实力继续处于全国主要城市的领先地位，科技进步对经济发展的贡献率持续提高，战略性新兴产业增加值占工业增加值的比重进一步提高，人才高地创新创业氛围进一步活跃；国家自主创新示范区的试点示范作用充分显现，创业创新生态系统不断完善，积累一批可复制、可推广的创新制度、创新模式；国家科技体制改革先行区、创新驱动转型升级示范区、互联网大众创业集聚区、全球电子商务引领区和信息经济国际竞争先导区建设取得重大阶段性成果，初步建成具有全球影响力的“互联网+”创新创业中心。

2017年8月，中国第一家“互联网法院”在杭州揭牌成立。杭州互联网法院集中管辖杭州市辖区内基层人民法院有管辖权的下列涉互联网一审案件：互联网购物、服务、小额金融借款等合同纠纷；互联网著作权权属、侵权纠纷；利用互联网侵害他人人格权纠纷；互联网购物产品责任侵权纠纷；互联网域名纠纷；因互联网行政管理引发的行政纠纷；上级人民法院指定杭州互联网法院管辖其他涉互联网民事、行政案件。设立网络法院，目的在于将涉网案件从现有审判体系中剥离出来，充分依托互联网技术构建专业、高效、便捷的司法运行体系，依法妥善处理网络纠纷，当好互联网空间依法治理的孵化器、互联网司法规则制定的试验田、互联网纠纷多元化解的主导者、互联网审判方式变革的先行者。这就实现了互联网行业与司法领域业务的有机融合和动态耦合，根据“网上案件网上审”的原则，实现起诉、立案、举证、开庭、裁判、执行全流程在线化，成为中国乃至世界司法主动适应互联网发展趋势的重大制度创新。

2017 年 9 月 6 日，之江实验室在杭州未来科技城“人工智能小镇”挂牌成立。作为浙江省政府力主创建的新型研发机构，之江实验室将重点聚集网络信息、人工智能，以大数据、云计算，谋划建设智能云、工业物联网、大脑观测及脑机融合、量子计算研究等四大科学装置，谋求的是打造一批世界一流的基础学科群，创造出代表中国科技、具有世界顶级水平的科技新成就。

杭州市统计局数据显示，2017 年前三季度，与互联网密切相关的信息经济继续快速增长，实现产业增加值（剔重）2276 亿元，增长 22.3%，高于全市 GDP 增幅 14 个百分点，占全市生产总值比重达 25.2%，较上半年度提高 0.4 个百分点。分产业来看，云计算与大数据产业、物联网产业和信息安全产业分别增长 34.3%、14.9% 和 20.6%，较上半年度提高 4.4、0.4 和 5 个百分点；电子商务产业、互联网金融产业和移动互联网产业增速回落幅度较大，分别增长 38.5%、6.2% 和 40.6%，较上半年度分别回落 5.6、3.1 和 4.3 个百分点；智慧物流产业、数字内容产业、软件与信息服务产业、电子信息产品制造产业、集成电路产业和机器人产业增速较上半年度略有下滑，分别增长 14.3%、32.1%、28%、10.8%、24.1% 和 9.3%，较上半年度回落 0.2、0.4、0.1、

0.2、0.8 和 0.1 个百分点。[1]

第四节　本章小结

互联网具有创新性、开放性和连通性这三大特点，这三大特点决定了首都互联网并不是孤立发展的，而是置身于全球和中国互联网发展进程中的。不仅如此，首都互联网和其他省市互联网是竞合关系，相互竞争、相互补充，一起构成了中国互联网发展的大篇章。因此，在深入分析 2016—2017 年首都互联网发展基本情况之前，需要对 2016—2017 年首都互联网发展的宏观环境与时代背景进行分析。

基于此，本文对全球、全国和部分省市 2016—2017 年互联网产业发展和互联网行业变革进行了描述与概括。在陈述发展基本情况的基础上，着重回顾了全球、全国以及这些省市互联网产业发展特点和互联网行业演进特征，同时也涉及了部分互联网技术创新领域的变化，这样的研究内容为后续分析打下了良好的基础。

1 《前三个季度我市信息技术保持快速增长》，http：//tjj.hangzhou.gov.cn/web/show_news.aspx？ newsid=QDIgKN18n7E=&id=CVEFQ/NEeT1S6tSbjBxLVw==&text=2kjQ6irJeuWIQRGvGt478w==。

第四章

2016—2017年首都互联网发展基本情况

2016—2017年，北京人民在党中央、国务院和市委、市政府的坚强领导下，牢固树立创新、协调、绿色、开放、共享的发展理念，围绕首都城市战略定位，大力推动功能疏解、京津冀协同发展，加快建设国际一流的和谐宜居之都，扎实推进供给侧结构性改革，经济社会保持平稳健康发展，实现了“十三五”良好开局。这两年首都互联网发展势头良好，互联网产业规模持续扩大，行业创新层出不穷，继续走在中国互联网发展最前沿，成为助推首都经济增长和社会进步的支柱产业。

第一节　2016—2017年首都互联网基础资源情况

一、IP地址

IP地址的作用是标识上网计算机、服务器或者网络中的其他设备，是互联网中的基础资源之一。权威的CNNIC《第41次中国互联网络发展状况统计报告》(以下简称为“第41次报告”)中的数据显示，2017年中国大陆地区IPv4地址数为338704640，IPv6地址数为23430块/32，其中北京IPv4数为86152369，占比为25.49%，为全国IPv4地址数最多的地区，远远超过第二名广东(占比9.53%)，北京IPv4数相当于广东、浙江、江苏、上海四个省直辖市IPv4数的总和，如表4–1所示。

表 4–1　2017 年各省市 IPv4 地址比例

省份	比例	省份	比例
北京	25.49%	广西	1.38%
广东	9.53%	山西	1.28%
浙江	6.47%	黑龙江	1.21%
山东	4.89%	吉林	1.21%
江苏	4.76%	天津	1.05%
上海	4.51%	云南	0.98%
辽宁	3.34%	内蒙古	0.78%
河北	2.85%	新疆	0.60%
四川	2.77%	海南	0.47%
河南	2.63%	甘肃	0.47%
湖北	2.39%	贵州	0.44%
湖南	2.36%	宁夏	0.28%
福建	1.94%	青海	0.18%
江西	1.73%	西藏	0.13%
重庆	1.68%	其他	8.93%
安徽	1.65%	合计	100%
陕西	1.63%		

资料来源:《第 39 次中国互联网络发展状况统计报告》。

二、域名

一般意义上，域名指的是互联网语言中的英文域名，通过“.”分割，仅由数字、英文字母和连字符“-”组成的字串，是与 IP 地址相对应的层次结构式互联网地址标识。常见的域名分为两类：一类是国家或地区顶级域名（ccTLD），如以“.CN”结尾的域名；另一类是类别顶级域名（gTLD），如以“.COM”“.NET”结尾的域名。第41次报告显示，截止到2017年12月，北京域名数量为5374574，占中国大陆地区域名总数比例为14.0%，位列全国第二位。其中，".CN"域名数量为2752795个，占".CN"域名总数比例为13.2%，位居全国第二位，". 中国域名"数量为201121个，占". 中国域名"总数比例为10.6%，占据了全国近八分之一的数量，如表4–2所示。

表4–2　分省域名数、分省.CN域名数、分省. 中国域名数

省份	域名		.CN域名		. 中国域名	
	数量（个）	占域名总数比例	数量（个）	占.CN域名总数比例	数量（个）	占. 中国域名总数比例
福建	8,824,912	22.9%	5,820,350	27.9%	1,496,239	78.9%
北京	5,374,574	14.0%	2,752,795	13.2%	201,121	10.6%
广东	3,978,682	10.3%	1,520,838	7.3%	28,764	1.5%
上海	2,405,562	6.3%	1,437,350	6.9%	21,524	1.1%
浙江	2,075,633	5.4%	1,166,955	5.6%	12,120	0.6%
江苏	1,616,149	4.2%	609,358	2.9%	13,801	0.7%
河南	1,231,752	3.2%	559,891	2.7%	5,220	0.3%
山东	1,196,463	3.1%	447,051	2.1%	16,429	0.9%
四川	1,183,839	3.1%	494,879	2.4%	10,962	0.6%
湖南	1,124,496	2.9%	719,366	3.5%	3,194	0.2%
湖北	789,674	2.1%	406,515	2.0%	4,489	0.2%
安徽	721,542	1.9%	261,928	1.3%	3,024	0.2%
河北	637,602	1.7%	229,761	1.1%	6,282	0.3%
广西	528,885	1.4%	334,905	1.6%	2,412	0.1%
辽宁	474,958	1.2%	181,654	0.9%	7,656	0.4%
重庆	437,663	1.1%	213,864	1.0%	5,474	0.3%
陕西	396,283	1.0%	166,753	0.8%	4,597	0.2%

续表

省份	域名		.CN 域名		. 中国域名	
	数量（个）	占域名总数比例	数量（个）	占 .CN 域名总数比例	数量（个）	占 . 中国域名总数比例
海南	385,853	1.0%	323,246	1.6%	452	0.0%
江西	332,293	0.9%	159,217	0.8%	9,005	0.5%
天津	265,043	0.7%	98,504	0.5%	2,361	0.1%
贵州	254,716	0.7%	144,022	0.7%	1,794	0.1%
吉林	246,436	0.6%	134,992	0.6%	2,055	0.1%
山西	244,481	0.6%	107,905	0.5%	2,268	0.1%
云南	233,410	0.6%	99,283	0.5%	4,998	0.3%
黑龙江	201,075	0.5%	74,856	0.4%	7,654	0.4%
甘肃	116,618	0.3%	49,167	0.2%	603	0.0%
内蒙古	99,292	0.3%	43,796	0.2%	1,799	0.1%
新疆	82,352	0.2%	32,374	0.2%	798	0.0%
宁夏	32,747	0.1%	14,713	0.1%	1,200	0.1%
青海	20,124	0.1%	4,034	0.0%	141	0.0%
西藏	17,882	0.0%	12,684	0.1%	264	0.0%
其他	2,949,364	7.7%	2,222,507	10.7%	17,045	0.9%
合计	38,480,355	100.0%	20,845,513	100.0%	1,895,745	100.0%

资料来源:《第 41 次中国互联网络发展状况统计报告》。

三、网站

网站是指在互联网上根据一定的规则，使用 HTML（标准通用标记语言下的一个应用）等工具制作的用于展示特定内容相关网页的集合。第 41 次报告显示，截止到 2017 年 12 月，北京地区拥有网站数量 705622 个，占全国网站总数比例 13.2%，仅次于广东（777464 个，14.6%），位居全国第二。

四、网页

网页是构成网站的基本元素，是承载各种网站应用的平台。第 41 次报告显示，截止到 2017 年 12 月，北京地区网页数量 95316061402 个，占全国网页总数的 36.60%，位居第一；其中静态网页数 7228913156 个，占全国静态网页总数的 37.11%，占比位居全国第一；动态网页 20026930246 个，占全国动态网页数的 34.81%，占比位居全国第一。北京地区静态与动态网页比值为 3.14，略高于全国平均水平（3.10）。北京地区网页字节数为 7275356232274，页面平均 76KB，略高于全国平均水平（64KB）。北京地区一周更新、一个月更新、三个月更新、六个月更新和六个月以上更新网页比是 65.1%∶13.6%∶18.7%∶17.0%∶45.5%。从编码类型来分，北京地区网页 98.9% 采用中文编码，英文编码的比例为 0.9% 左右。

五、网民

根据第 41 次报告，截止到 2017 年 12 月，北京地区拥有网民数 1697 万人，网民规模增长 2.6%，互联网普及率为 77.8%，比上年增长 1.3%，普及率位居全国首位。根据国内专业互联网招聘网站拉勾网公布的数据，2017 年北京互联网从业人数 424.3 万人，约占全国互联网从业人数的四分之一。

六、基础设施

根据北京市经信委 2016 年 6 月的数据，北京市具备光纤接入能力家庭累计超过 1200 万户，固定宽带家庭用户数累计约 698 万户，其中，20 兆及以上宽带用户占比约 89%，50 兆及以上宽带用户占比约 65%，4G 基站累计达 5.29 万个。北京移动已经实现 4G 网络行政村全覆盖，移动宽带用户数达到 2595 万户。让市民“一根线路，既能看有线电视，又能上网”的 IPTV 用户累计约 91 万户，通过有线电视网络接入互联网的用户累计达 45.7 万户。[1] 2016 年 7 月，北京地铁信息发展有限公司与北京移动、联通共同开发了多条地铁新线 4G 服务项目，成功实现 4G 网络全覆盖，北京城六区实现了 4G 网络的全空间覆盖。《2016 年北京国民经济与社会发展统计报告》中的数据显示，2016 年末北京固定电话用户达到 694.9 万户，固定电话主线普及率达到 32 线 / 百人。年末北京移动电话用户达到 3869 万户，移动电话普及率达到 178.1 部 / 百人；年末固定互联网宽带接入用户数达到 499.4 万户。

2017 年，北京继续加快网络基础设施建设力度。今年，北京将在“全光纤网络城市”基础上，推动宽带平均可用下载速率提高到 15MB，推进 4G 网络深度覆盖。同时，率先启动 5G 试点工作，在北京城市副中心、2019 北京世园会园区、北京新机场、2022 年冬奥会场馆等地率先开展 5G 网络商用试运行，并新增 400 个公共场所提供免费无线上网服务。

第二节　2016—2017 年首都互联网产业运行情况

根据北京市统计局的初步核算，2016 年全年北京实现地区生产总值 24899.3 亿元，比上年增长 6.7%。与互联网产业密切

1 《北京行政村实现 4G 全覆盖》，http：//news.xinhuanet.com/local/2016-08/09/c_129214264.htm。

相关的信息传输、软件和信息技术服务业实现产值2697.9亿元人民币，比去年增长11.3%，占地区生产总值比重达10.8%，和工业、金融业一起成为了北京地区的支柱产业，推动了国民经济增长和社会进步。2016年北京地区生产总值和行业产值情况如表4–3所示。

表4–3　2016年北京地区生产总值和行业产值情况

指标	绝对数（亿元）	比上年增长（%）	比重(%)
地区生产总值	24899.3	6.7	100
农、林、牧、渔业	132	-8.7	0.5
工业	3884.9	5	15.6
建筑业	1023.5	7.7	4.1
批发和零售业	2352.9	2	9.4
交通运输、仓储和邮政业	1060.7	6.6	4.3
住宿和餐饮业	411.8	0.9	1.7
信息传输、软件和信息技术服务业	2697.9	11.3	10.8
金融业	4266.8	9.3	17.1
房地产业	1672.7	5.5	6.7
租赁和商务服务业	1835.2	1.6	7.4
科学研究和技术服务业	2077.9	10.2	8.4
水利、环境和公共设施管理业	202.5	8.7	0.8
居民服务、修理和其他服务业	159.7	9.1	0.6
教育	1089	9.1	4.4
卫生和社会工作	635.6	7.1	2.6
文化、体育和娱乐业	583.5	7.8	2.3
公共管理、社会保障和社会组织	812.7	7.2	3.3

资料来源：《2016年北京国民经济和社会发展统计报告》。

信息传输、软件和信息技术服务业 2016 年实现固定资产投资 198.9 亿元，同比下降 18.1%。北京 2016 年合同外资 220.7 亿美元，比上年下降 31.8%，实际利用外资 130.3 亿美元，增长 0.3%，其中信息传输、计算机服务和软件业占 8.7%。从规模以上企业表现来看，2016 年 1—11 月北京软件和信息技术服务行业实现收入 4755.1 亿元人民币，同比增长 12.9%；从业人数 63.6 万人，同比增长 1.9%。

从北京市统计局发布的数据看，2016 年，网上零售额对全市社会消费品零售总额增长的贡献率为 51.2%；所占比重为 18.6%，高于全国 6 个百分点。“互联网 + 老字号”持续发酵，老字号焕发新气象。全市 77 家限额以上老字号批发零售企业中，有 13 家开展了网上零售业务，商品涉及食品、茶叶、服装鞋帽和图书等，合计实现网上零售额 4.7 亿元，增长 43.7%。从互联网金融领域看，第三方支付、P2P 网贷、众筹等新兴业态迅速兴起。1—11 月，全市金融信息服务业实现营业收入 36.4 亿元，增长 72.1%；53 家取得第三方支付牌照的非金融机构支付服务业法人单位实现营业收入 118.2 亿元，增长 33.8%。银行、保险等传统金融机构纷纷进军互联网金融业务。据统计，约有 7 成以上的保险公司开展了互联网业务，商业银行开展的互联网金融业务包括电子银行、手机银行、直销银行、网络支付、自建电子商务平台等，电子银行交易替代率达到 70% 左右。

2017 年，北京市互联网产业在外部环境恶化的前提下，继续保持中高速增长的态势。2017 年全年实现地区生产总值 28000.4 亿元，按可比价格计算，比上年增长 6.7%。与互联网产业密切相关的信息传输、软件和信息技术服务业实现产值 3169.00 亿元人民币，如表 4–4 所示，比上年增长 12.60%，占地

表 4–4　2017 年北京国民经济和产业发展情况一览表

指标	绝对数（亿元）	比去年增长（%）	比重（%）
地区生产总值	28000.4	6.7	100.0
按产业分			
第一产业	120.5	-6.2	0.4
第二产业	5310.6	4.6	19.0
第三产业	22569.3	7.3	80.6
按行业分			
农、林、牧、渔业	122.8	-6.1	0.4
工业	4274.0	5.4	15.3
建筑业	1151.0	1.6	4.1
批发和零售业	2486.8	6.7	8.9
交通运输、仓储和邮政业	1208.4	12.1	4.3
住宿和餐饮业	423.8	2.3	1.5
信息传输、软件和信息技术服务业	3169.0	12.6	11.3
金融业	4634.5	7.0	16.6
房地产业	1766.2	-1.6	6.3
租赁和商务服务业	1965.5	3.2	7.0
科学研究和技术服务业	2859.2	10.7	10.2
水利、环境和公共设施管理业	242.1	12.1	0.9
居民服务、修理和其他服务业	171.3	2.8	0.6
教育	1334.8	8.3	4.8
卫生和社会工作	696.0	7.4	2.5
文化、体育和娱乐业	598.1	2.5	2.1
公共管理、社会保障和社会组织	896.9	6.9	3.2

数据来源：北京市统计局。

区生产总值比重达 11.3%。

2017 年上半年，首都互联网产业经济运行平稳、稳中提质。根据初步核算，上半年全市实现地区生产总值 12406.8 亿元，按可比价格计算，同比增长 6.8%。与互联网产业密切相关的信息传输、软件和信息技术服务业实现增加值 1319.5 亿元，同比增长 9.3%；实现固定资产投资增长 113.26 亿元，同比增长 28.8%。[1]

2017 年上半年，全市文化创意产业实现增加值 1734.7 亿元，按现价计算同比增长 13%，占地区生产总值的 14.0%。分领域看，上半年文化艺术服务领域实现收入 182.7 亿元，同比增长 21.5%，增速最高；软件和信息技术服务领域实现收入 2836.7 亿元，增长 13.4%，占总收入比重达到 41.1%，保持着优势地位，是带动首都地区文创产业增长的重要领域。[2]

2017 年下半年，北京“互联网 + 金融”加速金融创新与变革。第三方支付、P2P 网贷、众筹等新兴业态保持高速增长。上半年，全市金融信息服务业实现营业收入 26.7 亿元，同比增长 52.6%；54 家取得第三方支付牌照的非金融机构支付服务业法人单位实现营业收入 77.1 亿元，增长 30.2%。

互联网正在改变居民的生活习惯，居民互联网消费趋于多元化，从网上购物到互联网理财、旅行预订、团购、在线教育、网络订餐、网络出租车等，居民互联网消费的范围涉及日常生活的方方面面。上半年，全市居民人均网购商品或服务支出同比增长

1 《2017 年上半年北京经济平稳向好》，http://zhengwu.beijing.gov.cn/sj/sjjd/t1486150.htm。

2 《文创产业运行平稳》，http://www.bjstats.gov.cn/tjsj/sjjd/201709/t20170914_383171.html。

7.7%，快于人均消费支出增速 1.2 个百分点。2017 年上半年的数据来看，网购用户平均每月网购 4.7 次；其中，8 成以上网购用户月均网购 2 次及以上，3 成网购用户月均网购 6 次及以上。[1]

第三节　2016—2017 年首都互联网重点企业发展情况

首都互联网行业拥有大量的重点企业，其对同行业同领域的其他企业具有较强的影响力、号召力和一定的示范、引导作用，并能够对该地区、该行业做出突出贡献。研究分析 2016—2017 年首都互联网重点企业发展情况，有助于我们更好地把握首都互联网发展的历史进程和内在规律。

互联网上市企业是互联网重点企业的典型代表，规模较大、业绩较好，并且拥有良好的财务和业务透明度。因此，本研究把公司总部所在地和纳税地作为依据，选取 2016 年首都互联网的上市企业作为分析对象。

所研究的北京互联网行业上市公司包括赴美上市、在港上市及在国内 A 股上市三大类共 31 家公司。其中，赴美上市的公司包括阿里巴巴、京东、百度、搜狐、新浪、金融界、宜人贷、航美传媒、聚美优品、兰亭集势、搜房网、易车、汽车之家、58 同城、智联招聘、途牛旅行网、网秦、猎豹移动、迅雷、人人网、陌陌和 51Talk 无忧英语 22 家公司；在港上市的公司包括慧

1 《2017 年上半年北京新经济发展报告》，http：//www.bjstats.gov.cn/tjsj/sjjd/201708/t20170808_379911.html。

聪网、金山软件、联众游戏与神州租车 4 家公司；在国内 A 股上市的公司有人民网、新华网、掌趣科技、完美世界与乐视网 5 家公司。与前一年相比，本年度新增 51Talk 无忧英语、新华网、完美世界 3 家公司，剔除已退市的当当网、去哪儿网、空中网 3 家公司。上述公司涉及电子商务、在线金融服务、门户媒体、搜索引擎、生活服务、在线旅游、安全、在线教育等行业，如表 4–5 所示。

表 4–5　北京互联网行业上市公司概况

公司名称	上市时间	上市地点	主要领域
阿里巴巴	2014.9.19	纽约证券交易所	电子商务
宜人贷	2015.12.18	纽约证券交易所	在线金融服务
聚美优品	2014.5.16	纽约证券交易所	电子商务
兰亭集势	2013.6.6	纽约证券交易所	在线外贸销售
搜房网	2010.9.17	纽约证券交易所	房地产互联网
易车	2010.11.17	纽约证券交易所	汽车网络导购平台
58 同城	2013.10.31	纽约证券交易所	分类信息网
网秦	2011.5.5	纽约证券交易所	手机安全
猎豹移动	2014.5.9	纽约证券交易所	移动互联网
51Talk 无忧英语	2016.6.10	纽约证券交易所	在线教育
京东	2015.5.22	纳斯达克证券交易所	电子商务
百度	2005.8.5	纳斯达克证券交易所	搜索引擎
搜狐	2000.7.12	纳斯达克证券交易所	新闻、娱乐
新浪	2000.4.13	纳斯达克证券交易所	新闻、娱乐
金融界	2004.10.15	纳斯达克证券交易所	中文财经网站
航美传媒	2007. 11.7	纳斯达克证券交易所	航空媒体运营
汽车之家	2013.12.11	纳斯达克证券交易所	汽车网站

续表

公司名称	上市时间	上市地点	主要领域
智联招聘	2014.6.13	纳斯达克证券交易所	信息服务
途牛旅行网	2014.5.9	纳斯达克证券交易所	在线旅游
迅雷	2014.6.24	纳斯达克证券交易所	多媒体娱乐
人人网	2011.5.4	纳斯达克证券交易所	社交、互联网金融
陌陌	2014.12.11	纳斯达克证券交易所	移动社交
慧聪网	2014.10.10	香港证券交易所	b2b 电子商务服务提供商
金山软件	2007.10.9	香港证券交易所	应用软件产品和服务
联众游戏	2014.6.30	香港证券交易所	互联网游戏
神州租车	2014.9.19	香港证券交易所	汽车租赁
人民网	2012.4.27	上海证券交易所	新闻
新华网	2016.10.28	上海证券交易所	新闻
掌趣科技	2012.5.11	深圳证券交易所	互联网游戏
完美世界	2015.1.2	深圳证券交易所	互联网游戏
乐视网	2010.8.12	深圳证券交易所	互联网视频、影视

资料来源：作者根据各公司官网资料整理而得。

一、北京互联网行业上市公司基本财务状况比较分析

（一）在美上市互联网公司财务状况

2016 年，北京在美上市的互联网企业经营成果差异较大，如表 4–6 所示。在营业收入方面，大部分企业表现良好。22 家企业中有 16 家的营业收入取得增长，其中，以移动社交为主营业务的陌陌公司以及国内首家赴美上市的在线教育公司 51Talk 无忧英语的营业收入增幅分别达到了 312.80% 和 170.43%。而搜

表 4–6　北京市在美上市互联网公司 2016 年经营情况及变化趋势

	2016 年营收（亿元）	营收增长率	2016 年净利润（亿元）	净利润增长率	2016 年净利润率	净利润率增长率
阿里巴巴	1582.73	56.48%	436.75	-38.88%	27.59%	-60.94%
京东	2601.22	43.49%	-38.07	59.41%	-1.46%	71.69%
百度	705.49	6.28%	116.32	-65.45%	16.49%	-67.49%
搜狐	16.5	-14.80%	-2.24	-494.43%	-13.58%	-430.30%
新浪	10.31	17.06%	2.25	776.58%	21.82%	649.95%
金融界	0.83	-22.67%	-0.02	-107.47%	-2.41%	-111.47%
宜人贷	32.75	140.32%	11.16	192.27%	34.08%	62.97%
航美传媒	0.17	-67.13%	-0.66	-143.85%	-388.24%	-230.01%
聚美优品	62.77	-14.51%	1.42	15.71%	2.26%	34.66%
兰亭集势	2.92	-9.66%	-0.09	77.86%	-3.08%	-74.65%
搜房网	9.16	3.72%	-1.7	-1023.71%	-18.56%	985.32%
易车	53.73	43.91%	-5.41	-29.99%	-10.07%	4.74%
汽车之家	59.62	72.10%	12.28	23.95%	20.60%	-28.01%
58 同城	75.92	63.56%	-7.84	51.90%	-10.33%	70.58%
智联招聘	18.99	24.72%	1.83	-35.67%	9.64%	-48.33%
途牛旅行网	105.48	37.97%	-24.27	-66.31%	-23.01%	-20.59%
网秦	3.43	-15.65%	-1.28	-9692.25%	-37.32%	-11561.81%
猎豹移动	45.65	23.89%	-0.8	-145.60%	-1.75%	-136.51%
迅雷	1.56	20.46%	-0.24	-82.12%	-15.38%	-51.87%
人人网	0.63	54.13%	-1.85	15.80%	-293.65%	45.13%
陌陌	5.53	312.80%	1.45	960.45%	26.22%	156.56%
51Talk 无忧英语	4.18	170.43%	-5.15	-57.38%	-123.21%	-41.60%

数据来源：Wind 金融研究客户端。

狐、金融界、航美传媒、聚美优品、兰亭集势和网秦的营业收入同比出现了不同程度的下滑。在净利润方面，有 9 家公司取得盈利，其中阿里巴巴净利润高达 436.75 亿元，而包括京东、搜狐、搜房网、易车等在内的 14 家公司处于亏损状态，并且大部分企业净利润同比出现下降，净利润规模收窄，网秦的净利润甚至同比下降了 9692.25%。在净利润率方面，新浪、搜房网、58 同城、陌陌等 14 家企业的净利润率同比上升，而搜狐、金融界、航美传媒、网秦、猎豹移动等 9 家公司的净利润率同比下降，其中，网秦的净利润率下降幅度最大，高达 11561.81%。

（二）在港及 A 股上市互联网公司财务状况

在香港或大陆 A 股上市的互联网公司财务状况大部分表现良好，多数企业营业收入呈增长态势并实现盈利，见表 4–7。在

表 4–7 北京市在港及 A 股上市互联网公司 2016 年经营情况及变化趋势

	2016 年营收（亿元）	营收增长率	2016 年净利润（亿元）	净利润增长率	2016 年净利润率	净利润率增长率
人民网	14.32	-10.78%	2.03	-48.15%	14.18%	-41.95%
新华网	13.61	36.47%	2.8	7.16%	20.57%	-21.33%
掌趣科技	18.55	65.04%	5.57	11.17%	30.03%	-32.63%
乐视网	219.87	68.91%	-2.22	-202.20%	-1.01%	-160.46%
慧聪网	19.58	113.75%	1.82	245.91%	9.30%	61.94%
金山软件	82.98	45.99%	-2.71	-173.33%	-3.27%	-150.32%
联众游戏	8.72	13.30%	1.49	30.01%	17.09%	15.38%
完美世界	61.59	445.33%	11.33	278.84%	18.40%	-30.54%
神州租车	64.64	29.21%	14.6	4.15%	22.59%	-19.33%

数据来源：Wind 金融研究客户端。

9 家公司中，联众游戏、完美世界和慧聪网等 6 家公司 2016 年的净利润与 2015 年相比有较大幅度增长。其中，完美世界和慧聪网的净利润增长率分别高达 278.84% 和 245.91%。但与 2015 年相比，2016 年大部分公司的净利润率同比都有所下降，乐视网和金山软件甚至由盈转亏，净利润率下滑 150% 以上。

（三）北京互联网行业上市公司财务状况比较分析

图 4–1 显示了 2016 年北京互联网行业上市公司营业收入及变化趋势（做两个图是为了将不同数量级营业收入的企业的营收状况显示清楚）。京东、阿里巴巴和百度等国内互联网巨头的营业收入规模呈垄断态势并保持较快增长，营收增长率分别为 43.49%、56.48% 和 6.28%，其他互联网企业的营收规模相对较小。2016 年北京互联网行业上市公司营业收入及变化趋势如图 4–2 所示。

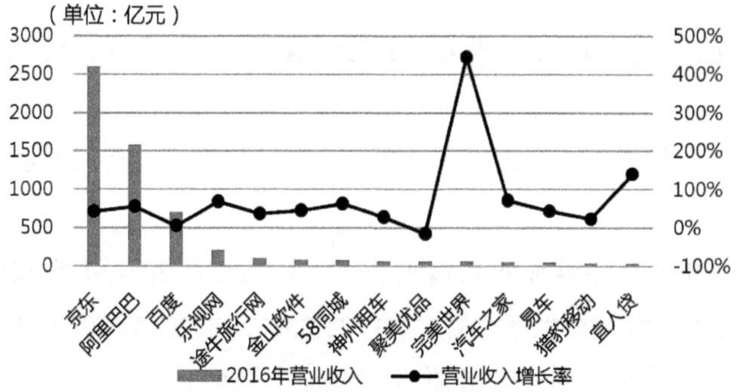

图 4–1　2016 年北京互联网行业上市公司营业收入及变化趋势（营收≥ 30 亿元）

在中国电子商务继续保持繁荣发展的同时，阿里巴巴和京东等电商巨头不断挤压其他同业公司的生存空间。2016 年，阿里巴巴和京东的营业收入进一步大幅增长，分别增至 2601.22 亿元

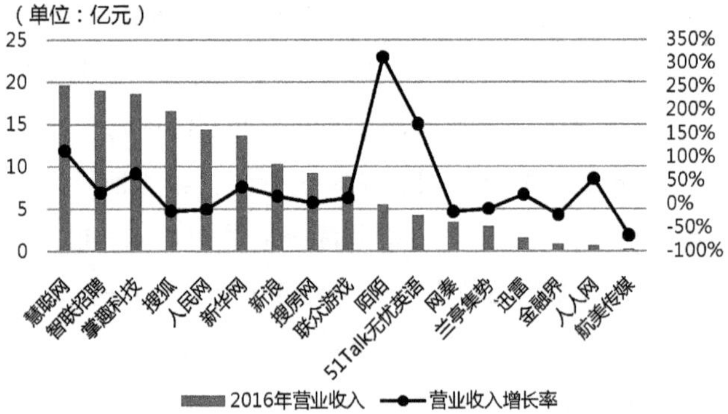

图 4–2　2016 年北京互联网行业上市公司营业收入及变化趋势（营收 <30 亿元）

和 1582.73 亿元，而同年聚美优品的营业收入同比下降 14.51% 至 62.77 亿元，当当网甚至不得已退市。当当网退市的重要原因之一是其市值被严重低估。当当网在 2010 年上市当天市值超过了 23 亿美金，而 2016 年退市前的市值仅为 5 亿美元，已经不足当年的四分之一。另外，图书电商行业竞争日益激烈，京东等电商巨头后来强势居上导致当当网先行者优势丧失，造成其经营举步维艰。

百度近几年营业收入增长速度不断放缓，2016 年营收增长率仅有 6.28%，远低于 2015 年的 35.33%，主要原因在于其网络营销收入增速下降以及战略投资增加。网络营销是百度营收的主力，然而受到“魏则西事件”的持续影响，百度网络营销的活跃客户数量不断下滑，2016 年全年仅约为 98.2 万家，同比下滑 6.4%。在监管压力及用户“注意力逃离”的背景下，2016 年百度的竞价排名业务呈现触顶趋势，开始陷入营收利润难以大幅增长的局面。为破解该局面，百度不断加大转型力度，其业务投资方向将围绕人工智能展开，具体包含云计算、金融服务、无人驾驶汽车等。考虑到人工智能的应用需要时间积累才能实现价值回报，相关专业人士表明百度的战略转型阵痛期至少还要延续 2 ～ 3 年。

以陌陌为代表的新兴社交平台 2016 年的经营业绩表现出色，营业收入增幅高达 312.80%。陌陌营收的大幅增长主要来自其旗下四大业务：直播服务、移动营销、增值业务以及移动游戏。不过陌陌较好的业绩背后，也有着巨额的广告推广等支出。仅 2016 年第四季度，陌陌的成本和支出就达 1.577 亿美元，较 2015 年同期的 3610 万美元增长 336%。这部分支出主要用于主播分成、市场营销与推广、第三方支付渠道分成以及人员与基础建设等。如今，人们对陌陌的认识也逐渐转变成了直播平台，直播收入的增长正好说明了这一点，陌陌已然成为成功洗白的互联网企业的典型。

神州租车作为中国互联网租车市场领先者，在 2016 年实现营收正增长，增幅达 29.21%。神州租车作为早期进入租车领域的企业，凭借自身的发展模式及标准化的服务，成功抢占市场发展先机。神州租车于 2015 年推出 B2C 模式专车服务——神州专车，向神州专车提供长短租车辆，开展专车业务。租车和专车业务的协同发展，实现了车辆在不同场景的灵活配置。2016 年，神州租车开展自驾业务和二手车 B2C 试点项目，大力发展汽车电商，探求新的盈利增长点。随着车辆的更新加快和租赁公司管理水平的提高，租赁车的使用年限已经降低至 3 ～ 5 年，甚至更短。鉴于此，神州租车于 2016 年引进万辆新车，加速车辆更替，在当年年底将自驾租赁车队的平均账龄降至 16 个月，为赢得客户打下良好基础。

对于游戏公司来说，2016年是其经历资本大量涌入后撤离、喧嚣过后开始回归本质的一年。以完美世界为代表的北京互联网上市游戏公司在回归A股后营业收入大涨，其中，完美世界2016年实现营业收入61.49亿元，同期增长445.33%。公司经营业绩较上年大幅增长主要依靠游戏、影视等业务的拉动和合伙企业的增资。报告期内公司推出手游《诛仙》《倚天屠龙记》《射雕英雄传3D》等新的游戏产品，带动了游戏业务收入的增加及业绩的提升。此外，掌趣科技和联众游戏等游戏公司也取得了不错的营业收入，分别为18.55亿元和8.72亿元，同比分别上涨65.04%和13.30%。

另外，作为国内首家赴美上市的在线教育公司，51talk无忧英语2016年营业收入增长高达170.43%至4.18亿元。国内首家赴美上市的互联网金融公司——宜人贷2016年营业收入为32.75亿元，同比增幅达140.32%。以乐视网为代表的网络视频行业的营收规模也呈快速增长态势，乐视网2016年营业收入同比增长68.91%至219.87亿元。移动安全企业猎豹移动2016年营收增长23.89%至45.65亿元，金山软件营收增长45.99%至82.98亿元，而网秦2016全年净营收仅为3.431亿美元，较2015年的4.067亿美元减少15.6%，主要原因在于网秦剥离了国信灵通业务，这项业务从2016年第一季度开始不再为公司业绩做贡献。航美传媒等户外媒体在互联网的冲击下营业收入呈现负增长，2016年营收下降67.13%。与此同时，搜狐和人民网2016的营业收入分别同比下降14.80%和10.78%，而新华网和新浪2016年营业收入则分别同比增长36.47%和17.06%。

图4–3和图4–4显示了2016年北京互联网行业上市公司的净利润及变化趋势。2016年，完美世界和宜人贷净利润分别剧

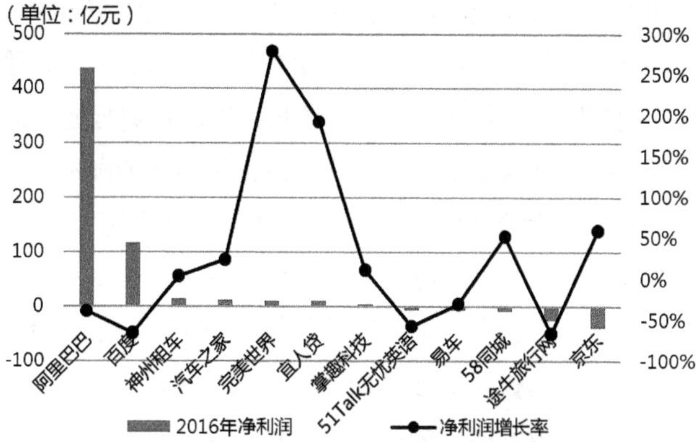

图 4–3　2016 年北京互联网行业上市公司净利润及变化趋势（| 净利润 | ≥ 5 亿元）

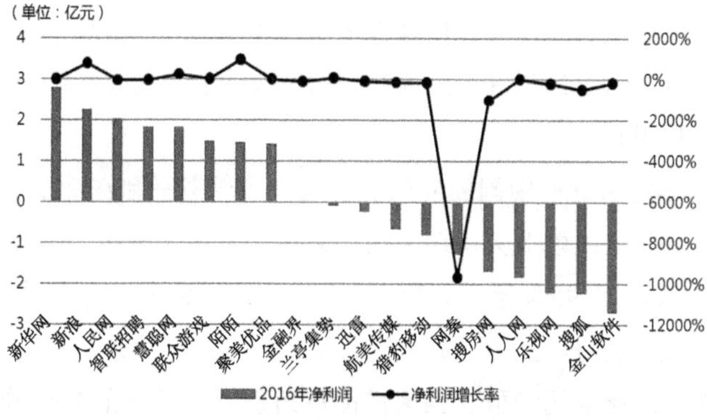

图 4–4　2016 年北京互联网行业上市公司净利润及变化趋势（| 净利润 |<5 亿元）

增 278.84% 和 192.27%，而网秦净利润则骤跌 9692.25%，亏损 1.28 亿元。宜人贷的净利润持续激增主要源于国内小额贷款及个人贷款十分不便的背景之下国内 P2P 借贷行业持续迅猛增长的整体交易额。另外，近年来越来越多人认可网上贷款行为，年轻一代人群对信用消费金融的接受度越来越高，包括分期付款等方式。再加上网贷行业负面消息频出，投资人开始将资金投向宜人贷这样具有一定品牌公信力和较强股东背景的知名平台，平台分化加剧，“良币驱逐劣币”的现象越发明显，网贷行业的虹吸效应开始形成。在此背景下，宜人贷取得良好的业绩则不足为奇。

2016 年，盈利规模最大的仍为阿里巴巴和百度，但两者的净利润规模均收窄；亏损规模最大的仍为京东，但京东亏损规模逐步缩小。阿里巴巴和百度净利润规模减小主要源于两者的战略布局或转型所需的投资支出增加。而京东亏损减少主要获益于其核心零售业务的盈利能力的提升、平台规模的日益扩大以及物流建设方面进入成熟期，同时也来自其金融、O2O 等创新业务的爆发式增长。京东此次亏损收窄说明京东此前大范围战略布局的成果开始凸显，然而能否最终带来盈利还需要进一步观察。但是毋庸置疑，京东的良好表现为此刻增速放缓的中国电商行业带来许多发展思路。

汽车之家这一中国领先的互联网汽车服务平台在 2016 年媒体业务和销售线索业务持续增长，交易能力快速提升，实现净利润同比增长 23.95% 至 12.28 亿元。稳健的运营和财务业绩反映出汽车之家良好的业务基础。这得益于汽车之家完善的汽车生态圈：基于广泛的用户群、强大的品牌价值以及精确的数据分析，建设涵盖车媒体、车电商、车金融、车生活的汽车生态圈，充分调动自身媒体广告、线下支持以及金融产品等丰富资源，更好地帮助汽车厂商和经销商客户赢得高投资回报。2016 年 12 月，汽车之家移动端网站和移动应用 APP 的日均独立用户访问量分别约为 940 万和 810 万，总访问量较去年同期增长 27%，增速远远高于中国移动端网民增长率。

2016 年在线旅行业仍未能摆脱“亏损怪圈”，延续 2015 年大幅亏损态势。在线旅行社 OTA（Online Travel Agent）烧钱揽客模式下，多家在线旅游公司皆未冲破亏损状态，途牛旅行网的亏损甚至继续扩大，净亏损达 24.27 亿元。近几年，在线旅游业进入高速增长期，中国在线旅游市场保持快速增长，市场交易规模从 2009 年的 619 亿元飙升至 2015 年的 4237 亿元，2016 年中国在线旅游 OTA 市场营收规模为 298 亿元，同比增长 48%。在这种背景下，OTA 公司为了夺得足够的市场份额，展开烧钱大战，争取行业话语权。一方面，各个平台都在拼特价、巨额补贴、高曝光度，试图通过这种模式来争抢市场份额。然而，OTA 这种做法的缺陷十分明显：难以建立用户黏性，一旦补贴力度减弱，用户就会流往其他网站。因此，OTA 之间不得不进行并购以减少价格竞争带来的利润损失。另一方面，在线旅游平台之间服务同质化，致使平台之间的商业模式与服务范围高度重合，不得不“烧钱”吸引眼球。途牛就投入了大量资金进行品牌推广，与《非诚勿扰》《奔跑吧，兄弟》《花儿与少年》等在内的众多热门综艺节目合作，还采用了明星双代言人和电影合作等模式。然而，即便是行业“巨头”也难以承受长期“巨亏”，去哪儿网就由于亏损持续扩大等原因最终在 2016 年选择退市。OTA 必定要寻找新的赢利增长点，要回归旅游行业“服务”的本质，才能赢得消费者的青睐，在激烈的竞争中胜出。

新华网和人民网等新闻网站在 2016 年的业绩走势分化，冰火两重天。继人民网 2012 年上市后，新华网于 2016 年 10 月登陆 A 股成功上市。但与人民网业绩日益沉沦的困境不同，新华网 2016 年业绩实现了惊人的高速增长。2016 年新华网实现净利润 2.8 亿元，同比增长 7.16%；实现营收 13.61 亿元，同比增长 36.47%，其增长点分布于网络广告、信息服务、移动互联网等多个方面。而人民网 2016 年净利润为 2.03 亿元，较去年减少 48.15%；营业收入为 14.32 亿元，较去年同期减少 10.78%。

乐视网在普遍亏损的国内视频网站中独树一帜，连续 9 年保持盈利之后在 2016 年“体力不支”亏损了 2.22 亿元。这说明随着广告收入与会员收入越来越难以覆盖巨额的内容成本、宽带成本和人工成本，在线视频行业传统的商业模式已经面临艰难的挑战，盈利压力已经非常巨大，转型势在必行。

图 4–5 为 2016 年北京互联网行业上市公司净利润率及变化趋势。2016 年，北京市大多数互联网上市公司的净利润率较之 2015 年都有所下滑，大部分源于公司转型升级所需的资本投资增加以及市场竞争日益激烈引起的公司营销支出增加，远超过营业收入的增长，净利润率因而下降。其中，网秦净利润率下降最严重，降幅高达 11561.81%，主要原因在于 2016 年起国信灵通业务不再为公司业绩做贡献。另外，航美传媒未能延续 2015 年的辉煌[1]，其 2016 年的净利润率下降 230.01% 至 –388.24%，为最低。人人网在 2016 年的亏损已经缩减，但净利润率仍不理想，低达 –293.65%。

二、北京互联网行业上市公司资本市场表现及比较

（一）北京互联网行业上市公司资本市场个股表现

股价是上市公司业绩的晴雨表。2016 年，在美上市的 23 家北京互联网企业在资本市场上的表现可谓“两极分化”。这一年，51talk 无忧英语赴美上市，成为国内首家成功赴美 IPO 的在线教

1　航美传媒在 2015 年实现高达 298.61% 的净利润率以及 3831.66% 的净利润率增长率，其背后原因在于出售航美广告 75% 的股权带来了 21 亿元现金收益。

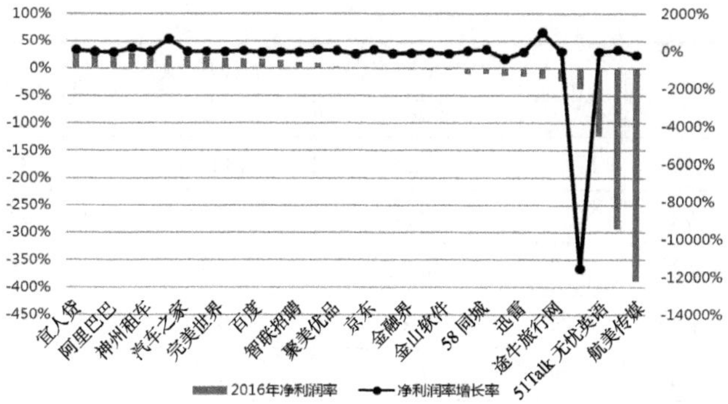

图 4–5　2016 年北京互联网行业上市公司净利润率及变化趋势

育公司。而与此同时，当当网、去哪儿网、空中网等互联网企业纷纷从美退市。其他仍活跃于美国资本市场上的互联网企业，只有少数 7 家实现了股价同比上涨，见表 4–8，其中宜人贷和人人网表现优异，2016 年年底的股票收盘价分别比去年年底的收盘价上涨 134.81% 和 131.30%。然而，京东、百度、航美传媒、搜房网、58 同城和网秦等 16 家公司 2016 年末股票收盘价却同比下跌了 5.29% 至 51% 不等。

表 4–8　北京市赴美上市互联网企业 2016 年股价及变化情况

	上市地	股价 2015/12/31（元）	股价 2016/12/31（元）	股价增长率
阿里巴巴	N 股	527.73	610.59	15.70%
京东	N 股	209.52	176.90	-15.57%
百度	N 股	1227.55	1143.22	-6.87%
搜狐	N 股	371.37	235.65	-36.54%
新浪	N 股	301.58	422.70	40.16%
金融界	N 股	40.33	25.17	-37.59%

续表

	上市地	股价 2015/12/31（元）	股价 2016/12/31（元）	股价增长率
宜人贷	N 股	61.36	144.08	134.81%
航美传媒	N 股	36.3	17.04	-53.07%
聚美优品	N 股	58.83	34.84	-40.78%
兰亭集势	N 股	19.22	20.65	7.45%
搜房网	N 股	47.99	22.88	-52.33%
易车	N 股	207.54	131.70	-36.54%
汽车之家	N 股	226.76	175.78	-22.48%
58 同城	N 股	428.32	194.70	-54.54%
智联招聘	N 股	99.48	105.07	5.62%
途牛	N 股	103.77	60.84	-41.37%
网秦	N 股	23.64	22.39	-5.29%
猎豹移动	N 股	104.03	66.48	-36.10%
迅雷	N 股	49.09	26.84	-45.32%
人人网	N 股	23.9	55.28	131.30%
陌陌	N 股	104.03	127.81	22.85%
51Talk 无忧英语	N 股	—	108.13	—

数据来源：Wind 金融研究客户端。

注：美元对人民币汇率使用 2015 年 12 月 31 日和 2016 年 12 月 30 日汇率，分别为 1: 6.4936 与 1: 6.9535。

宜人贷股价大幅上涨引发市场高度关注。从收入与利润增长情况看，宜人贷处于盈利快速增长阶段，2016 年净利润剧增 192.27%，股价上涨有一定的基础。但是光鲜亮丽的业绩背后存在几大隐忧。首先，这一年来宜人贷的坏账率持续大幅攀升，2016 年第二季度相比 2015 年第三季度，坏账率攀升幅度达 150% ～ 1000%。坏账的持续增长，一方面，需要宜人贷预备更多的风险准备金，以覆盖越来越多的坏账，这会损害盈利水平；另一方面，也会影响平台上投资人的信心，降低用户转化率，增加获客成本。其次，贷款集中在低信用级别的借款人，潜伏着未来坏账大量增加的隐忧，也限制未来的增长空间。另外，随着营收与利润规模的不断扩大，要维持高速度的增长会越来越困难，维持股价增长的难度也会逐步上升。目前，整个 P2P 行业还处在一个资金大量涌入、成交金额翻倍攀升的时代，但增速正在下滑，而且随着贷款规模的扩大，坏账风险将不断加大。如果不能切实提升风控能力控制坏账，风险总会有一天彻底爆发，表面上的美好数字可能一下子变得难看。再加上政策监管的逐步落实，行业在之后某个时间点将可能进入一个调整期，在调整期内，累积的风险、行业的弊病可能会逐步凸显出来，这将是优胜劣汰的过程，越来越多不具备实力的平台将会退出市场，技术、运营、风控实力强的平台将凭借品牌优势、资源能力以及收购等手段，进一步扩大市场份额。宜人贷能否有效提升风控能力，是决定它能否在这场残酷的战争中胜出的关键所在。

人人网股价上涨主要源于其亏损规模收窄。2016 年人人网全年总净营收为 6340 万美元，同比增长 54.1%；净亏损为 1.854 亿美元，相比之下 2015 年全年的净亏损为 2.201 亿美元。亏损收窄得益于人人网在对新业务大力投入的前提下主营业务的强力回升。近几年，人人网在互联网金融、直播等业务上持续深耕，并且着手在二手车市场领域布局。到目前为止，人人网在互联网金融方面的布局已经初步成形。2014 年 10 月，人人网推出了大学生分期购物平台“人人分期”；2015 年初，推出网贷理财平台

“人人理财”。2015年底，人人网董事长兼CEO陈一舟接受《南方周末》采访时表示“人人已是一家互联网金融公司”。另外，对于直播和二手车领域，陈一舟还表示持续看好直播业务对人人社交平台的变现助力及二手车市场的巨大机遇。

阿里巴巴2016年末的股价上涨反映了阿里生态系统的规模和效率。2016年，阿里巴巴在核心电商、云计算以及数字媒体和娱乐等领域不断加强竞争地位，其四大业务的营业收入都呈增长态势，其中核心电商市场业务的增长率高达41%。然而，百度、京东在2016年则不像阿里巴巴一样受到美国资本市场投资者的追捧，股价纷纷下跌。百度股价下跌主要源于近几年营收增长速度不断放缓以及“魏则西”等事件的负面影响，而京东股价下跌则是由于其持续的巨额亏损。2016年，京东虽然营业收入迅速增加，亏损规模收窄，但呈现自营增速放缓、3C领域显疲软之势，资产回报率和利润率都不尽如人意，似乎已经让华尔街的投资者们感到疲倦。京东在过去几年的营业收入能够迅速超越苏宁、国美在于周转速度快，拥有更高的效率。持续亏损却依然能维持经营，除了持续的融资之外，关键在于存货周转速度快、回款速度快。只要保持快速周转，收入规模迅速扩大，即便没有利润，依然可以占用上下游资金维持经营。但当前的情况似乎正在发生变化，苏宁在与阿里结盟之后，存货周转速度正在提升，尽管较京东仍然有所差距，但已经迅速收窄，这意味着京东过去所依仗的周转效率优势已经在衰减（3C数码家电领域一直是京东的核心所在，然而随着阿里入股苏宁，这一领先优势正在被逐渐打破）。由此看来，京东能否最终实现盈利是决定其最终能否获得投资者追捧的关键所在。

与在美上市的北京互联网公司相比，在香港以及国内A股上市的北京市互联网公司 2016 年在资本市场上的表现较为惨淡。2016 年年底，除新上市的新华网和完美世界外，其他 7 家公司中只有慧聪网 1 家公司实现股价增长，另外 6 家公司股价同比跌幅在 16.01% 和 45.04% 之间不等，见表 4–9。这些公司股价下跌主要受业绩不达预期、大股东减持等因素的影响。

表 4–9　北京市在港或沪深 A 股上市的互联网企业 2016 年股价及变化情况

	上市地	股价 2015/12/31（元）	股价 2016/12/31（元）	股价增长率
人民网	A 股	22.73	17.66	–22.31%
新华网	A 股	–	33.96	–
乐视网	A 股	58.77	35.8	–39.08%
掌趣科技	A 股	14	9.24	–34.00%
完美世界	A 股	–	29.69	–
慧聪网	H 股	4.68	5.64	20.51%
金山软件	H 股	18.848	15.83	–16.01%
联众游戏	H 股	5.75	3.16	–45.04%
神州租车	H 股	12.84	7.56	–41.12%

数据来源：Wind 金融研究客户端。

（二）北京互联网行业上市公司资本市场表现对比分析

图 4–6 为 2016 年北京互联网行业上市公司股价及变化趋势图。由图可知，除宜人贷和人人网两家公司的股价表现较为突出之外，北京其他互联网行业上市公司的股价大部分呈大跌态势。互联网车企股价表现普遍不好，易车、汽车之家和神州租车股价分别下跌了 36.54%、22.48% 和 41.12%，主要原因在于中国经济增速放缓，同行之间的竞争日益激烈导致现金流减少，公司转型也导致支出大幅增加，致使公司市值不断缩水；互联网安全行业股价也普遍

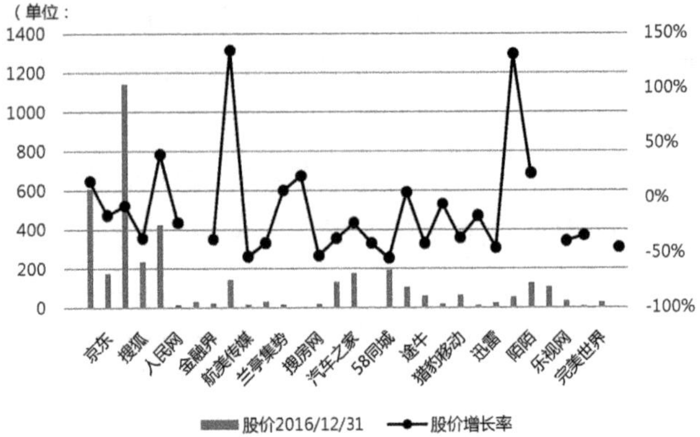

图 4–6　2016 年北京互联网行业上市公司股价及变化趋势

注：新华网、51talk 无忧英语和完美世界 2016 年才上市，因此无 2016 年的同比股价增长率。

下跌，猎豹移动和金山软件股价分别下跌 16.01% 和 36.10%；游戏公司掌趣科技和联众游戏股价跌幅均在 30% 以上；58 同城、途牛旅行网和搜房网等信息服务网站股价跌幅处于 41.37% ～ 54.54% 之间；门户网站中，除新浪股价上涨 40.16% 外，搜狐和人民网的股价分别下跌了 36.54% 和 22.31%。然而，不同于上述公司，陌陌和人人网这两家“互联网社交企业”的股价分别实现了 22.85% 和 131.30% 的增长，两家公司都处于加速转型期、转型成果凸显期，其股价上涨也表明了投资者对两家公司转型模式的认可。

第四节　2016—2017 年首都互联网行业治理情况

一、互联网发展宏观战略方针进一步明确

2016 年 4 月 19 日，习近平主持召开网络安全和信息化工作

座谈会，强调按照创新、协调、绿色、开放、共享的发展理念推动我国经济社会发展，是当前和今后一个时期我国发展的总要求和大趋势，推进网络强国建设，推动我国网信事业发展，让互联网更好造福国家和人民。

习总书记的讲话高屋建瓴，为今后我国互联网行业发展与治理指明了方向。讲话内容丰富，含义深刻，体现出来诸多亮点。

第一，习总书记在讲话中提出一个重要概念，即“通过网络走群众路线”，明确了今后互联网治理的基本思路：网民来自老百姓，老百姓上了网，民意也就上了网。群众在哪儿，我们的领导干部就要到哪儿去。各级党政机关和领导干部要学会通过网络走群众路线，经常上网看看，了解群众所思所愿，收集好想法、好建议，积极回应网民关切、解疑释惑。

第二，讲话指出今后一段时期我国网络空间治理的方向：“正能量充沛、主旋律高昂”，要本着对社会负责、对人民负责的态度，依法加强网络空间治理，加强网络内容建设，做强网上正面宣传，培育积极健康、向上向善的网络文化，用社会主义核心价值观和人类优秀文明成果滋养人心、滋养社会，做到正能量充沛、主旋律高昂，为广大网民特别是青少年营造一个风清气正的网络空间。

第三，讲话特别重视技术在网信事业中的重要地位，强调需要抓住的5类技术：“基础技术、通用技术、非对称技术、前沿技术、颠覆性技术”。鼓励网信技术人才要有决心、恒心、重心，树立顽强拼搏、刻苦攻关的志气，坚定不移实施创新驱动发展战略，抓住基础技术、通用技术、非对称技术、前沿技术、颠覆性技术，政府相关部门和机构要把更多人力、物力、财力投向核心技术研发，集合精锐力量，做出战略性安排。

第四，讲话总结了网络安全和信息化的关系。习总书记指出，网络安全和信息化是相辅相成的。安全是发展的前提，发展是安全的保障，安全和发展要同步推进。要树立正确的网络安全观，加快构建关键信息基础设施安全保障体系，全天候全方位感知网络安全态势，增强网络安全防御能力和威慑能力。网络安全为人民，网络安全靠人民，维护网络安全是全社会共同责任，需要政府、企业、社会组织、广大网民共同参与，共筑网络安全防线。

习总书记讲话公布后，在行业内引起强烈反响。互联网行业普遍认为，习总书记从国际国内大势出发，以五大发展理念为指引，深刻阐明新形势下互联网发展的正确方向、实践路径，为进一步推动我国网信事业发展提供了重要指南。该讲话以新发展理念为指导，对推进网信事业发展、推进网络强国建设做出了具体清晰的战略部署。

2016 年 10 月 9 日，中共中央政治局就实施网络强国战略进行第三十六次集体学习。习近平总书记主持学习时再次强调，要加快推进网络信息技术的自主创新，加快数字经济对经济发展的推动，加快提高网络管理水平，加快增强网络空间安全防御能力，加快用网络信息技术推进社会治理，加快提升我国对网络空间的国际话语权和规则制定权，朝着建设网络强国的目标不懈努力。

2016—2017 年期间，互联网立法进程进一步加快，《中华人民共和国网络安全法》《国家网络空间安全战略》和《中华人民共和国电子商务法（草案）》的颁布具有重要意义。

2016 年 7 月，十二届全国人大常委会第二十四次会议表决通过了《中华人民共和国网络安全法》。这是我国第一部网络安全的专门性综合性立法，提出了应对网络安全挑战这一全球性问题的中国方案，网络安全将有法可依，信息安全行业将由合规性驱动过渡到合规性和强制性驱动并重，具有里程碑式的意义。《中华人民共和国网络安全法》基本内容如表 4–10 所示。

2016 年 12 月，经中央网络安全和信息化领导小组批准，国家互联网信息办公室发布了《国家网络空间安全战略》。作为我国首部关于国家网络安全工作的纲领性文件，《战略》阐明了中国关于网络空间发展和安全的重大立场和主张，明确了五大目标、四大原则和九项战略任务，如表 4–11 所示。

表 4–10 《中华人民共和国网络安全法》基本内容

序号	目标	内容
1	立法目标	为了保障网络安全，维护网络空间主权和国家安全、社会公共利益，保护公民、法人和其他组织的合法权益，促进经济社会信息化健康发展。
2	试用范围	中华人民共和国境内建设、运营、维护和使用网络，以及网络安全的监督管理行为。
3	立法原则	坚持网络安全与信息化发展并重，遵循积极利用、科学发展、依法管理、确保安全的方针，推进网络基础设施建设和互联互通，鼓励网络技术创新和应用，支持培养网络安全人才，建立健全网络安全保障体系，提高网络安全保护能力。
4	主要手段与方式	国家采取措施，监测、防御、处置来源于中华人民共和国境内外的网络安全风险和威胁，保护关键信息基础设施免受攻击、侵入、干扰和破坏，依法惩治网络违法犯罪活动，维护网络空间安全和秩序。
5	倡导	倡导诚实守信、健康文明的网络行为，推动传播社会主义核心价值观，采取措施提高全社会的网络安全意识和水平，形成全社会共同参与促进网络安全的良好环境。
6	国际合作	积极开展网络空间治理、网络技术研发和标准制定、打击违法犯罪等方面的国际交流与合作，推动构建和平、安全、开放、合作的网络空间，建立多边、民主、透明的网络治理体系。

续表

序号	目标	内容
7	保护和维护	网络相关行业组织按照章程，加强行业自律，制定网络安全行为规范，指导会员加强网络安全保护，提高网络安全保护水平，促进行业健康发展。 保护公民、法人和其他组织依法使用网络的权利，促进网络接入普及，提升网络服务水平，为社会提供安全、便利的网络服务，保障网络信息依法有序自由流动。 开发有利于未成年人健康成长的网络产品和服务，依法惩治利用网络从事危害未成年人身心健康的活动，为未成年人提供安全、健康的网络环境。 任何个人和组织有权对危害网络安全的行为向网信、电信、公安等部门举报。收到举报的部门应当及时依法做出处理；不属于本部门职责的，应当及时移送有权处理的部门。有关部门应当对举报人的相关信息予以保密，保护举报人的合法权益。
8	依法打击	任何个人和组织使用网络应当遵守宪法法律，遵守公共秩序，尊重社会公德，不得危害网络安全，不得利用网络从事危害国家安全、荣誉和利益，煽动颠覆国家政权、推翻社会主义制度，煽动分裂国家、破坏国家统一，宣扬恐怖主义、极端主义，宣扬民族仇恨、民族歧视，传播暴力、淫秽色情信息，编造、传播虚假信息扰乱经济秩序和社会秩序，以及侵害他人名誉、隐私、知识产权和其他合法权益等活动。

资料来源：自行收集整理。

中国互联网发展迅速，电子商务也有了巨大的进步，成为中国互联网行业中的重要组成部分。但近年来网络欺诈、电商价格战、虚假促销、售后服务不当、个人信息被泄露等现象频发，电子商务引发的合同问题、知识产权问题、信息安全问题、纳税问题频频出现，围绕互联网支付、互联网金融产生的问题越发突出。

2013 年 12 月，全国人大常委会正式启动了《电子商务法》

表 4–11 《国家网络空间安全战略》基本内容

序号	项目	基本内容
1	五大目标	以总体国家安全观为指导，贯彻落实创新、协调、绿色、开放、共享的发展理念，增强风险意识和危机意识，统筹国内国际两个大局，统筹发展安全两件大事，积极防御、有效应对，推进网络空间和平、安全、开放、合作、有序，维护国家主权、安全、发展利益，实现建设网络强国的战略目标。
2	四大原则	尊重维护网络空间主权；和平利用网络空间；依法治理网络空间；统筹网络安全与发展 。
3	九大战略任务	坚定捍卫网络空间主权，坚决维护国家安全，保护关键信息基础设施，加强网络文化建设，打击网络恐怖和违法犯罪，完善网络治理体系，夯实网络安全基础，提升网络空间防护能力，强化网络空间国际合作。

资料来源：自行收集整理。

的立法进程。经过近四年多的酝酿、修改与完善，2017 年 9 月全国人大法律委员会、全国人大财政经济委员会、全国人大常委会法制工作委员会联合对《中华人民共和国电子商务法（草案）》进行了二审。这标志着一部国家法律即将出台，体现了国家层面对电子商务工作的高度重视。

该草案共分七章，内容丰富，主要涉及建立电子商务管理协调机制，统筹协调处理电子商务发展中的重大问题。国家将建立符合电子商务特点的协同和管理体系，推动政府有关部门、电子商务行业组织、电子商务经营者、消费者等共同参与电子商务的治理体系。国家将建立健全适应跨境电子商务特点的海关、税收、进出境检验检疫、支付结算等管理制度，提高跨境电子商务各环节的便利化水平，支持跨境电商平台的提供者进行仓储物流、报关报检、支付结算等综合业务。支持小微企业开展跨境电商活动，促进跨境电子商务发展。国家将推动不同地区间的跨境电子商务交流合作，参与电子商务国际规则的制定，促进电子商务签名、电子身份等国际互认。中央政府将推动不同国家间、地区间商务纠纷解决机制、跨境电子商务争议解决机制的建立进程。

二、首都互联网治理工作进一步加强

2016—2017年，首都互联网相关管理部门在习总书记系列讲话的指引下，牢固贯彻党中央国务院的指示精神，紧密贴近首都“中国网都”的实际地位，通力合作、悉心配合，遵循互联网发展规律，逐步建立了法律规范、行政监管、行业自律、技术保障、公众监督和社会教育相结合的互联网治理体系，取得了显著的治理成效。

（一）严厉惩处互联网搜索竞价行为

2016年4月发生的“魏则西事件”使得行业认识到互联网搜索竞价的危害性，社会各界呼吁下大力气治理。2016年5月，国家网信办、国家工商总局、国家卫生计生委和北京市网信办等机构成立联合调查组进驻百度公司，集中围绕百度搜索在“魏则西事件”中存在的问题、搜索竞价排名机制存在的缺陷进行了调查取证。调查组认为，百度搜索相关关键词竞价排名结果客观上对魏则西选择就医产生了影响，百度竞价排名机制存在付费竞价权重过高、商业推广标识不清等问题，影响了搜索结果的公正性和客观性，误导网民，提出了三项整改要求。百度公司积极回应并制定整改措施，见表4–12。

（二）严格治理“标题党”和违规采编行为

“标题党”指的是在网络中故意用较为夸张、耸动的文章标题以吸引网友点击观看文章或帖子的人，特别是用实际上与内容

表 4–12　“魏则西事件”后监管机构的整改要求和整改措施

序号	监管机构整改要求	百度公司整改措施
1	全面清理整顿医疗类等事关人民群众生命健康安全的商业推广服务。对医疗、药品、保健品等相关商业推广活动，进行全面清理整顿，对违规信息一经发现立即下线，对未获得主管部门批准资质的医疗机构不得进行商业推广。	立即全面审查医疗类商业推广服务，对未获得主管部门批准资质的医疗机构坚决不予提供商业推广，同时对内容违规的医疗类推广信息（含药品、医疗器械等）及时进行下线处理，并落实军队有关规定，停止包括各类解放军和武警部队医院在内的所有以解放军和武警部队名义进行的商业推广。
2	改变竞价排名机制，不能仅把出资金额作为排位标准。立即调整相关技术系统，在 2016 年 5 月 31 日前，提出以信誉度为主要权重的排名算法并落实到位；对商业推广信息逐条加注醒目标识，并予以风险提示；严格限制商业推广信息比例，每页面不得超过 30%。	对于商业推广结果，改变过去以价格为主的排序机制，改为以信誉度为主，价格为辅的排序机制；控制商业推广结果数量，对搜索结果页面特别是首页的商业推广信息数量进行严格限制，每页面商业推广信息条数所占比例不超过 30%。
3	建立完善先行赔付等网民权益保障机制。畅通网民监督举报渠道，提高对网民举报的受理、处置效率；对违法违规信息及侵害网民权益行为，一经发现立即终止服务；建立完善相关机制，对网民因受商业推广信息误导而造成的损失予以先行赔付。	对所有搜索结果中的商业推广信息进行醒目标识，进行有效的风险提示。

资料来源：自行收集整理。

完全无关或联系不大的文字当标题者。由于网络新闻的特殊性，“标题党”现象在各大门户网站以及自媒体中尤其显著，也给用户和网络环境带来了危害。2017 年 12 月 5 日，北京网信办通报多宗网络媒体涉及"标题党"违规行为的案例，其中涉及凤凰网、网易、搜狐、新浪等大型网媒。通报指出，这些案例涉违背编采守则，在标题中做出断章取义、夸大事实、无中生有、偷换概念等行为，对社会造成恶劣影响。根据相关法律法规，北京市网信办对违规网媒做出相应处罚，开具了行政处罚检查通知单，依法给予行政处罚，并责成相关负责人深刻反省以及建立长效管理制度。

按照《互联网新闻信息服务管理规定》，从事互联网新闻采编、转载、提供传播平台需获得许可，新闻采编与经营需分离，非公有资本不得介入采编。2017 年 3 月 3 日，北京网信办对属地内部分网站的违规采编行为提出严厉批评，并依法责令网站整改。按照相关整改意见，腾讯已关闭"腾讯思享会"栏目，正在对"今日话题"栏目严格整改；新浪关闭"军情观察室""国际派"等栏目；搜狐关闭"地球外参""聚焦任务"等栏目；网易关闭"镜鉴记""军史新读"等栏目；凤凰网关闭"台风眼"栏目，对"凤凰评论"栏目严格整改。

（三）及时规范网络直播行业发展

2016 年是首都互联网直播行业"井喷"之年，2017 年更是延续了 2016 年的发展态势，继续保持快速增长态势。网络直播在创新商业模式、带动行业就业、繁荣首都网络文化等方面做出了突出的贡献。但其是新生事物，在发展过程中也出现了许多乱象：一些网络主播开始以各种"搏眼球"的表演获得高额经济回报，各种涉黄、涉毒、涉暴等直播内容层出不穷、屡禁不止。北京网信办联合相关管理部门，及时采取措施，从不同方面规范首都网络直播行业发展。2016—2017 年首都互联网直播规范发展基本措施与主要内容如表 4–13 所示。

表 4–13　2016—2017 年首都互联网直播规范发展基本措施与主要内容

序号	时间	基本措施	主要内容
1	2016 年 4 月 13 日	发布《北京市网络表演（直播）行业自律公约》	在京直播平台承诺从 18 日起，网络直播房间必须标识水印；内容存储时间不少于 15 天备查；所有主播必须实名认证；对于播出涉政、涉枪、涉毒、涉暴、涉黄内容的主播，情节严重的将列入黑名单；审核人员对平台上的直播内容进行 24 小时实时监管。
2	2016 年 6 月 1 日	公布首期治理情况	40 名违规主播因为直播内容涉黄被永久封禁，涉及六间房、酷我、花椒、在直播、映客、69 秀、陌陌、咸蛋家、黑金直播 9 家网络直播平台。
3	2016 年 12 月 2 日	公布 2016 年治理情况	集中梳理了 3000 余名属地网络直播平台的网络主播身份信息，发现涉嫌直播违法有害信息的房间 127 个，对行业中存在违法问题的直播平台立案处理 40 余起，罚款总额在 70 万元左右，依法关闭涉嫌传播淫秽色情信息、未落实安全保护技术措施的网络直播平台 2 家。
4	2017 年 7 月 5 日	启动首都互联网直播服务企业备案工作	北京市网信办相关工作负责人就互联网直播服务企业备案工作的流程和相关要求进行耐心细致的讲解，并要求各网站严格对照《互联网新闻信息服务管理规定》《互联网直播服务管理规定》的内容落实主体责任，做好备案工作。

资料来源：自行收集整理。

从上述事例可以看出，首都互联网行业管理部门在互联网治理方面的法律法规制定与政策制度实施上已经达到较高水准，可以及时根据产业运行和行业突发情况出台相应的治理政策和手段，基本形成了首都互联网全行业全领域全覆盖，达到了安全可控、实施有效的基本治理效果，建立了首都特色鲜明、功能完善的互联网治理体系。

三、首都互联网行业自律继续发挥重要作用

行业自律是一种行业自我规范、自我协调的行为机制，同时也是维护市场秩序、保持公平竞争、促进行业健康发展、维护行业利益的重要措施。2016—2017 年，北京互联网行业自律机制继续发挥重要作用。北京各大互联网企业在首都互联网协会的协调指导下，遵守和贯彻国家和地区法律、法规政策，同时积极制定行规行约制约自己的行为。表 4–14 就列出了 2016—2017 年期间，北京互联网行业的主要自律行为。

表 4–14　2016—2017 年北京互联网行业主要自律活动

序号	时间	自律活动	自律内容
1	2016 年全年	5 次评议会	就 2016 年内不同时期的自律主题和活动议题展开集体评议，集中探讨行业自律的主要路径和现实举措，现场交流相关经验与做法，聆听专家学者的分析与解读。
2	2016 年 6 月	企业主动接受举报，采取治理措施	各网站举报中心以举报信息为线索，加大对违法和不良信息的处置力度，并发挥了重要作用。例如，“豌豆荚”举报中心根据社会公众举报，发现移动应用程序“同城夜约”存在色情服务信息，已在第一时间对此款应用程序作下线处理，并将线索转交相关部门跟进处理。互联网违法和不良信息举报工作，不仅维护了广大网民的合法权益，互联网企业自身也多有受益。“58 同城”举报中心根据社会公众举报，发现有人冒用 58 同城名义发布兼职诈骗短信。“58 同城”已将线索转交相关执法部门，并及时警示社会公众切勿受骗。

续表

序号	时间	自律活动	自律内容
3	2017 年 1 月	签署经修订的《首都互联网行业自律公约》	首都互联网协会负责监督签约成员履行本公约，并根据本公约，通过首都互联网协会新闻评议专业委员会对签约成员进行评议，对违约者提出行业批评、行业谴责、媒体曝光等。《公约》要求签约企业自觉遵守国家法律、法规和行业公约，坚持网站利益服从国家利益和社会公共利益，坚持社会效益与经济效益并重，建立健全网络安全保障体系，抵御违法和不良信息传播，营造安全清朗的网络空间。同时，网站和企业还要助力网络文化大发展大繁荣。努力培育积极健康、向上向善的网络文化，鼓励以数字化、网络化、智能化形式保护、传承、弘扬我国优秀文化成果；发挥互联网优势，主动传播正能量、弘扬主旋律，不断扩大互联网公益影响力，树立道德风尚、塑造美好心灵。
4	2017 年 6 月	北京网络社会监督工作者参加《网络安全法》专题培训	首都互联网协会组织近百名网络社会监督志愿者、妈妈评审员、网站自律专员等社会监督志愿者代表和协会党委党建指导员参加。培训邀请中国传媒大学博士生导师、网络法与知识产权研究中心主任王四新教授从《网络安全法》出台的背景、意义、内容等方面，深入浅出地讲解了《网络安全法》，并结合网络社会监督工作和互联网党建，从增强网络安全意识、完善互联网基础信息服务、加强网络舆情管控和传播网络文化正能量等方面进行了综合讲述。

续表

序号	时间	自律活动	自律内容
5	2017年8月	共同学习网络游戏安全知识，为青少年发展护航。	本次活动由中国数字科技馆、中科馆大讲堂、妈妈评审团、蝌蚪五线谱网、腾讯研究院联合举办，得到北京市互联网信息办公室、北京市科学技术协会、首都互联网协会的联合指导。本次活动邀请了腾讯公司高级产品经理王磊以及腾讯安全课高级讲师舒梦莹，通过案例分享和开放式探讨，帮助家长和孩子们科学认识网络游戏，了解各类网络风险。

资料来源：首都互联网协会“行业自律”栏目，http://www.baom.org.cn/fagui/node_862.htm。

第五节　本章小结

本章的主要目的是对2016—2017年首都互联网基本情况进行鸟瞰式的回顾与总结。这部分选取了互联网基础资源、互联网产业运行基本情况、上市企业发展情况与互联网治理四个方面进行分析，从资源、产业、行业以及管理角度出发回顾了相关情况，囊括了2016—2017年首都互联网基本面。

从互联网基础资源存量来看，首都互联网具有绝对的优势，不愧为“中国网都”。从基础资源的增量来看，首都互联网依然保有许多亮点，其发展趋势不可低估；从首都互联网产业运行基本情况来看，首都互联网产业发展突出，行业经济表现良好，已经成为首都地区经济增长和社会发展的主要动力，而且随着非首都功能疏解和京津冀协同发展的推进，首都互联网的经济引擎和产业支柱地位将会进一步提高；从首都互联网上市企业发展情况来看，首都互联网上市企业业绩总体良好，创新型企业的成长空间巨大，上市企业的发展壮大为首都互联网产业运行奠定了良好的微观基础；从首都互联网行业治理情况来看，为解决互联网发展面临的突出问题，营造互联网基础性法治环境，一系列与互联网相关的法律法规和自律公约相继出台，互联网领域立法层级明显提高，立法进程明显提速，相关行政法规陆续颁布，部门规章和规范性文件相继出台，涉及互联网基础资源管理、信息传播规范、市场秩序规范、信息安全保障等多个方面，对互联网接入服务提供者、互联网信息服务提供者、政府管理部门及互联网用户等行为主体的责任与义务作出规定，为互联网发展与治理提供了重要的法律依据。首都网络管理部门依法加强互联网基础管理和行业管理，整治、规范网络信息传播秩序，严厉打击网络违法犯罪行为，组织开展了成效显著的多项联合整治行动。

第五章

2016—2017年首都互联网产业趋势与行业热点

2016—2017 年期间，首都互联网产业发展继续保持中高速度，网络服务能力显著提升，软件硬件产品创新不断，各类商业模式蓬勃发展，行业整体实力进一步加强，形成了横向延伸、纵向深入、跨界融合发展的态势，互联网已经成为首都经济发展和社会进步的重要推动力量，其支撑地位与作用日益凸显。这一章着重梳理和分析 2016—2017 年首都互联网产业发展趋势和行业运行热点，有助于深入把握首都互联网发展的时代脉搏。

第一节　分享经济与直播经济齐头并进

一、首都互联网分享经济快速发展

(一) 分享经济的定义、内涵与意义

分享经济（Sharing Economy）的定义较多，一般意义上是指将社会海量、分散、闲置资源平台化、协同化地集聚、复用与供需匹配，从而实现经济与社会价值创新的新形态。分享经济强调的两个核心理念是“使用而不占有”（Access over Ownership）和“不使用即浪费”（Value Unused is Waste）。

从上述分享经济的内涵可以看出，分享经济主要由三大要素组成。一是分享的标的物。主要是闲置资源，包括闲置物品、碎片时间、认知盈余（未被充分使用的知识与专长、技能和经验、

关系与服务）和资金盈余、闲置空间与公共服务。海量指资源的广泛性及其庞大的数量，分散指多数来自未被整合协同的个人资源或者是信息不对称的沉没资源。二是实现的方式。基于互联网、ICT、云计算、大数据等，构建平台，形成规模与协同，以更低成本和更高效率实现经济剩余资源智能化的供需匹配。三是实现的结果。分享经济平台可以使得前述闲置资源实现经济价值与社会价值的创新。过去大量的资源并未进入价值创造的体系，同时分享经济可以在可持续发展、生态、就业、协作、文化等方面产生积极正面的影响。此外，分享标的具有私权或公共服务属性。

分享经济的价值与意义主要体现在以下几个方面。

第一，助力创新创业。创新是生产要素的重新组合，通过分享、协作的方式搞创业创新，门槛更低、成本更小、速度更快，能够让更多的人参与进来。分享经济的发展使得生产要素的社会化使用更为便利，企业和个人可以按需租用设备、厂房及闲置生产能力，在更大范围内实现了生产要素与生产条件的最优组合，让创新变得更容易，也降低了创新创业的风险。

第二，打造新增长点。分享经济通过刺激消费，提升生产效率，提高个人创新与创业能力，对经济增长和社会福利都有积极作用。

第三，扩大有效供给。在传统模式下，企业无法准确把握消费者需求，产能过剩、库存高压普遍存在，而在分享经济模式下凡是“下单”的都是有需求的，需求变得清晰可见。同时，分享经济可以快速调动各类社会资源，提高供给的弹性和灵活度，能够较好地适应不断变化的消费需求。基于网络的互动评价系统可以及时反映供需双方的意见和要求，有利于提高供给的有效性。

第四，激发创新活力。分享经济使得人们可以在边际成本趋于零的条件下通过协作进行生产、消费和分享自己的商品和服务，带来经济生活组织方式的新变化。在分享经济模式下，越来越多的个体可以通过平台直接对接用户，不必再依附于传统专业机构。越来越多的企业、机构也在通过众包、众创等方式组织整合社会资源，提升创新效率和降低成本。

同时，分享经济也为构建新的治理体系提供了经验和支撑。分享平台在发展过程中也逐步建立起基于大数据的治理机制，在保证平台正常运行的同时，也为社会治理积累了宝贵经验，为推动社会治理向多元化、开放性协同治理转型创造了良好条件。

（二）互联网分享经济的发展

分享经济的蓬勃发展，离不开近年来互联网的普及。作为一种新兴的经济模式，分享经济带有强烈的互联网特征；但分享经济更多是一种基于互联网技术的商业模式创新。这种创新带来了特有的商业利润点，迅速带动行业整体发展。国家信息中心的《中国分享经济发展报告 2017》显示，2016 年中国分享经济市场交易额约为 34520 亿元，比上年增长 103%。其中，生活服务、生产能力、交通出行、知识技能、房屋住宿、医疗分享等重点领域的分享经济交易规模共计达到 13660 亿元，比上年增长 96%；资金分享领域交易额约为 20860 亿元（其中，P2P 网贷规模 20640 亿元，网络众筹市场规模 220 亿元），比上年增长 110%，如图 5–1 所示。

这两年相关部门审时度势，及时制定相关激励政策，鼓励分享经济发展的国家政策密集出台，为分享经济发展带来明显的政策红利。2016 年 3 月，分享经济首次写入《政府工作报告》，明确要“支持分享经济发展，提高资源利用效率，让更多人参

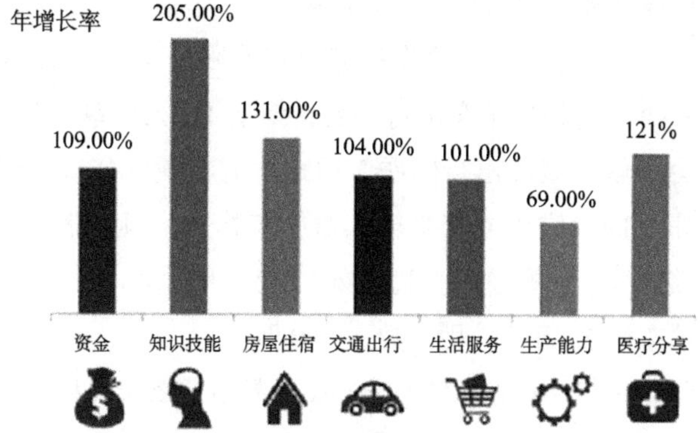

图 5–1　2016 年中国分享经济重点领域市场交易规模

资料来源:《中国分享经济发展报告 2017》。

与进来、富裕起来”，同时提出“以体制机制创新促进分享经济发展”。随后发布的《国民经济和社会发展第十三个五年规划纲要》提出:“促进‘互联网 +’新业态创新，鼓励搭建资源开放共享平台，探索建立国家信息经济试点示范区，积极发展分享经济。”2016 年 7 月,《国家信息化发展战略纲要》发布，强调要“发展分享经济，建立网络化协同创新体系”，分享经济成为国家信息化发展战略的重要组成部分。与此同时，消费、物流、交通、制造业等相关领域新出台的政策文件中，也明确提出了鼓励分享经济发展的政策，为分享经济向更广领域拓展、更高层次发展、更多群体参与创造了良好环境。

（三）首都互联网分享经济实例

2016—2017 年首都共享经济充分把握首都互联网发展的战略机遇，在良好的网络基础设施支撑和规模巨大的市场需求下，有针对性地投放产品与服务，以极其迅猛的速度增长，取得了令人瞩目的市场表现。其中最为典型的例子就是摩拜和 ofo 这两家消费者群体规模最大的共享单车品牌。

ofo 小黄车是由北京拜克洛克科技有限公司于 2015 年 6 月研发的一个无桩共享单车出行平台，缔造了“无桩单车共享”模式，致力于解决城市出行问题。用户只需在微信公众号或 APP 扫一扫车上的二维码或直接输入对应车牌号，即可获得解锁密码，解锁骑行，随取随用。截至 2017 年 4 月，ofo 单车在北京投入共享单车约 70 万辆，用户数达 800 万。

摩拜单车（品牌英文名为 mobike）是由北京摩拜科技有限公司于 2016 年 4 月研发的互联网短途出行解决方案，是无桩借还车模式的智能硬件。人们通过智能手机就能快速租用和归还一辆摩拜单车，用可负担的价格来完成一次几公里的市内骑行。截至 2017 年 6 月，摩拜单车在北京投入共享单车约 30 万辆，用户数达 300 万。

这两家品牌都把北京市场作为战略重点目标，两年来通过各种手段抢占市场份额，试图占据市场领先地位。2016 年 12 月初，ofo 率先宣布所有认证用户免费骑车，其主要目的在于迅速扩大规模，加固行业领先优势。作为应对，2017 年 1 月 24 日，摩拜单车宣布在北京开启免费骑行。2017 年 2 月 24—26 日，摩拜单车与 ofo 同时宣布周末免费骑，3 月 10—12 日，摩拜和 ofo 又宣布免费骑行。3 月 27—30 日，ofo 再一次宣布在北京地区免费骑行。作为应对手段之一，3 月 23 日摩拜上线了“摩拜红包车”，通过将指定车辆设定为“红包车”，用户通过 GPS 定位找到并骑行超过 10 分钟，即可获得 1 ～ 100 元不等的现金红包。2017 年 4 月 16 日，ofo 宣布加入共享单车红包大战，用户在指定红包区域内骑车，最高能拿到 5000 元红包，超过 10 元还可提现。

行业内两大巨头在北京市场竞争的直接结果就是共享单车规

模迅速扩张，自2016年8月至今，ofo、摩拜等企业先后在京投放车辆近70万辆，注册用户近1100万。共享单车成为城市居民出行的主要选择，深度改变了首都人民的出行方式和生活方式。

北京市统计局的专项调查显示，在被访的1000名16～65周岁城乡居民中，有794人使用过共享单车，占79.4%。分年龄段看，年龄越轻，使用的比例越高。使用过的被访者中，满意度达97.4%。调查显示，超过7成的被访者使用共享单车的频次较高，其中39.9%的被访者使用频率为每天1次及以上，32.5%的被访者使用频率为2～3天使用1次，这表明骑车出行渐渐成为人们的日常选择。同时，共享单车已成为居民短途出行的重要交通工具。79.7%的被访者平均每次使用共享单车的时长在半小时之内，其中选择15～30分钟的占48.6%，选择15分钟以内的占31.1%。调查显示，有94.8%的被访者因方便而骑行，71.3%的人看中了它的环保特征。76.2%的被访居民认为共享单车优化了出行方式，降低了机动车出行频率；67.6%的被访居民认为提高了出行效率，出行时间明显缩短；51.9%的被访居民认为丰富了运动方式，增加了运动健身的机会。[1]

共享单车也改变了首都城市面貌。最为明显的变化就是在人口聚集的区域（地铁口、小区等），以前充斥着各类非法经营的“小黑车”，现在取代以排列着五彩斑斓、整齐有序的共享单车。更多的便利性让绿色出行成为城市时尚。此前挤满私人交通工具的楼道，也清静了不少。通过培育共享空间，共享单车在一定程度上推进了首都城市文明进程。不仅如此，共享单车在方便首都

1 《北京官方共享单车使用调查》，http://www.southmoney.com/redianxinwen/201705/1283302_2.html。

市民生活，赋予城市新生活模式的同时，也推动了首都社会在个体意识、商业文明和制度建设等领域的整体提升。

共享自行车对推动绿色出行发挥了积极作用，但也出现了快速扩张、抢占市场、无序投放等问题。2017 年 4 月 21 日，北京市交通委公布了《北京市鼓励规范发展共享自行车的指导意见（试行）》。该意见坚持“市级统筹、属地管理、企业主责、行业自律、承租人守法、规范有序”的原则，市级管理部门负责统筹规划，制定政策文件和标准，指导各区政府开展相关工作。各区政府结合属地实际，负责规范共享自行车发展的具体管理工作。规定了共享自行车运营企业承担投放车辆经营与管理的主体责任。共享自行车与普通自行车停放规则相一致，企业和承租人均应承担各自的规范停放责任。共享自行车发展规模与市民短途出行需求、城市空间承受能力和道路资源与停放设施承载能力相匹配。由各区政府编制规划，科学把握总量和投放节奏，防止盲目扩张，推动有序发展，实现全市总量调控。政府、企业、社会及承租人形成合力，共同促进共享自行车规范发展和管理，共同维护良好城市环境和交通秩序。

从 2016—2017 年北京地区共享单车使用情况可以看出首都互联网分享经济的一些典型特征：在互联网行业发展初期，行业还属于技术密集型。经过多年来的发展与变革，随着互联网行业开始深入各个细分行业，技术逐渐变成了一种手段，人们已经不能严格区分出传统行业和互联网企业的界限。在互联网技术的应用下，越来越多的物品的使用权被分享出来，过去分散的资源也得以高效利用，这已经不仅仅是一种商业模式的创新，而是演变成一种新的经济模式。如果说“互联网 +”的推进让更多的行业触网，那么分享经济则为这些行业打开了一扇大门，让他们可以通过互联网更加迅速地变革传统的商业模式，实现全新的发展。而从单纯的信息分享到衣食住行各个层面的分享，互联网的应用渐渐趋于极致。

二、首都网络直播经济迅猛增长

（一）网络直播经济的内容与特征

网络直播是指通过终端将自己的视音频及图像实时传递给互联网上所有人收看。网络直播吸取和延续了互联网的优势，利用视频方式进行网上现场直播，可以将产品展示、相关会议、背景介绍、方案测评、网上调查、对话访谈、在线培训等内容现场发布到互联网上，利用互联网的直观、快速、表现形式好、内容丰富、交互性强、地域不受限制、受众可划分等特点，加强活动现场的推广效果。网络直播经济就是在围绕着直播行为这一核心内容而展开的一系列上下游产业活动的集合。在实际中，网络直播经济有着诸多业态形式，如网络营销：市场营销活动、在线研讨会、虚拟活动、产品推介会等；如企业经营：远程招聘、在线面试、员工大会、高层会议等；再如会议展览：企业年会、论坛、峰会、活动庆典等。

网络直播经济最大的特征在于其成本低与沟通效率高。由于移动互联网和移动终端的迅猛发展，个人开展直播活动的门槛大大降低，网络直播对现场信号的采集要求较低，一台普通数码摄像机不仅可以做到高清采集——一台千元手机就能够完成个人视频实时传输，并且其他辅助设备总投入不高，不需要大量专业直播人员，传输过程均在网络上进行，成本是电视现场直播的几十至一百分之一。这种低廉的运行成本使得直播业务迅速扩散，并衍生出各种各样的直播业态模式，如直播间、街拍、小视频等。直播经济的另一大特点就是沟通效率高，方便快捷且互动性强。直播经济基本上建立在视频基础上，而且具有交互功能，消费者的消费偏好与审美偏好得到极大的满足，消费者的自主选择与参与度得到了巨大的延伸。不仅如此，网络直播完全可以由个人完成，现场不需要额外的电力支持、过大的工作空间，受外界影响因素较少，只要有通讯信号的地方就可以开展直播活动。

（二）**中国网络直播经济的迅猛发展**

2016 年是中国网络直播经济发展“元年”，也是网络直播行业的“井喷年”，而 2017 年是网络直播经济的“调整蓄力年”。《2017 年中国网络直播行业景气指数及分析洞察》的数据显示，2016 年中国网络直播行业景气指数大幅度增长，特别是在 2016 年上半年，增长率达到近 50%，如图 5–2 所示。一时间大大小小的网络直播平台如雨后春笋般涌出，截至 2016 年末全国在线网

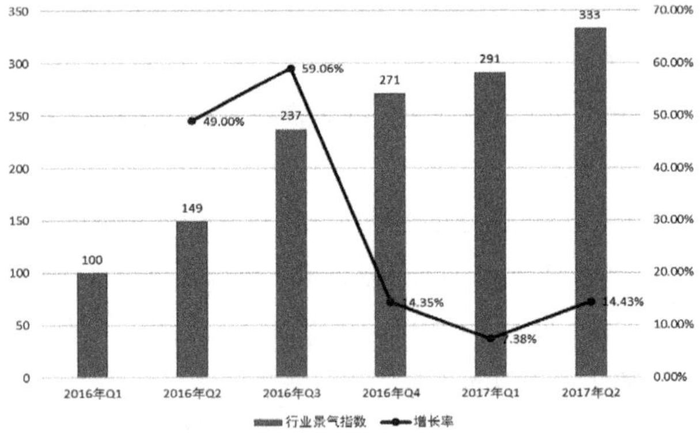

图 5–2　2016 年第一季度至 2017 年第二季度中国网络直播行业景气指数和增长率

数据来源：《2017 年中国网络直播行业景气指数及分析洞察》。

注：以 2016 年第一季度为基期（指数值 100）。

络直播平台数量超过 200 家，欢聚时代和 9158 两家网络直播平台正式上市，斗鱼直播在 2016 年就获得了 C 轮 15 亿元的投资。

网络直播经济有着不断增长的消费群体和流动性表现。由于直播内容丰富，针对性强，受到广大消费者的热捧。一些具有知名度的主播利用较好的人气进行商业营销，带动了网络直播货币化指数的提高。与此同时，一些著名的网络主播形成了固定观众群，并通过“粉丝”的打赏、点播、送礼物等形式产生消费行为，这样也同样带动了网络直播的货币化指数迅速提升，如图 5–3 所示。

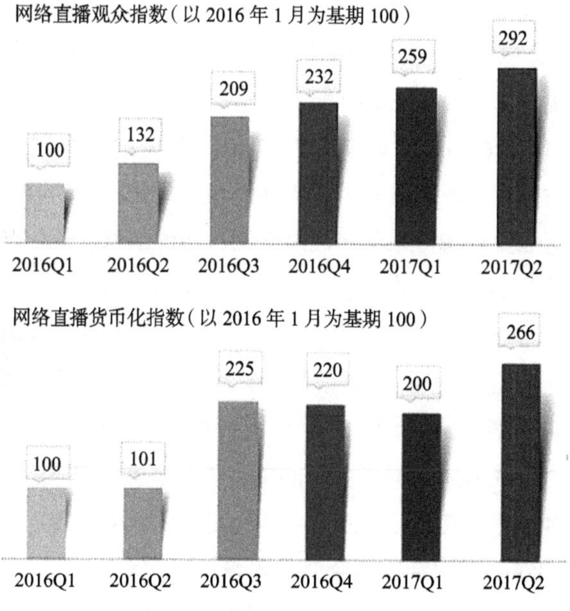

图 5–3　2016 年第一季度至 2017 年第二季度中国网络直播观众指数和货币化指数

数据来源：《2017 年中国网络直播行业景气指数及分析洞察》。

然而，在网络直播产业高速发展的同时，诸多网络直播产业问题暴露出来，特别是因传播淫秽色情信息而产生的黑色利益链。2016 年 10 月开展的“净网 2016”专项行动中，斗鱼、映客、嘿秀等 10 个直播淫秽色情信息内容的平台受到了行政处罚，相关直播网站负责人被约谈，存在问题的主播被查处。2016 年 11 月 4 日，《互联网直播服务管理规定》由国家互联网信息办公室发布，自 2016 年 12 月 1 日起施行。《互联网直播服务管理规定》明确禁止互联网直播服务提供者和使用者利用互联网直播服务从事危害国家安全、破坏社会稳定、扰乱社会秩序、侵犯他人合法权益、传播淫秽色情等活动。2016 年底，网络直播行业告别了“野蛮生长”阶段，虽然行业依然保持着较高的景气指数，但增长率大幅度降低，如图 5–2 所示。

经过 2016 年底的调整后，在 2017 年期间中国网络直播行业逐渐改变自身发展模式，从最初的粗放扩张型向内容精细型转变。从行业发展趋势来看，网络直播行业的运营正规化和内容精品化进程不断加快。各大直播平台将优势资源集中于 PGC 内容（专业生产内容）制作与生产上去，使得网络直播内容的精品化成为未来行业发展的必然趋势。作为网络直播重要主体之一的主播，也逐渐加大转型力度，培育自身节目特色、媒体资源与运营能力将成为未来网络主播的核心任务。腾讯旗下 NOW 直播和 YY 旗下虎牙直播分别在上半年推出激励原创内容生产者的生态扶持计划，设立专项基金并投入媒体资源对主播的内容创作、曝光、运营等各环节进行支持。值得一提的是，游戏和真人秀类直播的运营正规化进程在上半年逐步推进。

中国互联网络信息中心（CNNIC）2017 年 8 月发布的第 40 次《中国互联网络发展状况统计报告》显示：截至 2017 年 6 月，

网络直播用户共 3.43 亿，占网民总体的 45.6%。其中，游戏直播用户规模达到 1.8 亿，较去年底增加 3386 万，占网民总体的 23.9%；真人秀直播用户规模达到 1.73 亿，较去年底增加 2851 万，占网民总体的 23.1%。以秀场直播和游戏直播为核心的网络直播业务保持了蓬勃发展的趋势，熊猫、虎牙、花椒等多家大型直播平台在 2017 年上半年完成高额融资。

（三）首都网络直播行业的快速发展与高效治理

首都互联网是中国互联网行业发展高地，也是中国互联网创新中心。首都网络直播行业起步时间较早，发展速度较快，总体规模居于全国首位。大量的知名网络直播平台集聚在北京，如新浪、搜狐、爱奇艺、乐视、优酷、酷我、映客、花椒等，涌现了一大批具有市场影响力的主播，形成了上百万的固定消费者群体，创造出良好的经济效益。据估计，2016 年首都地区网络直播平台超过 60 多家，相关从业人员达 10 万多人，市场规模达到 100 亿元，观众群体超过 1000 万人次。[1] 首都网络直播已经成为首都地区创业网络体系中不可或缺的一部分，成为促进首都地区创业与创新、培育中小微企业创业创新的重要途径。

首都网络直播行业尚处在起步发展期，不仅乱象纷呈，而且存在诸多违法、侵权现象。为了解决这些问题，北京网信办审时度势，及时联合首都互联网协会、北京网络文化协会等机构率先发起并制定了国内第一部网络直播行业自律公约——《北京网络直播行业自律公约》。2016 年 4 月 13 日，百度、新浪、搜狐、爱奇艺、乐视、优酷、酷我、映客、花椒等 20 余家从事网络表

1　到截稿时为止，还缺乏北京地区网络直播行业的相关统计数据。此处数据根据多方统计数据，结合课题组专家判断，利用德尔菲法得出。

演（直播）的主要企业负责人共同发布了该公约：承诺从18日起，网络直播房间必须标识水印；内容存储时间不少于15天以备查；所有主播必须实名认证；对于播出涉政、涉枪、涉毒、涉暴、涉黄内容的主播，情节严重的将列入黑名单；审核人员对平台上的直播内容进行24小时实时监管。2016年6月1日，北京网络文化协会在北京市文化执法总队召开新闻发布会，通报了《北京网络直播行业自律公约》实施一个月以来的落实情况。40名违规主播因为直播内容涉黄被永久封禁，涉及六间房、酷我、花椒、在直播、映客、69秀、陌陌、咸蛋家、黑金直播9家网络直播平台。

与此同时，北京网络治理相关部门及时配合国家网信办、文化部、新闻出版广电总局、工信部等中央各部委开展专项检查等网络治理行动，在2016年10月开展的“净网2016”治理行动中，首都地区多家网络直播平台因涉嫌提供含有淫秽、暴力、危害社会公德等内容的产品被查处。

经过一年多的治理，首都地区网络直播行业乱象治理已经取得了显著的成绩，风清气正的行业发展势头已经显现，首都网络直播平台正在从传统的外形主打模式转向内容驱动模式，从粗放投入抢占市场份额转向精准投放实现精确营销，从技术稀疏转向技术密集，首都网络直播行业正在迎来一个全新的发展阶段。2017年，北京网信办积极联合其他网络管理部门，进一步加强直播平台的备案监督工作，将其平台的日常运行纳入监管系统中去，实现动态实时监督，全面去除监管死角。同时，相关部门还进一步加强直播平台运营人员与主播的培训力度，使其了解和掌握相关法规政策。

第二节　人工智能和区块链成为技术热点

一、人工智能井喷式发展

（一）人工智能的基本内容

人工智能（Artificial Intelligence，AI）是研究、开发用于模拟、延伸和扩展人的智能的理论、方法、技术及应用系统的技术科学。人工智能是研究如何使计算机来模拟人的某些思维过程和智能行为（如学习、推理、思考、规划等行为）的学科，主要包括计算机实现智能的原理、制造类似于人脑智能的计算机，使计算机能实现更高层次的应用。人工智能领域涉及计算机科学、心理学、哲学和语言学等学科，可以说几乎是自然科学和社会科学的所有学科，其范围已远远超出了计算机科学的范畴。

人工智能的发展历史可以从 20 世纪 70 年代算起，发展之初就和计算机学科形成了紧密联系，成为 20 世纪 70 年代三大尖端技术（空间技术、能源技术、人工智能）之一。随着互联网技术的普及与发展，人工智能领域又迎来了一个新的发展机遇期，它和基因工程、材料工程被认为是 21 世纪三大尖端技术。近十年来，人工智能和计算机科学、互联网络联系日益紧密，发展速度极为迅猛，在很多领域都获得了广泛应用，并取得了丰硕的成果。人工智能已逐步成为一个独立的分支，无论在理论和实践上都已自成一个独立的系统。人工智能的范畴与内容如表 5–1 所示。

（二）2016—2017 年人工智能发展环境

2016—2017 年期间，人工智能技术迅猛发展，取得了令人瞩目的成就与进展。2016 年 3 月，由 Google DeepMind 主导开

表 5–1　人工智能的范畴与内容

序号	项目	内容
1	研究范畴	自然语言处理，知识表现，智能搜索，推理，规划，机器学习，知识获取，组合调度问题，感知问题，模式识别，逻辑程序设计软计算，不精确和不确定的管理，人工生命，神经网络，复杂系统，遗传算法。
2	学科范畴	交叉学科，自然科学与社会科学交叉领域。
3	涉及学科	哲学和认知科学，数学，神经生理学，心理学，计算机科学，信息论，控制论。
4	实际应用	机器视觉，指纹识别，人脸识别，视网膜识别，虹膜识别，掌纹识别，专家系统，自动规划，智能搜索，定理证明，博弈，自动程序设计，智能控制，机器人学，语言和图像理解，遗传编程等。

资料来源：自行整理收集。

发的人工智能 AlphaGo 在完胜欧洲围棋冠军樊麾二段后，又在五番棋中以 4:1 的大比分击败围棋名宿——韩国国手李世石九段，震惊全球。2017 年 5 月，新版的人工智能 AlphaGo 以 3:0 击败中国围棋九段棋手——排名世界第一的柯洁，更令业界和舆论界感到惊讶。围棋长久以来被视为棋牌运动中“人类智慧的最终堡垒”，而 AlphaGo 的胜利，让社会大众重新认识到了人工智能发展的潜力和前景。在运行原理上，AlphaGo 利用了蒙特卡洛树状搜索与两个深度神经网络相结合的方法，以估值网络来评估大量落子间的优劣，而以行棋网络来选择落子。在这种设计下，电脑可以结合树状图的长远推断，又可像人类的大脑一样自发学习进行直觉训练，以提高棋力。同时具备了“在学习中实战”和“在实战中学习”两大功能，技术的应用能力大幅度提高，彻底改变了人们对人工智能的认识。

在产业化方面，人工智能又有大幅度的进展。自 2012 年以来，全球人工智能领域收到的投资数量就一直呈现上升趋势，2016 年也是如此。今年全球人工智能产业的投资情况，创下了五年以来的历史新高。据 CB Insight 统计，今年全球人工智能领域融资额有望突破 50 亿美元，比 2015 年增长了超过 60%。就单季度情形来看，今年第二季度的 3 个月之内，全球人工智能企业就在 155 次融资当中募得了超过 16.8 亿美元的资金，这一数字也创下了历史新高。中国人工智能产业化发展进程也在同步加快。《乌镇指数：全球人工智能发展报告 2016》显示，中国人工智能投资在 2016 年上半年就达到了月 6 亿美元的规模，其中第二季度更是达到了创纪录的 4.70 亿美元，显示出中国在人工智能领域的投资明显加快，紧跟在美国、西欧等发达国家之后。2012—2016 年全球人工智能产业投资增长情况如图 5–4 所示。

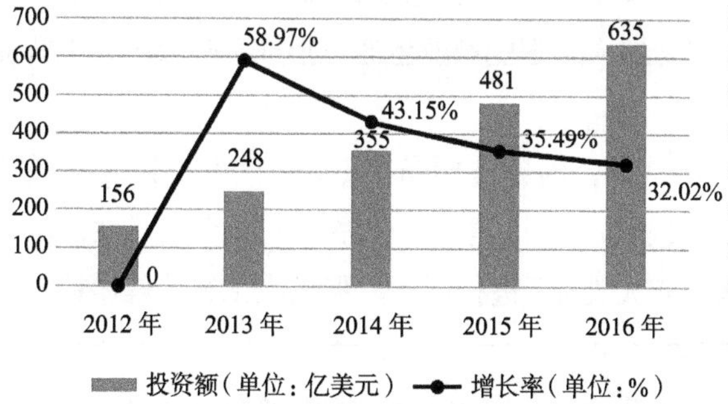

图 5–4　2012—2016 年全球人工智能产业投资增长情况

资料来源：CB Insight。

在产业联盟上，2016 年 9 月，Alphabet（Google、Deep Mind）、IBM、Facebook、亚马逊和微软五家科技巨头宣布组成人工智能联盟“Partnership on AI”，以求在科研领域建立良性的竞争与合作关系。这一人工智能联盟以“为人民和社会谋福祉”为口号，表示其核心使命是在巨头之间开展行业标准和规范讨论，包括探讨人工智能促进社会变革的方式。此外，人工智能发展伦理、包容性和隐私性等，也是这个联盟的重要研究课题。

在扶持政策上，美国政府于2016年12月发布了《人工智能、自动化与经济》战略报告，指出人工智能将对生产率增长带来积极影响，不应当因其对劳动力市场现有秩序的潜在威胁，遏制人工智能的发展。2016年5月，国家发展改革委、科技部、工业和信息化部、中央网信办制定并发布了《“互联网+”人工智能三年行动实施方案》，提出到2018年，打造人工智能基础资源与创新平台，人工智能产业体系、创新服务体系、标准化体系基本建立，基础核心技术有所突破，总体技术和产业发展与国际同步，应用及系统级技术局部领先等目标。在重点领域培育若干全球领先的人工智能骨干企业，初步建成基础坚实、创新活跃、开放协作、绿色安全的人工智能产业生态，形成千亿级的人工智能市场应用规模。

2017年7月，国务院颁布了《新一代人工智能发展规划》。该《规划》要求按照“构建一个体系，把握双重属性，坚持三位一体，强化四大支撑”进行布局，形成人工智能健康持续发展的战略路径。

首先，构建开放协同的人工智能科技创新体系。针对原创性理论基础薄弱、重大产品和系统缺失等重点难点问题，建立新一代人工智能基础理论和关键共性技术体系，布局建设重大科技创新基地，壮大人工智能高端人才队伍，促进创新主体协同互动，形成人工智能持续创新能力。把握人工智能技术属性和社会属性高度融合的特征。既要加大人工智能研发和应用力度，最大程度发挥人工智能潜力；又要预判人工智能的挑战，协调产业政策、创新政策与社会政策，实现激励发展与合理规制的协调，最大限度防范风险。

其次，坚持人工智能研发攻关、产品应用和产业培育“三位一体”推进。适应人工智能发展特点和趋势，强化创新链和产业链深度融合、技术供给和市场需求互动演进，以技术突破推动领域应用和产业升级，以应用示范推动技术和系统优化。在当前大规模推动技术应用和产业发展的同时，加强面向中长期的研发布局和攻关，实现滚动发展和持续提升，确保理论上走在前面、技术上占领制高点、应用上安全可控。

最后，以人工智能技术突破带动国家创新能力全面提升，引领建设世界科技强国进程；通过壮大智能产业、培育智能经济，为我国未来十几年乃至几十年经济繁荣创造一个新的增长周期；以建设智能社会、增进民生福祉为目标，落实以人民为中心的发展思想；以人工智能提升国防实力，保障和维护国家安全。

(三) 2016—2017 年首都人工智能技术发展

人工智能发展已经从技术变革跨入创新应用重要窗口期。各国政府高度重视推动人工智能技术和产业发展，纷纷将人工智能上升为国家战略，知名企业也已把人工智能作为未来的重点发展领域。聚焦国内，我国高度重视人工智能发展，近年来发布了《“互联网 +”人工智能三年行动实施方案》《新一代人工智能发展规划》等战略性文件，系统布局我国人工智能相关技术产业及应用的发展。

作为中国网都的北京，及时把握战略机遇，抢占市场先机，以网络巨头百度公司作为首都互联网行业的表率，全力打造国家人工智能发展高地和创新中心。

百度公司 2016 年的财报显示，人工智能已经成为百度公司的主要业务创新点、业绩增长点和技术支撑点。凭借百度在人工智能领域的渗透和发力，百度移动端搜索、百度金融、百度O2O等现行业务均呈现出高速增长的态势。百度人工智能目前已经全面渗透至各项业务，为推动百度业务高速增长起到重要作用，也全面推动了首都地区人工智能技术的发展。百度已经成为首都地区人工智能的“航母”，引领众多企业在人工智能领域做出贡献。

在内容布局方面，百度已进入“信息分发2.0”阶段。2016年11月29日，百度正式发布百度资讯流广告，覆盖包括手机百度、百度新闻、百度贴吧、百度好看等在内的多款产品。通过海量用户标签，借助AI技术实时动态建模、实时匹配计算，百度资讯流广告实现了个性化信息的精准触达。“人找信息”到“信息找人”的革命性升级，不仅满足了用户多层次的信息诉求，同时也帮助广告主减少了流量在跨媒体、跨平台之间的流失。

在业务拓展上，百度将人工智能、大数据、云计算等核心技术全面注入百度金融的支付、信贷、理财、银行、保险等各业务板块。比如，通过精准度99.7%的人脸识别技术、精准度超过97%的语音识别技术，百度金融可以实时高效地完成用户身份验证；为解决消费金融市场信用下沉、风控线上化、获客成本增加等问题，百度金融引入了人工智能、用户画像、账号安全及精准建模等先进技术。在传统业务改造上，百度将AI技术与传统O2O服务深度融合。充分结合人工智能、云存储和大数据，准确判断消费者的消费需求，实现精准投放和准确影响，最大程度地贴近消费者实际需要。

在人工智能与云技术融合方面，百度金融云已经开放为金融机构输出，包括人工智能、安全防护、智能获客、大数据风控、

IT 系统、支付等全套金融解决方案，未来将为更多合作企业创造实际价值，共同促进普惠金融发展。

百度的技术实力不仅在国内首屈一指，也受到国际范围的极大认可。2017 年 1 月，美国权威杂志《麻省理工科技评论》发表了《2017 人工智能五大预测》，认为百度的人工智能实验室在语音识别、自然语言处理以及优化广告业务方面取得了相当不错的成绩，将助力中国 AI 的蓬勃发展。由互联网公司逐渐转型为 AI 技术公司的百度，未来还将为首都互联网产业带来更多的人工智能产品与服务。

随着首都人工智能行业的发展，中间技术层逐步降低其进入门槛，让人工智能为广大互联网中小企业所采用。目前百度、虹软、科大讯飞等企业逐步开放人工智能技术能力，将底层技术创新转化成有价值的通用技术和操作系统。比如 2016 年末虹软发布的免费 SDK 引擎（包含人脸检测、人脸跟踪、人脸识别），开发者无须自建 AI 技术团队，可以直接通过虹软 SDK 自组网、自建云，降低了垂直行业进入人工智能领域的成本，使首都地区互联网中小企业能够迅速进入人工智能行业，抢占商机。

二、区块链技术进展显著

(一) 区块链的内涵与意义

区块链（Blockchain）是比特币（Bit Corn）的延伸概念，其实质是比特币的底层技术和基础架构。它在机构上是一个去中心化的数据库，同时作为比特币的底层技术，对接不同的应用平台。从内在组成来看，区块链是一串使用密码学方法相关联产生的数据块，每一个数据块中包含了一次比特币网络交易的信息，用于验证其信息的有效性（防伪）和生成下一个区块。

在实际应用中，区块链按照时间顺序将数据区块以顺序相连的方式组合成一种链式数据结构，并形成以密码学方式保证的不可篡改和不可伪造的分布式账本供客户使用。从这个意义上来看，区块链就是一张分布式的计算方式，通过这种计算方式来验证与存储数据，利用分布式节点共识算法来生成和更新数据，利用密码学的方式保证数据传输和访问的安全，利用由自动化脚本代码组成的智能合约来编程和操作数据。

作为一种全新的数据结构，区块链的特征与意义如表5–2所示。

表 5–2 区块链技术的特征与意义

序号	特征	意义
1	去中心性	由于使用分布式核算和存储，不存在中心化的硬件或管理机构，任意节点的权利和义务都是均等的，系统中的数据块由整个系统中具有维护功能的节点来共同维护。
2	开放性	系统是开放的，除了交易各方的私有信息被加密外，区块链的数据对所有人公开，任何人都可以通过公开的接口查询区块链数据和开发相关应用，因此整个系统信息高度透明。
3	自治性	区块链采用基于协商一致的规范和协议（比如一套公开透明的算法），使得整个系统中的所有节点能够在去信任的环境自由安全地交换数据，使得对“人”的信任改成了对机器的信任，任何人为的干预不起作用。
4	安全性	一旦信息经过验证并添加至区块链，就会永久地存储起来，除非能够同时控制住系统中超过51%的节点，否则单个节点上对数据库的修改是无效的，因此区块链的数据稳定性和可靠性极高。
5	隐私性	由于节点之间的交换遵循固定的算法，其数据交互是无须信任的（区块链中的程序规则会自行判断活动是否有效），因此交易对手无须通过公开身份的方式让对方对自己产生信任，对信用的累积非常有帮助。

资料来源：自行收集整理。

由于区块链技术的以上特性，其应用前景非常广泛。根据相关部门的预测，互联网金融、互联网版权、云计算、互联网共享经济、互联网医疗等重点领域都把区块链技术作为基础支撑，大大提高互联网行业的运行效率与安全性。

（二）2016—2017 年全球和中国区块链技术与行业发展情况

2016—2017 年期间，全球区块链技术继续高速发展，已经从第一代区块链（数字货币）和第二代区块链（智能合约）向第三代区块链（全息应用）过渡。与此同时，区块链与人工智能的交叉领域不断加深。基于区块链的人工智能网络可以设定一致、有效的设备注册、授权及完善的生命周期管理机制，有利于提高人工智能设备的用户体验及安全性。此外，若各种人工智能设备通过区块链实现互联、互通，则有可能带来一种新型的经济模式，即人类组织与人工智能、人工智能与人工智能之间进行信息的交互甚至是业务的往来，而统一的区块链基础协议则可让不同的人工智能设备之间在互动过程中不断积累学习经验，从而实现人工智能程度的进一步提升。

2016 年，全球区块链技术落地进程不断加快，产业化深度已经达到一个相当高的水平，全球区块链产业已经连续 3 年稳定增长。《中国区块链产业发展白皮书 2017》的数据显示，2016 年全球区块链领域完成 139 次累计规模超过 4.33 亿美元的融资，中国、美国和欧盟地区是全球区块链产业发展进程最快的 3 个地区。2006—2016 年全球区块链产业融资金额和融资次数如图 5–5 所示。

2016—2017 年期间，中国区块链技术进一步发展。区块链技术作为金融科技的中坚力量，受到了各地政府和产业界的热切关注，其实验开展和应用研发正在如火如荼地进行。在此背景

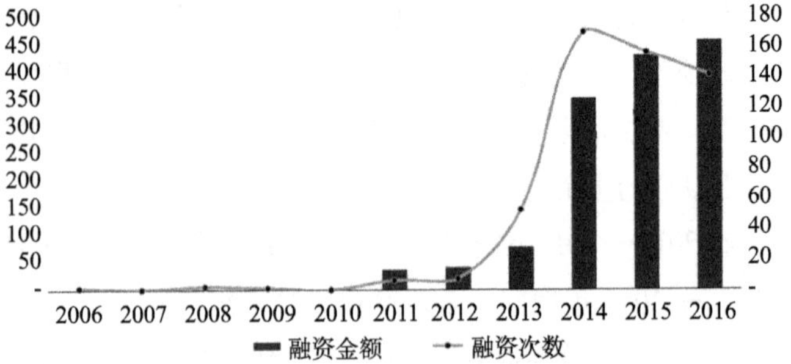

图 5–5　2006—2016 年全球区块链产业融资金额和融资次数

资料来源:《中国区块链产业发展白皮书 2017》。

下，各地涌现出一大批优秀的企业投入区块链产业中，各类企业投融资活动十分活跃，充分展示了区块链的产业活力。与全球区块链领域投资相比，中国区块链产业投融资起步稍晚，但 2016 年投融资活动明显加速，投融资额较 2015 年增长 293%；尽管目前中国在区块链领域的投融资规模在全球所占的比重十分有限，但仍有较大的增长空间。

截至 2017 年 4 月底，全球 455 家区块链和比特币相关公司累计获得融资额为 19.47 亿美元；美国有 197 家获投公司，占所有获投创业公司的 43.30%，中国共有 61 家获投公司，排名第二。我国拥有区块链初创企业约 150 家，中关村、北京地区约 47 家，11 家区块链初创企业获得 VC 投资，总计投资额约 2.26 亿元。

(三) 2016—2017 **年首都区块链技术与行业发展情况**

北京是中国区块链技术发展水平最高的城市。从区块链企业分布来看，北京、上海、深圳、杭州分别以 47 家、16 家、12 家和 10 家企业成为国内区块链企业数量最多的 4 座城市；从现阶段产业分布情况来看，排名前 4 的城市企业数量占到了全国区块链企业总数的 80%，区域集中度较高。

从行业融资角度来看，2016 年首都地区区块链企业表现不俗。北京乐酷达获得 3 轮投资，总金额达到 6750 万元；布比（北京）网络获得 2 轮投资，总金额达到 3000 万；水滴互助和同心互助获得 1 轮投资，金额分别是 5000 万和 3000 万。据不完全统计，2016 年北京区块链企业融资额度占全国区块链企业融资额度的 45.6%。

从区块链技术发明与专利角度来看，2016 年首都北京的区块链企业取得了优异的成绩。2016 年，布比（北京）网络技术有限公司的专利数量达到 29 项，位居全国区块链企业第一位；北京太一云科技有限公司（邓迪）专利数量达到 19 项，位居全国区块链企业第二位。这两家公司在 2016 年获得的专利数占据行业内的“半壁江山”。

扶持区块链行业发展的支撑体系也逐步完善。2016 年 10 月，中国电子技术标准化研究院、北京蚂蚁云金融信息服务有限公司、中国万向控股有限公司、深圳前海微众银行股份有限公司、中国平安保险（集团）股份有限公司、乐视联服信息技术有限公司、万达网络科技有限公司等机构或企业达成协议，致力于通过区块链标准研制应用推广，推动中国区块链技术和产业发展。这标志着北京正在制定区块链技术国际化标准，北京的区块链企业将在区块链技术标准化方面做出突出的贡献。

2017 年 1 月，北京市金融工作局、北京市发改委联合印发《北京市“十三五”时期金融业发展规划》。规划中强调，要加快云计算、大数据和区块链等金融科技在支付清算、数字货币、财富管理等领域的创新发展与应用。鼓励互联网金融企业、传统金融机构借助大数据、人工智能、人脸识别、反欺诈等技术手段提高金融服务效率，完善金融服务模式，以金融科技进步推动互联网金融的完善与发展。支持金融机构与科研机构联合开展大数据应用研究，推动大数据技术在互联网征信、风控、精准营销等方面的应用。鼓励人脸识别技术在金融领域的应用和发展，使人脸识别成为互联网支付的主要途径之一。鼓励发展区块链技术、可信时间戳认定等互联网金融安全技术，保护消费者权益，提升互联网金融的安全性。

第三节　微博的再次崛起

当前中国互联网有三大微博平台——新浪微博、腾讯微博和搜狐微博，首都互联网拥有其中两大微博平台：新浪微博、搜狐微博。其中新浪微博的用户数和日活跃用户数远远超过搜狐微博，是中国微博业务的绝对领先者。因此，在学界和业界研讨范围内，微博一般指的是新浪微博。

微博在 2009 年诞生之后的几年里，发展速度极为迅猛。截止到 2012 年 12 月底，新浪微博注册用户数已超 5 亿，年增长率在 65% 左右，日活跃用户数达到 4620 万，用户每日发博量超过 1 亿条，成为横跨两岸三地、新马地区和世界各地的华人网络社区。但随着微信业务的兴起，微博业务受到了巨大的冲击。微信和微博是当前中国手机移动端最热门的两大应用，是两种不同形式的社交平台，所以在使用过程中就有一定的排斥性。由于微信业务的私密性和表达多样性，很多用户将主要精力放在微信上，微博所占据的使用时间比例大幅度下降，微信对微博业务冲击较大。

根据CNNIC数据，2013年是中国微博发展的下滑之年，用户规模和使用热度均大幅下降。数据显示在2013年22.8%的网民减少了微博的使用，而微博产品的使用时间，仅增加了12.7%。在手机端，使用微博的网民数量也呈下降趋势，使用热度也在下降。截至2013年12月，中国手机微博用户数为1.96亿，较2012年年底减少了596万。同时，手机微博的使用率仅为39.3%，比2012年底降低了8.9个百分点。更多的高收入、高学历用户大幅减少了微博的使用。在2013年期间，月收入5000元以上的用户中，有26.1%的人减少了微博的使用；有14.3%的人增加了微博的使用；大专以上学历的用户，有23.7%的人减少了微博的使用，有13.2%的人增加了微博的使用。下降的原因除了上述的微信冲击之外，部分原因是微博的发展未进入稳定期，以及一些营销账号、僵尸账号的主动或被动消失。

经过两年多的平稳发展期，2016年微博再次迎来快速发展机遇，实现了再次崛起。2017年2月，新浪微博发布的2016年财报显示：2016年活跃用户规模突破3亿，见图5-6，全年营收同比增长45%，达43.83亿元，全年净利润大幅增长180%，无论营收还是净利润均超出外界平均预期。在新浪微博的强势带动下，新浪全年营收也首次突破了10亿美元。2017年继续保持高速增长态势，财报显示：2017年12月的月活跃用户数较上年同期净增约7900万，达到3.92亿；月活跃用户数中93%为移动端用户，2017年12月平均日活跃用户数较上年同期净增约3300万，达到1.72亿。2017年微博净营收3.774亿美元，较上年同期增长77%，超过公司3.55亿美元至3.65亿美元的预期。广告和营销营收3.323亿美元，较上年同期增长77%。增值服务营收4510万美元，较上年同期增长81%。微博的再次兴起成为首都互联网行业的一个现象级事件，微博的平台化、生态化、商业化是其再次崛起的主要原因。

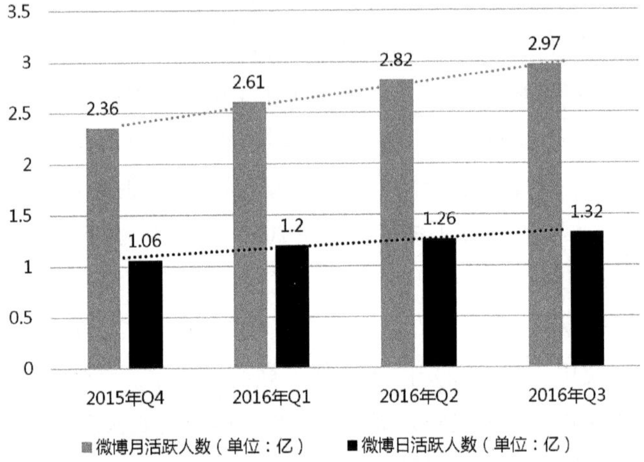

图 5-6　2015 年第四季度至 2016 年第三季度微博用户数增长情况

资料来源：新浪微博数据中心，《2016 微博用户发展报告》。

微博在 2016 年以后实现再次崛起的原因主要有以下三点。

一、持续优化信息流产品

基于社交平台的较高用户黏性成为微博的核心竞争优势，而这一点首先要归功于微博对信息流产品的持续优化。过去两年，为了进一步提升内容的发布与消费效率，微博完成了从纯粹的时间序信息流，到基于社交关系的信息流，再到基于兴趣推荐的信息流的转型。这使得用户不仅可以在微博上即时获取信息、展开讨论、交流观点，还能发现资讯、挖掘兴趣，内容的分发和消费体验得到强化，从而大幅降低了用户使用微博的门槛，显著提升了用户的使用时长和互动率。

为获取新增用户、拉升用户活跃度，微博还采取了诸多措施，如渠道下沉、向二三四线城市用户渗透，布局垂直化、扩大独家内容优势等。尤其是新浪微博的短视频和直播有效吸引了更多年轻用户，为新浪微博抓住了下一代社交红利。国内移动大数据服务商 QuestMobile 发布的 2016 年度报告显示，截至 2016 年 12 月，新浪微博月活跃用户规模在所有客户端中排名第八位，其中高价值用户比例高达 76.3%。

同时，从用户特征来看，呈现出高学历、低年龄趋势。《2016 微博用户发展报告》显示，拥有大学以上高等学历的微博用户占比高达 77.8%，其中，30 岁以下青年群体在微博用户中占比达到 80% 以上。此外，微博在三四线城市的扩张进一步打开局面，二三线城市用户已占据新浪微博整体用户的半壁江山，四线及以下城市用户占比达 30%。

二、布局视频领域成效初显

微博把握住直播行业的“机遇风口”，在短视频滥觞时就已经开始了在这一领域的探索，再加上 2016 年在移动直播领域的布局，新浪微博已经形成了“文字 + 图片 + 视频 + 直播”的多维度内容生态体系。新浪微博 2016 年财报显示，新浪微博在视频和直播上的布局取得初步成效，2016 年 12 月，其视频的日均播放量相比上一年同期大幅增长了 713%。特别是来自头部用户的视频内容，成为新浪微博视频业务增长的主要驱动力。2016 年，新浪微博和超过 200 家的视频自媒体机构达成合作，头部用户日均发布短视频的数量的同比增长率超过 200%。

为了给用户提供更加丰富的视频内容，新浪微博从 2016 年第四季度起，加大了与各大媒体机构、版权机构的合作。2016

年第四季度，央视在新浪微博上累计发布了6920条视频，并发起379场直播，相比上一季度的数量明显提升。2017年跨年夜，新浪微博与5家主流电视台进行了跨年晚会的直播合作，观看总人次超过2000万，新浪微博互动总量超过4000万。在过去的两年里，新浪微博在媒体合作方面的投资已经超过7亿元人民币。

三、选择合适的商业形式

在用户规模快速增长与内容生态持续完善的基础上，新浪微博商业化也迎来了爆发。2016年，新浪微博全年总营收达43.83亿元，同比增长45%，净利润同比增长180%，第四季度，新浪微博的运营利润率提升到了35%。

新浪微博广告营收在2016年第三季度首次突破了10亿元大关，第四季度进一步增长到12.91亿元。其中，来自移动端的比例达到68%。新浪微博的品牌广告收入同比增长149%，再次超过中小广告收入的增速。新浪微博商业化提升主要来自3个方面：第一，用户规模和用户活跃度的持续增长，让新浪微博成为移动营销市场中不可或缺的力量；第二，新浪微博商业体系逐步成熟，可以为个人客户、中小企业以及品牌客户提供多样化的营销解决方案；第三，新浪微博的社交平台效应初步形成，有效提升了运营效率及商业效率。此外，2016年新浪微博垂直领域头部用户阅读量增长74%，已经有20个垂直领域的月阅读量超过百亿。在时尚、娱乐、财经等多个垂直领域，通过微任务、付费订阅、微博橱窗等自媒体变现工具，新浪微博帮助自媒体实现了不错的商业变现。

为了进一步提升商业产品的市场竞争力，新浪微博计划在2017年内进一步优化广告算法，提升广告效果。同时，打造品效合一的营销模式，建立完善的广告效果评估体系，以此吸引更多的客户在新浪微博上进行投放，并继续加大对自媒体商业化的扶持力度。这些措施将催生出大量内生性的广告需求，给新浪微博带来大量新增客户，而这些客户与新浪微博生态的融合性更强，营销效率更高。

第四节　首都互联网投融资市场趋于理性

2016—2017 年，中国经济保持稳定发展态势，首都经济也在供给侧结构性改革和疏解非首都功能这两大主题下稳步推进，首都互联网行业作为引领经济发展、推动社会进步、促进创新的首要推动力，其投融资事业保持了理性增长的态势。2016 年全年国内互联网行业 VC/PE 融资市场在连续 3 年指数型增长的形势下，活跃度首次降温，市场理性氛围越发浓厚，首都互联网行业融资案例数量及规模均降幅明显。

一、首都互联网行业 VC/PE 活动趋于平缓

2016 年全年国内互联网行业 VC/PE 融资市场在连续 3 年指数型增长的形势下，活跃度首次降温，融资案例数量及规模均降幅明显。根据投中信息旗下数据产品 CVS ource 统计显示，2016 年互联网行业 VC/PE 融资案例 1622 起，环比下降 28.1%，融资规模 238.39 亿美元，环比下降 26.99%。2011—2016 年中国互联网市场 VC/PE 融资情况如图 5–7 所示。

受到外界大环境的影响，首都互联网行业投融资市场活跃度降温。由于受到资本紧缩的冲击，一些互联网创新型企业无法充

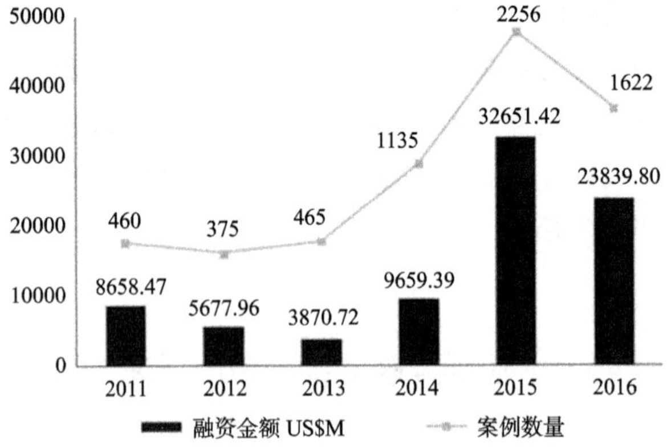

图 5–7　2011—2016 年中国互联网市场 VC/PE 融资情况

资料来源：CVSource data。

分施展与发挥其业务特点，行业快速发展受阻，投资风险增加，更多的投资者将目光转向于发展动力更饱满、企业阶段趋于成熟的互联网公司，以保证在紧缩期能够在行业内持续积累经验，提前布局抓到好项目。因此，投资市场趋于理性，直接表现为融资规模及交易数量大幅减少。但即便如此，首都互联网行业依旧是推动资本市场发展的领军力量。据估计，互联网行业融资总规模占全行业的 20.98%，融资案例数量占全行业的 35.35%，占据了整个市场的核心地位。[1]

从细分领域来看，2016 年互联网视频网站、电子商务、行业网站依旧为投资者热衷的三大细分领域，无论从交易数量还是融资规模，始终占据互联网全行业的主导地位。其中，不少“互联网 + 房地产”“互联网 + 金融”等融合性企业在今年的融资活

1　卢卫 . 2016 年中国互联网产业综述与 2017 年发展趋势 [J]. 互联网天地，2017，1：11-18.

动中屡屡取得优秀的成绩；在总体的融资表现上，互联网视频网站以 78.9 亿美元的融资总额，再次蝉联互联网行业细分领域榜首；从融资案例数量上看，互联网视频网站的融资活跃度远超越其他细分领域，广泛受到投资者青睐。今年电子商务行业表现也比较突出，与 2015 年相比，融资规模有 28.48% 的增幅，融资均值高达 2152.45 万美元，电子商务行业慢慢步入成熟阶段，规模最大的事件为美团、大众点评联姻成立的新公司，获 33 亿美元融资。位居第三位的细分领域为行业网站，融资规模总额为 43.32 亿美元，融资案例数量为 377 起，其中，医疗平台平安好医生、云教学平台等都获得了上亿美元的融资。

从具体案例上来看，2016 年中国互联网融资规模上亿美元的案例数量达 43 起，上十亿美元的案例 2 起，其中与首都互联网紧密相关的融资事件主要有以下几件。

2016 年初，美团、大众点评联合成立的新公司 China Internet Plus（CIP）完成 33 亿美元融资，此次融资由腾讯、数字天空技术 DST、挚信资本领投，其他参与的投资方包括国开金融、今日资本、淡马锡、红杉中国、Baillie、Gifford、加拿大养老基金投资公司等国内外知名公司。华兴资本担任此次交易的财务顾问。新公司 CIP 完成对电影业务的整合，美大双方将到店餐饮、外卖、电影、酒店旅游、KTV、婚庆、美业等领域在交易、信息、垂直领域覆盖等方面的优势注入新公司，强强联手，牢牢保持市场领先地位，成为中国生活服务 O2O 市场的绝对领导者。

独立发展仅两年多的乐视体育，已完成 B 轮 70 亿元融资，企业估值暴涨。其中，凯撒旅游、海航资本投资、海航资本集团共同发起成立的嘉兴永文明体投资合伙企业（有限合伙）以 12

亿元参与乐视体育本轮融资，并获其5.85%的股权；时任乐视CEO贾跃亭个人投资10亿元；主投方国开金融、建银国际等投资20亿元；另外有华人文化投资基金，以及近30个投资人，如王健林父子，演员孙红雷、贾乃亮、刘涛、陈坤等也将参与其中。乐视体育自成立以来，规模迅速扩张，连续2轮融资规模均达亿元以上，B轮融资后其估值已高达205亿元，此番野蛮生长，让其从一个视频频道迅速成为涵盖体育全产业链的明星企业。[1]

融资规模位居第三位的是综合房产服务平台链家，获得64亿元B轮及B+轮融资，投资方包括华晟资本、百度、HCapital、执一资本、海峡基金、原苍资本、源码资本、经纬中国、喜神资产等众多投资机构和企业。由传统二手房中介出身的链家，通过互联网化转型，由中介角色转变成综合房产服务平台，近两年大举扩张版图，通过并购进入上海、山东、广州、大连、东北、成都等地区，迅速完成24个城市的业务覆盖、5000家直营门店的布局以及100000名经纪人的整合。此外，链家逐渐将目标拓展到金融市场，“链家理财”平台提供P2P的借贷服务，为购房者提供短期资金周转；“理房通”类似于淘宝的“支付宝”，是买卖双方资金托管的第三方账户。

二、首都互联网行业并购交易数量及规模双双回落

2016年互联网行业并购交易宣布797起，环比下降20.3%，宣布交易总额达339.62亿美元，环比下降35.34%，其中披露交

1 但其迅速扩张的势头和融资进程受到广大投资者和研究者的质疑。在本研究写作时，乐视股票被曝光在IPO阶段采取了财务造假手段。2017年第三季报，乐视网2017年前三季度净利润亏损16.52亿元，同比下降435.02%；三季度单季营收5.54亿元，同比下滑92%，净亏损10.15亿元。

易金额的 440 起，交易均值达 7736.16 万美元，环比降低 3.68%。并购交易完成 564 起，完成规模达 186.36 亿美元，其中披露交易金额的 237 起，交易均值达 7863.09 万美元，交易数量、总规模及交易均值与 2015 年相比均无明显起伏。

综合 2011—2015 年的市场表现，中国互联网行业并购交易一直处于增速发展的阶段，尤其到 2015 年达到发展的峰值，无论从交易规模还是交易案例数量上来看，都是最为火爆的一年。然而进入 2016 年后，互联网行业并没有延续 2015 年的火热，受资本市场寒冬、经济下行、股市震荡的冲击，市场亟待稳定。A 股监管趋严，各项新政出台，赋予市场缓冲调整恢复的条件，整个市场的活跃度下降，另一方面可理解为市场正变得更加理性和务实。2011—2016 年中国互联网行业宣布并购及完成趋势图如图 5–8 所示。

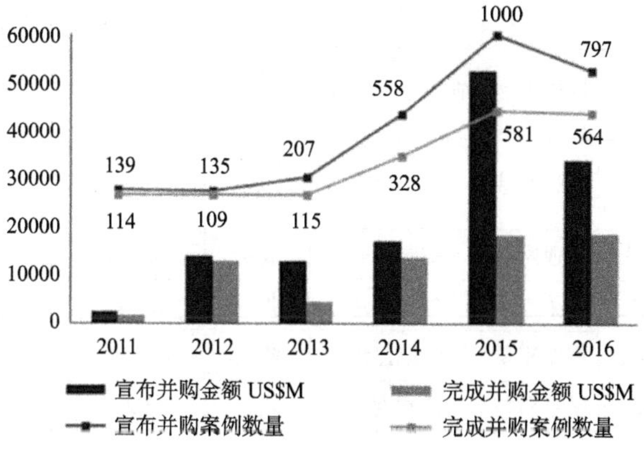

图 5–8　2011—2016 年中国互联网行业宣布并购及完成趋势图

资料来源：CVSource data。

在 2016 年完成的 564 起并购交易中，细分领域中网络视频交易总规模达 52.81 亿美元，案例数量仅有 24 起，高交易均值的主要原因为阿里巴巴47.7亿美元私有化优酷土豆，优酷土豆实现纽交所退市。网络游戏行业今年也涌现了不少大规模交易事件，在14个披露交易规模的并购事件中，6起规模上亿美元，2起近20亿美元，包括巨人网络借壳上市、完美环球120亿元全资收购完美世界。此外，行业网站、电子商务也成为并购交易的主要战场。其中与首都互联网行业相关的重点并购案例6件，行业涉及网络视频、网络游戏、电子支付等热点领域，交易总金额达120亿美元。2016年首都互联网行业完成的主要并购交易如表5–3所示。与2015年的并购大潮相比，2016年首都互联网行业并购的步伐也逐步放缓，市场预期逐步趋于理性。

表5–3　2016年首都互联网行业并购重大案例

标的企业	CV行业	买方	交易类型	交易金额（单位：百万美元）	交易股权（单位：%）
合一集团	网络视频	阿里巴巴集团	私有化公司	4770	82%
完美世界网络	网络游戏	世纪游轮	借壳上市	1994.99	100%
汽车之家	行业网站	中国平安	收购	1824.1	100%
联动优势	电子支付	海立美达	收购	461.93	92%
有车科技	汽车租赁	阿里巴巴集团	收购	456.02	10%
奇虎360	网络科技	宏投网络	收购	300	100%

资料来源：自行收集整理。

第五节　本章小结

首都互联网发展日新月异，总体上产业发展势头强劲，行业热点众多。本章以 2016—2017 年为研究时间段，选取了具有代表性的发展趋势和行业热点，并对这些问题进行了详细的分析与研究。

在首都互联网产业发展趋势上，选择共享经济和直播经济作为主要分析点。这两大互联网经济表现形式在 2016 年取得了长足的发展与进步，是学术界和业界普遍关心的问题；在首都互联产业技术发展趋势上，选择人工智能和区块链作为主要分析内容。2016 年，人工智能是互联网行业中的“明星技术”，有着非凡的业绩表现；区块链技术的意义和价值逐渐被社会各界所认识，而北京地区的区块链企业又在相关领域实现了重大创新与突破。在首都互联网行业热点上，选择新浪微博的再次崛起作为分析对象。2016—2017 年，新浪微博逆势崛起，走出了前几年发展的低谷期，创新传播内容，开拓业务范围，紧密结合互联网发展最前沿技术，实现了业务再造，市场业绩喜人。作为首都互联网社交应用的代表，新浪微博的再次崛起是首都互联网行业值得骄傲的事件，也是值得深入研究的现象。首都互联网行业投融资和并购一直是行业主题。区别于前几年的高强度融资与并购，2016 年首都互联网融资和并购呈现出理性运行的态势。这种趋势有着其内在和外在的原因，本章对此进行了分析与研究。

第六章 首都互联网发展的阶段性特征

党的十八大以来，面对世情国情深刻变化，在以习近平同志为核心的党中央坚强领导下，全国各族人民高举中国特色社会主义伟大旗帜，牢固树立和贯彻落实新发展理念，统筹推进“五位一体”总体布局和协调推进“四个全面”战略布局，适应把握引领经济发展新常态，同心勠力，迎难而上，开拓创新，砥砺前行，我国经济社会发展取得新的辉煌成就，决胜全面建成小康社会夺取新的重大胜利，中国特色社会主义伟大事业展现新的壮丽前景，为实现“两个一百年”奋斗目标和中华民族伟大复兴的中国梦打下了坚实基础。

党的十八大以来，在党中央、国务院和市委市政府的正确领导下，首都互联网发展取得阶段性成就。首都互联网发展领先地位持续加强，互联网基础设施建设水平全面跃升，“互联网 +”战略快速推进，互联网产业与其他产业融合成效显著，互联网助推首都产业转型升级和非首都功能疏解步伐加快并充分惠及民生。与此同时，首都互联网行业继续保持中高速增长，各类创新产品与创新模式层出不穷，互联网行业法制建设不断完善，网络空间安全得到强化，互联网行业已经成为驱动引领首都经济社会迈向新台阶的重要力量。

第一节　继续巩固“中国网都”的领先地位

北京不仅是中国的首都，也是中国的“网都”，首都互联网已经成为中国互联网体系中最为重要的组成部分，无论从网民规模、网络基础资源、网络经济总量这样的总体水平来看，还是从网络文化建设、网络治理体系、传播渠道建设、行业实力地位和全局影响力等内部结构来观察，首都互联网一直处在全国领先地位。尽管近年来兄弟省市的互联网行业也有了突飞猛进的发展，但与首都互联网行业相比还尚未构成挑战。十八大以来，首都互联网发展迅速而又稳定，持续保持着全国翘楚的地位，是中国互联网发展中名副其实的“龙头”与“排头兵”，在中国互联网发展“第一方阵”中的优势地位不断巩固。

一、拥有总量丰富的网络资源

2017年初，中国互联网络信息中心（CNNIC）发布的《第39次中国互联网络发展状况统计报告》中数据显示：截至2016年12月，中国IPv4地址数量约为3.381亿，北京拥有数量为8614.7万，占比为25.48%，是全国拥有IPv4地址最多的地区；北京地区拥有域名数6457379个，占全国域名总数的15.3%，排名第一位；北京地区拥有网站数量609298个，占全国网站总数的12.6%，仅次于广东省（其占比15.1%）；北京地区拥有网民约1712万，与2015年相比提高2.4%，网络普及率达78%，普及率位列全国第一。再与2011年12月的数字相比，这五年来首都互联网资源实现了高速增长。2011年与2016年首都互联网资源存量比较如表 6–1 所示。

表 6–1　2011 年与 2016 年首都互联网资源存量比较

序号	资源类型	2011 年 12 月	2016 年 12 月	净增长率
1	IPv4 地址数	8456.26 万个	8614.70 万个	1.8%
2	域名总数	1061328 个	6457379 个	508%
3	网站数	282674 个	609298 个	115%
4	网页总数	299.30 亿页	840.06 亿页	180%
5	网页信息量	5.727 × 1011KB	5.589 × 1012KB	875%
6	网民数量	1379 万	1690 万	22%
7	网络普及率	70.3%	77.8%	10.6%

数据来源：CNNIC《第 29 次中国互联网络发展状况统计报告》与《第 39 次中国互联网络发展状况统计报告》。

二、拥有极具影响力的龙头企业

在中国互联网十大上市公司名单中，北京拥有百度、京东、网易、乐视、58 同城五家，牢牢占据“半壁江山”，考虑到未上市的美团、滴滴、奇虎以及大量的创新性互联网企业，北京互联网企业市值规模优势更加明显。北京不仅拥有百度、新浪、搜狐、京东、乐视、优酷土豆等传统的互联网巨头，而且在中关村、未来科技城、亦庄等互联网创新基地内还扶持着今日头条、汽车之家、黄太吉等一批极具发展潜力的新兴企业。

根据艾瑞网 2017 年 8 月的数据，中国月度覆盖人数排名前

20名的网站中，有14家位于北京。[1] 2017年8月，中国互联网协会、工业和信息化部信息中心发布了2017年“中国互联网企业100强”榜单，榜单前十名为：腾讯、阿里巴巴、百度、京东、网易、新浪、搜狐、美团、携程、360，其中有7家总部设在北京。[2] 不仅如此，北京还是中国互联网产业创新的高地，吸引着众多创新型企业。北京拥有丰富的互联网创新资源，拥有300余家国家级科技创新基地、90余家高等院校、400余家科研院所、43万家科技型企业、16000家高新技术企业、近300家上市公司、10余个国家重大科技基础设施、近4000家创业投资和股权投资机构、1480亿元的全社会研发经费支出、5.94%的研发经费投入强度以及不断涌现的原创重大科技成果，这些资源强烈吸引着众多互联网创业型中小企业。科技部火炬中心和长城战略咨询合作发布的《2016中关村独角兽企业发展报告》和《2016中国独角兽企业发展报告》显示，中国共有131家独角兽企业，北京拥有65家独角兽企业，占全国总量的49.7%，接近一半。2016年全国独角兽企业比2015年增加了61家，其中北京增加独角兽企业24家，成为全国独角兽企业增加的主要来源。

三、拥有大量优质人才资源

北京集中了大量的高校、科研院所，再加上首都北京拥有浓

1 《2017年8月PC指数排名解析》，http：//report.iresearch.cn/content/2017/09/270827.shtml 这14家网站分别是百度、360搜索、新浪、搜狐、搜狗、360安全中心、凤凰网、优酷、爱奇艺、网易、360影视、新浪微博、风行网、京东商城。

2 “2017年中国互联网企业100强”，http：//tech.163.com/17/0803/20/CQUMGPB800097U7R.html。

厚的创业氛围和创新支持体系，人才的集聚程度比较高，而且大多数网络业精英集中在北京中关村、亦庄技术开发区等创业核心地带。首都互联网发展的人才基础优势极为明显。经过五年的发展，首都互联网继续保持中国互联网人才的集聚中心的地位，拥有全国范围内数量最多和质量最高的互联网人才队伍。《2017 年一季度北京人才供需及流动全景报告》显示：北京是全国互联网人才的第一集聚地，约有 200 多万互联网人才，并且互联网行业人才需求与供给两旺。同时北京也是互联网行业平均年薪最高的城市，在 2017 年一季度全国平均年薪最高的 Top20 城市中，北京以 23.03 万元的平均年薪位居第一。巨大的人才规模总量以及良好的职业发展预期，进一步巩固了首都互联网的优势地位。2016 年 3 月，中国人民大学调查与数据中心、前海国际资本管理学院和上海汇航商务咨询有限公司联合进行调查，对中国 21 座主要城市 2100 位互联网创业者进行了访问，并根据政策支持、市场、文化环境以及当地互联网创业者活动情况对每座城市进行了排名。调查显示，超过三成的受访者认为北京的创业环境最好，拥有支持创新、鼓励创新的市场氛围。

第二节　互联网基础设施全面升级

一个地方的基础设施建设水平是互联网发展水平的重要标志，同时也是地方互联网快速发展的重要保障。十八大以来，北京全力进行互联网基础设施建设，大力构建互联互通的智慧网络，全面提升城市宽带能力，扩展网络覆盖空间，加强集约统筹建设和资源共享，夯实首都互联网发展的基础，北京在全国范围内率先进入移动互联网时代。

一、移动通信网络条件优良

北京已经建成国内覆盖面最广、网络最稳定、性能最优良的第四代移动通信（4G）网络，使第四代移动通信（4G）应用成为移动通信主流；推动移动互联网应用，促进移动互联网发展；已建地铁线路实现通信网、广播电视网和政务专网等移动信号全覆盖。全市累计建设无线接入点超过80万个，实现本市机场、火车站、高端商务区、星级宾馆、学校、交通枢纽等公共区域及地铁、公交车等公共交通工具上的无线局域网（WLAN）全覆盖；实现无线局域网的统一认证和便捷接入；人流密集的公共区域由政府购买基本服务，为公众提供公益性的无线宽带接入。

2017年初，北京启动5G试点工作，免费提供无线上网服务的公共场所新增400个。2017年9月发布的最新一版《北京城市总体规划（2016—2035年）》中提出，2020年北京城区家庭宽带接入能力普遍达到1千兆比特/秒（Gbps），其移动通信实现4G网络全覆盖，并成为5G首批试点商用城市。

二、物联网建设进程有序推进

在全国率先开展以政务物联数据专网和无线宽带专网为主的物联网传输基础设施建设工作。政务物联数据专网作为电子政务网络的有效补充，统一建设基站2000个，信号覆盖全市平原地区，具备支撑百万级传感器信息汇聚传输的能力，为政务物联网应用提供安全可靠的传感信息无线传输通道；积极扶持以企业为主体建设的无线宽带专网，累计建设基站4000个，实现信号覆盖本市五环以内及各郊区县已建城区，具备并发传输万路以上高清晰度图像的能力，为城市运行管理和公共安全等领域的移动图像传输和移动业务提供安全可靠、高带宽的服务。

三、实现网络全空间覆盖

首都网络在实现行政区域宽带和4G全覆盖的基础上，加强地铁、老旧小区、山区网络基础设施建设，实现了网络的全空间覆盖。早在2014年，北京地铁公司就已经启动地铁移动4G网络建设工作。9号线、4号线等率先成为全国首批全线范围覆盖中国移动4G信号的地铁线路。按照计划，北京地铁于2017年6月实现所辖所有运行线路内4G信号的全覆盖。4G信号覆盖后，乘客可以体验更为流畅、清晰的移动互联网应用。在今后的建设中，北京地铁新投入运营的线路将覆盖4G信号，同时预留5G信号空间。

全面推进覆盖城乡的光纤宽带网络建设。新建区域直接部署光纤宽带网络，已建区域加大光纤化改造力度；加强光纤宽带网络的共建共享和有效利用；规划建设达到城区水平的农村信息基础设施，基本实现光缆入村、网络入户；积极推动以新一代互联网协议（IPV6）为代表的下一代互联网（NGI）建设，实现大规模商用；大幅度提升IP骨干网及传送网能力，推动网络资源的智能化调配，提高骨干网互联互通水平；不断扩大互联网国际、国内出入口带宽；加强网络与信息的安全保障。

四、重点区域基础设施水平完善

提升城市重点功能区和重点产业园区的信息基础设施水平。高标准、适度超前规划建设未来科技城、丽泽金融商务区、通州高端商务服务区、新首钢高端产业综合服务区、怀柔文化科技高端产业新区等示范区的信息基础设施和信息化应用项目，率先达到世界一流水平。大力推动三网融合，鼓励交互式网络电视（IPTV）、手机电视等核心业务大规模应用以及交互数字电视、多媒体终端、智能家电等产品的批量应用；鼓励和支持三网融合相关的产品研发、市场培育和企业发展，推动产业链上下游协调发展，保证北京在相关领域处于全国领先地位。

第三节　首都互联网产业成为地区支柱产业

近五年来，以习近平同志为核心的党中央提出了一系列治国理政的新理念、新思想、新战略，以创新驱动发展战略引领互联网产业发展，以改革攻坚的非凡决心和笃行致远的战略定力推动我国互联网产业转型升级。在中国互联网产业大幅度增长以及消费端需求不断旺盛的时代背景下，首都互联网产业抓住历史机遇，勇于克服各种困难险阻，砥砺前行，保持了中高速增长态势，互联网产品与服务创新层出不穷，龙头企业影响力日益加大，为推动首都经济发展发挥了重要的支撑作用。

一、产业保持稳定增长，国民经济推动作用加大

北京市统计局的数据显示，与互联网产业直接相关的“信息传输、软件和信息技术服务业”2016 年实现行业增加值 2697.9 亿元，同比增速达 11.3%，占全市 2016 年地区生产总值的比重达 10.8%，2017 年产业增加值 3169 亿元，同比增速 12.6%，占国民经济比重达 11.3%，达到历史新高，成为名副其实的首都经济支柱产业。更加突出的是，在中国经济进入新常态和首都经济

深度调整的时代背景下，信息传输、软件和信息技术服务业依旧保持稳定的增长态势，2012 年至今年平均增速达 9.68%，在全市当年地区生产总值平均值为 9.72%，成为首都国民经济体系中的支柱产业，是首都经济发展中一台重要的“引擎”，见图 6–1。

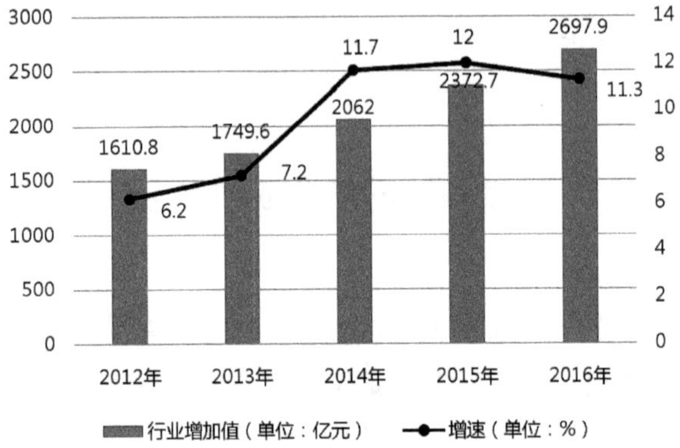

图 6–1　2012—2016 年北京“信息传输、软件和信息技术服务业”产值与增速情况

数据来源：北京市统计局。

《北京市统计年鉴 2017》数据显示，与互联网产业高度相关的“软件、网络与计算机服务业”2015 年资产合计达 13719.4 亿元，实现收入合计 6442.2 亿元，从业人数达 101.4 万人，占当年全市第三产业从业人数的 16.43%。从近几年的发展势头来看，软件、网络与计算机服务业的资产总量不断扩大，行业收入不断提升，从业人数以及占比逐步提高，已经成为首都地区第三产业中的龙头产业，如表 6–2 所示。

从实际情况来看，近年来北京市互联网产业总体规模不断提高，生产要素和创意观念大量集聚，这些因素通过人力资本流动、资本转移、技术扩散及带动上下游产业联动的途径有效推动

表 6-2　2012—2017 年北京“软件、网络与计算机服务业”资产收入与从业情况

	资产合计（单位：亿元）	收入合计（单位：亿元）	从业人数（单位：万人）	从业人数占第三业就业人数比
2012 年	6529	3888	69.8	10.20%
2013 年	8935.6	4587.7	84.8	11.77%
2014 年	11143.7	5380	90.8	14.25%
2015 年	13719.4	6442.2	101.4	16.43%
2016 年	16234.9	690.2	112.9	17.11%
2017 年	18119.2	731.8	118.7	17.92%

数据来源：《北京统计年鉴 2017》和相关新闻报道。

了北京经济的发展，其增长溢出效应十分明显。与此同时，北京地区巨大的消费市场和庞大的中间生产需求也有力地刺激了互联网产业发展，确保了它的稳定增速。

二、实施创新驱动，重点领域硕果累累

十八大以来，首都互联网产业加快转变增长方式，从传统的要素投入型生产模式转化为集约创新型生产模式，创新驱动成为首都互联网产业的“主动力”，产业内容也从过去的依靠学习、模仿和“山寨”，逐步转向依靠自主设计、研发和发明，以及新知识的生产和创造。随着产业创新步伐不断加快，首都互联网产业中新兴领域和产品不断涌现，新动能、新动力展现生机，成为首都产业经济中的新增长点。

首都互联网产品创新呈现出产品融合态势。总体上来看，北京的互联网产品呈现出综合化与多元化局面，搜索引擎、O2O与团购、门户、视频、IT 硬件产品应有尽有。首都互联网产业

不断进步，抢占了中国互联网产业创新链的高端，大量创新产品层出不穷。因此，传统的产品之间的界限正在淡化，在移动互联网背景下首都互联网产品创新呈现出融合发展的态势，软件与硬件的结合更加紧密，给用户提供了全新的服务内容与服务体验。小米电视、可穿戴设备、共享单车等产品不断提高消费者的消费体验，创造出全新的消费热点；云服务、人工智能产品、网络直播、网红经济、内容创意持续改变着首都互联网产业的创新方向与创新内容，为今后产业发展创造了不同动力。

首都互联网金融业迅猛发展，北京已经成为中国互联网金融的创新高地。截至 2016 年底，我国获得第三方支付牌照的企业达到 270 家，其中获得第三方支付牌照的首都互联网企业共有 53 家，占比达 19%，成为拥有第三方支付牌照互联网企业最多的地区之一。2013 年 8 月，国家服务业综合改革试点互联网金融产业基地在北京石景山区正式成立，它成为全国第一个互联网产业基地。经过这几年的发展，第三方支付、P2P 网贷、众筹等新兴产业在北京地区发展势头显著。2016 年上半年，全市金融信息服务业实现营业收入 14.5 亿元，增长 83.7%；53 家取得第三方支付牌照的非金融机构支付服务业法人单位实现营业收入 59 亿元，增长 48.1%。北京地区银行、保险等传统金融机构纷纷进军互联网金融业务。据统计，约有 7 成以上的保险公司开展了互联网业务，商业银行开展的互联网金融业务包括电子银行、手机银行、直销银行、网络支付、自建电子商务平台等，电子银行交易替代率达到 70% 左右。第三方研究机构的数据显示，2017 年北京在金融互联网发展水平的差距已经微乎其微，一些分项已经超过了上海，见表 6–3。

表 6–3　2017 年中国互联网金融中心指标体系与排名

名次	城市	互联网支付	网络信贷	众筹融资	总得分
第 1 名	上海	2.63	4.05	3.07	9.75
第 2 名	北京	0.32	4.17	5	9.49
第 3 名	深圳	1.96	2.65	2.36	6.97

资料来源：网贷之家。

北京“互联网 +”进程持续推进。北京市互联网行业紧密围绕习总书记两次视察北京讲话精神，做好自身的“加减乘除”，按照疏解非首都功能和京津冀协同发展的需要，围绕落实中国制造 2025，深入实施“互联网 + 协同制造”“互联网 + 传统产业”“互联网 + 创业创新”，不断夯实网络基础和 IT 产业基础两大支撑，大力推进两化深入，促进制造业的网络化、数字化、服务化的发展，经过几年的建设，北京“互联网 + 协同制造”取得显著成绩，依托业务协同与信息集成，重点发展资本运作、网络运营、应用服务、基础支撑等平台；互联网与传统生活型服务业深度融合，探索出新的商业模式，构建了全新的社区经济、互动体验式购物、新型在线混合型教育、在线健康医疗服务等内容；众创、众包、众扶、众筹等商业创新不断涌现，吸引了国内外风险投资界的深度关注。

三、产业环境优化，龙头与小微共发展

近年来，北京产业环境不断优化，产业内部竞争良好有序，各项行业法规制度相应出台，行业自律和自治组织充分发挥作用，龙头企业充分发挥规模优势，小微企业加大研发创新力度，两者齐头并进。

首都互联网产业继续保持行业内容生产中心的位置，北京已经形成了完善的互联网内容生产分发环境，汇集全国互联网内容，资源的集聚效应十分明显；北京的互联网人才优势持续扩大，据统计首都互联网人才规模大，拥有100多万的互联网从业人员，互联网人才总量超过30万，人才层次高，在互联网从业人员中80%具有大学以上学历，其中还不缺乏海外引进的高端人才；首都互联网内容产业运营成本较低，企业互联网带宽租用、机房及线路建设、三家电信运营商接入等方面制定了统一的规划及优惠政策，给互联网企业充分降低了成本压力，促进其快速发展。

首都互联网产业政策较为齐备，在市一级层面制定了详细的产业发展规划和智慧北京行动计划，北京市充分发挥中关村国家自主创新示范区的体制机制改革试验田的作用，在互联网+各个方面探索政策创新、监管模式的改革，支持一批企业技术创新中心和产业促进的平台。不断优化创新创业的生态环境，促进互联网，特别是移动互联网产业不断地做强、做大。

首都互联网产业中既有体量巨大的上市互联网公司，如百度、搜狐、京东等，又集聚了一大批中小互联网创业公司和互联网小微企业，此外还有围绕互联产业提供周边业务的服务机构，如天使投资、VC、PE以及互联网媒体与社交媒体等。首都互联网产业发展具有较为公平的市场环境和政策环境，行业巨头创造出巨大的内部需求，小微企业提供创意产品与人才，外界资本扶持小微企业和中小互联网创业公司不断城镇化，逐步形成了一个良性互动的生态圈，行业巨头与小微企业充分竞合，一起打造合作共赢的产业链，实现共同发展。

四、电商促进产业融合、带动转型升级

在全国 B2C 前十名企业中，总部位于北京的占一半以上。大型电商企业是经济发展的引擎，而新兴电商企业和消费模式则是经济新常态下涌现的新生力量。2011—2016 年，本市限额以上批发零售企业网上零售额由 120.42 亿元增至 2049 亿元，增长近 15 倍。2016 年，全市限额以上批发零售企业共实现网上零售额 2049 亿元，同比增长 20%。电商节庆促销作用明显，3 月某些企业推出了“春雷行动”，开展春季大促活动，“6.18”和“8.18”演变为电商集体促销日，“双 11”“双 12”电商节销售火爆，带动 3 月、6 月、8 月、11 月和 12 月全市网上零售额同比分别增长 20.8%、21.1%、25.6%、52.9% 和 33.1%，增速明显高出其他几个月，对消费品市场提振作用显著。移动端成为最重要的网上零售渠道，重点电商移动端下单量占比均大幅提高。

电子商务与传统商业也在加速融合，从“互联网 + 商业”角度看，互联网让传统老字号焕发新气象。据统计，北京市 77 家限额以上老字号批发零售企业中，有 13 家开展了网上零售业务，商品涉及食品、茶叶、服装鞋帽和图书等，合计实现网上零售额 4.7 元，增长 43.7%。从互联网金融领域看，第三方支付、网络金融服务、众筹等新兴业态迅速兴起。

电子商务在降低流通成本、提高运营效率、拓宽服务渠道等方面有明显优势，影响领域逐步扩大，深度逐年加深，从商品流通到生产制造、金融服务、文化体育、交通旅游、健康医疗、教育培训等产业领域。电子商务通过新的服务、新的市场，带动了传统产业流程改造和经营模式创新，带动了上下游产业的协同发展，提升资源配置效率，在供给侧结构性改革中已经发挥、并将

继续发挥更大的作用。

电子商务让衣食住行变得更加便捷，网上购物、网络订餐、在线诊疗、移动支付、网约车、共享单车、社区电商等，新型电子商务模式的出现，深刻改变了人民的生活方式。无论在国内还是国外，城市还是农村，"世界确实是平的"，实现了服务的均等化，网购已经成为我们日常生活的一部分。

五、需求侧升级，互联网消费成为主要消费

互联网领域的消费成为北京居民的主要消费。随着北京地区社会经济水平进步和居民生活水平提高，地区商品性传统消费需求日益得到满足，增速有所放缓，消费市场重点转向旅游、信息、教育、文化等服务性消费，有力地推动了经济的稳定增长。特别是付费网络小说、付费手机应用、电子游戏和高端电子产品正日益成为北京地区消费热点，逐步成为青年人消费支出的主要部分。与互联网相关的服务性消费占比进一步提高。其中，互联网娱乐、互联网保健等有助于提高生活品质的新兴服务消费将成为引领服务消费增长的主要领域。

与此同时，首都互联网的产业融合进程持续推进。平台型业态迅猛发展，依托业务协同与信息集成，重点发展资本运作、网络运营、应用服务、基础支撑等平台。互联网与传统生活型服务业深度融合，探索出新的商业模式，构建了全新的社区经济、互动体验式购物、新型在线混合型教育、在线健康医疗服务等内容。众创、众包、众扶、众筹等商业创新不断涌现，吸引了国内外风险投资界的深度关注。

第四节　互联网治理体系逐步完善

从实际情况来看，首都处在中国互联网治理事业的最前端，每天都要面对大量的互联网治理问题，综合来看，首都互联网治理存在以下几方面的特征。

首先，多元性。互联网的兴起与应用极大地改变了国家与社会权力结构的力量对比。从信息的产生和流转看，互联网打破了既有的社会关系形式，呈现出带有公共性的个体观点表达多中心化趋势。在这种权力结构多元化的发展趋势中，政府地位开始弱化，其原本的社会管理核心职能受到了一定程度的冲击。互联网治理的多元性导致政治参与水平的提高，例如，加强了普通民众对于政府官员的监督力度，而这无疑是互联网治理的积极功效。互联网的发展不仅从纵向上改变了政府与普通民众的权力分配关系，也从横向上打破了民族国家或主权国家的边界限制。互联网治理主体不仅局限于国家内部，甚至其他国家也可能参与某一国的互联网治理，在世界范围内产生跨国界和跨时空的“连通器”效应。

其次，复杂性。主要体现在无序性和有序性并存。互联网进入中国 20 余年，已经深入千家万户的生活，今天，我国互联网治理虽然并非处于无序的状态，但也很难说已经形成了稳定的秩序。这里的有序或无序，更多地体现为各互联网主体的责任感，而责任又与制度密切关联。如果说当前我国的互联网治理正处于责任或秩序的形成过程中，那么与之相关的制度构建无疑是责任或秩序形成的重要前提，在制度缺失的条件下很难谈得上责任和有序。例如，当前我国在互联网治理过程中并未建立完善的实名注册制度，虽然这种网络匿名的隐蔽性有助于对各类社会问题的揭露，但由于制度约束缺失造成的无序性，一些网民在互联网上摇身一变成为“键盘侠”，在表达意见时缺乏必要的责任意识，利用网络打击报复、造谣生事，进行“非理性人肉搜索”，对公民的人身权利造成极大的侵害，在增加政府治理成本的同时也容易加剧政府与社会之间的摩擦，降低政府公信力。

最后，放大性。作为新兴媒体的重要组成部分，互联网与生俱来具有公共传媒的放大性特征，随着互联网终端通过笔记本电脑、手机普及千家万户，互联网的放大效应得到了更为深刻的体现。与传统媒体相比，互联网时代的信息传播实现了由“一对多”和“一对一”到“多对多”和“多对一”的巨大跨越，形成了高度密集且相互交织的信息传播网络。无论是正面信息或是负面信息，都可能被互联网无限放大。正面的信息被放大后，可以最大限度地传播主流价值，迅速提升榜样的力量。然而，一旦诸如腐败一类的政府负面信息被曝光，所有网民都可能以最快速度得知消息，使政府在短期内处于社会舆论的风口浪尖。近年来诸如腐败、官员名表、不雅视频等各种负面信息的频繁曝光，在放大效应的作用下，加剧了网民乃至普通民众对政府的政治不信任。这种放大性的双重效应使互联网治理难度增大，在政府公信力不佳的情况下更让政府重塑公信力的努力雪上加霜。

2013 年 8 月 19 日，习近平总书记在全国宣传思想工作会议上明确指出“依法加强网络社会管理，加强网络新技术新应用的管理，确保互联网可管可控，使我们的网络空间清朗起来”。近年来，首都互联网治理体系逐步完善，各项新法规制度制定颁布，各项治理活动高效展开，治理团队建设步伐加快，网络环境得到有效改善，受到了社会各界人士的普遍好评，形成了有北京特色的互联网环境治理体系。

一、互联网企业的自我管理力度加大

互联网企业是互联网技术创新和应用的重要主体，各互联网企业不断地投入人力、物力和财力研发新的互联网技术和互联网应用，不断地创造新的互联网服务，占领新的互联网市场，争取更多更大的市场份额，成为推动首都互联网行业健康发展的重要力量。在这个过程中，各互联网企业也根据互联网技术应用中面临的各种安全漏洞和安全风险，不断地改进和完善相关技术、流程和制度，增加安全防范方面的人力投入，确保各项互联网技术服务的安全，保护好用户的合法权益。《互联网新闻信息服务管理规定》第十二条规定，互联网新闻信息服务提供者应当健全信息发布审核、公共信息巡查、应急处置等信息安全管理制度，具有安全可控的技术保障措施。《移动互联网应用程序服务管理规定》第七条规定，移动互联网应用程序提供者应当严格落实信息安全管理责任，依法履行相关义务。在这方面，既有一些深刻的教训，也有不少有益的创新。当前，各互联网企业普遍设立网络安全管理机构和不良信息举报中心并配备专职网络安全工作人员等举措，就是为了专门接收并处理网络用户的投诉和举报，这些投诉和举报反映了网络用户的需求和担忧，构成了互联网企业创新的重要动力之一。新浪网、搜狐网、金融网、搜房网、百度、奇虎 360、网秦、高德软件、完美世界、搜狐畅游、优酷土豆、艺龙网、航美传媒、当当网、京东商城、人人网、易车网、58同城、去哪儿网、慧聪网、金山软件、人民网、千龙网、乐视网、今日头条等，都初步建立起一套企业内部的自我管理制度，构筑了首都互联网治理的基础。不过，由于互联网企业的自我管理带有一定的自发性、探索性和不稳定性，而且不同互联网企业自我管理的能力和水平存在着较大差异，致使互联网治理还处于各自为战的分散状态，一些互联网企业遭受网民投诉的事件经常发生，迫切需要强化互联网行业的自律管理，也需要政府加强对互联网领域的引导和监督管理。

二、各用户单位的自我管理措施完善

互联网治理不仅涉及各互联网企业，还涉及大量的政府部门、企事业单位和市民个人，政府部门、企事业单位和不少市民个人都建有自己的网站或网页，不断委托相关企业研究开发出适合自己的互联网应用，如各种 APP、公众号等。如何适应互联网不断创新变化的时代，加强对各自网站、网页、公众号、APP 等的维护和管理，确保各自网站、网页、公众号、APP 等的安全，更好地维护各自网站、网页、公众号等的正常运转，成为各用户单位的重要职责。各政府部门、企事业单位普遍设立各自的网络运营维护部门，甚至还有将各自的网站、网页、公众号、APP 等的运营维护等服务外包给专业的互联网公司，形成长期的合作关系。有的政府部门、企事业单位还根据工作的需要不断要求互联网企业开发新的应用，对互联网技术的依赖日益加深，大量的数据资源都保存在计算机和网络系统里，面临着保存、保密、安全、防止黑客攻击、共享等方面的难题，这又使得各政府部门、企事业单位不断加大对网络安全等方面的投入。因此，这些用户单位对网络秩序的维护有着强烈的需求，他们希望互联网的安全得到有效保障，互联网的秩序得到有效维持，这些庞大的互联网用户单位和各互联网企业一起，共同构成了推动互联网秩序建设的重要力量。

三、互联网行业的自律管理制度完备

《互联网信息搜索服务管理规定》第四条规定，互联网信息搜索服务行业组织应当建立健全行业自律制度和行业准则，指导互联网信息搜索服务提供者建立健全服务规范，督促互联网信息搜索服务提供者依法提供服务、接受社会监督，提高互联网信息搜索服务从业人员的职业素养。早在2004年10月26日，北京市就成立了北京网络媒体协会。2012年7月17日，经北京市社团办批准，北京网络媒体协会更名为首都互联网协会。首都互联网协会的主要职能和宗旨是遵守宪法、法律、法规和国家政策，遵守社会道德风尚，贯彻落实创新、协调、绿色、开放、共享的发展理念，坚持“积极利用、科学发展、依法管理、确保安全”的方针，推进社会主义核心价值体系建设，大兴网络文明之风，承担社会责任，建立自律机制，制定从业规范，协调会员关系，保障会员权益，塑造行业形象，依法加强网络空间治理，加强网络内容建设，提高网络社会管理水平，打造风清气正的网络空间，努力把我国建设成为网络强国，维护国家信息安全和社会稳定，推动中国特色网络文化繁荣发展。首都互联网协会现在会员单位有112家，主要由在北京从事互联网行业及互联网相关产业的企事业单位和个人，以及致力于推动首都互联网行业发展的社会各界人士自愿联合发起成立。首都互联网协会的主要业务范围：一是宣传贯彻党和政府有关互联网的方针、政策和法律、法规，发挥首都互联网企业及相关机构与政府部门之间的桥梁纽带作用，向政府管理部门反映会员和行业的愿望及合理要求；二是发挥协会党委的政治引领和思想引导作用，指导首都互联网企业开展党建工作，发挥互联网企业党组织的战斗堡垒作用和党员的先锋模范作用，增强互联网企业党组织的凝聚力，团结广大互联网从业人员，汇聚首都互联网行业发展力量；三是建立和完善首都互联网行业自律机制，制定并实施行业规范和自律公约，举办行业评议，对会员违反行业规范及自律规范的行为进行批评、谴责、媒体曝光等处罚，并监督改正。指导会员依法办网、文明办网，推动社会各方参与网络社会治理，举报违法及不良信息，净化网络环境等。由于首都互联网协会在推动互联网行业自律方面的努力和贡献，其2014年被北京市社团办评为5A级社会组织，2015年被国家民政部授予“全国先进社会组织”称号，2016年被北京市委社会工作委员会、北京市社会建设工作办公室认定为“市级枢纽型社会组织”。这一系列荣誉的获得，反映了政府和社会各界对首都互联网协会在网络治理领域贡献的认可。

四、主管部门的监督管理职能到位

互联网是一个较新的行业，刚开始它是从通信行业开始的，因此通信管理局是早期就负责互联网企业管理的一个部门，但它主要侧重于网络基础设施类公司的管理，如电信、网通等。从职责上看，经济和信息化委员会也对互联网负有一定的管理责任，但更多的是从行业发展的角度制定规划、政策，促进互联网行业的发展。北京市新闻出版广播电视局对网络新闻、网络出版、网络视频等负有监管的职责。工商等部门也对互联网企业负有登记等职责，但主要是对企业的注册登记进行管理，同时，对互联网企业提供的产品和服务也负有监管之责。随着互联网行业的不断发展和深度应用，原有的政府部门设置已经不适应互联网行业蓬勃发展的需要，在这种情况下，北京市互联网信息办公室这种新的互联网管理机构就应运而生了。北京市互联网信息办公室的主要职责包括：落实互联网信息传播方针政策和法律法规，推动本市互联网信息传播方面的法制建设，指导、协调和监督属地互联网行业主管部门、本市打击网络违法犯罪主管部门及其他相关部门加强互联网信息内容管理；负责网络新闻业务及其他相关业务的审核及日常监管，指导本市有关部门做好网络文化阵地建设的规划和实施工作，负责本市重点新闻网站的规划建设，组织、协调网上宣传工作，依法查处违法违规网站，指导属地有关部门督促电信运营企业、接入服务企业、域名注册管理和服务机构等做好域名注册、互联网地址（IP 地址）分配、网站登记备案、接入等基础工作；在职责范围内指导区县相关部门开展工作。从而形成北京市互联网信息办公室（一办），北京市经济和信息化委员会（一委），北京市新闻出版广播电视局、北京市工商行政管理局和北京市通信管理局（三局）为主体的互联网监督管理架构，并形成了市—区两级互联网监督管理体系，成为首都互联网治理体系的重要组成部分，引导着首都互联网行业健康稳定发展。

五、相关部门的管理职责明确、执法高效

为了更加有效地应对网络安全问题，防范和打击网络违法犯罪行为，国家相关法律法规分别规定了网信部门、电信部门、公安部门和国家安全部门的执法职责。《中华人民共和国网络安全法》第五条规定：国家采取措施，监测、防御、处置来源于中华人民共和国境内外的网络安全风险和威胁，保护关键信息基础设施免受攻击、侵入、干扰和破坏，依法惩治网络违法犯罪活动，维护网络空间安全和秩序。

第七条规定：国家积极开展网络空间治理、网络技术研发和

标准制定，打击网络违法犯罪等方面的国际交流与合作，推动构建和平、安全、开放、合作的网络空间，建立多边、民主、透明的网络治理体系。第八条规定：国家网信部门负责统筹协调网络安全工作和相关监督管理工作。国务院电信主管部门、公安部门和其他有关机关依照本法和有关法律、行政法规的规定，在各自职责范围内负责网络安全保护和监督管理工作。县级以上地方人民政府有关部门的网络安全保护和监督管理职责，按照国家有关规定确定。

第十二条规定：国家保护公民、法人和其他组织依法使用网络的权利，促进网络接入普及，提升网络服务水平，为社会提供安全、便利的网络服务，保障网络信息依法有序自由流动。任何个人和组织使用网络应当遵守宪法法律，遵守公共秩序，尊重社会公德，不得危害网络安全，不得利用网络从事危害国家安全、荣誉和利益，煽动颠覆国家政权、推翻社会主义制度，煽动分裂国家、破坏国家统一，宣扬恐怖主义、极端主义，宣扬民族仇恨、民族歧视，传播暴力、淫秽色情信息，编造、传播虚假信息扰乱经济秩序和社会秩序，以及侵害他人名誉、隐私、知识产权和其他合法权益等活动。

第十三条规定：国家支持研究开发有利于未成年人健康成长的网络产品和服务，依法惩治利用网络从事危害未成年人身心健康的活动，为未成年人提供安全、健康的网络环境。

第十四条规定：任何个人和组织有权对危害网络安全的行为向网信、电信、公安等部门举报。收到举报的部门应当及时依法作出处理；不属于本部门职责的，应当及时移送有权处理的部门。有关部门应当对举报人的相关信息予以保密，保护举报人的合法权益。

第三十九条规定：国家网信部门应当统筹协调有关部门，对关键信息基础设施的安全保护采取下列措施：对关键信息基础设施的安全风险进行抽查检测，提出改进措施，必要时可以委托网络安全服务机构对网络存在的安全风险进行检测评估；定期组织关键信息基础设施的运营者进行网络安全应急演练，提高应对网络安全事件的水平和协同配合能力；促进有关部门、关键信息基础设施的运营者以及有关研究机构、网络安全服务机构等之间的网络安全信息共享；对网络安全事件的应急处置与网络功能的恢复等，提供技术支持和协助。

第五十条规定：国家网信部门和有关部门依法履行网络信息安全监督管理职责，发现法律、行政法规禁止发布或者传输的信息的，应当要求网络运营者停止传输，采取消除等处置措施，保存有关记录；对来源于中华人民共和国境外的上述信息，应当通知有关机构采取技术措施和其他必要措施阻断传播。

上述法律规定从网络安全管理目标、网络安全管理部门、网络安全执法等角度做出相关规定，为网络执法机构依法履行职责提供了明确的法律依据，北京市网信部门、电信部门、新闻出版部门、文化执法、公安部门和国家安全部门等依法认真履行职责，主动作为，通过接受举报投诉、检查、责令整改、约谈、吊销许可、罚款、停业、取消执业资格、追究刑事责任等方式履行法定职责，较好地维护了首都互联网的秩序。

六、广大网民的自发监督见效

广大网民既是互联网的使用者和消费者，也是互联网秩序的重要维护者，是落实网络群众路线、消除网络安全隐患、打造清朗网络空间的重要依靠力量。很多网民是网络新闻信息的阅读者，他们在阅读网络新闻信息的过程中既可以从中接收一定的信息，同时又可以根据自己掌握的知识、信息、线索等对相关新闻信息进行证实、证伪或完善，并作出自己的判断，对发生明显错误的信息和谣言等可以进行纠正或举报，通过举报投诉等方式由政府主管部门通知相关互联网经营单位进行处理，或者提醒相关单位提供正面信息及时回应，从而避免错误信息误导更多的网民。比如，网络购物和网络支付，一方面方便了商品与用户的联通，使得商品与潜在的用户能够更加迅速、更为准确地连接起来，但网络消费纠纷也为数众多，网民们需要有合适的渠道实现投诉和维权。又如，网民们在使用信息搜索服务的过程中，可以对信息搜索服务的结果进行评价和反馈，有时还会发现假网页、假网站、假链接等，从而从一些侧面反映信息搜索服务可能存在的问题或安全隐患，促使信息搜索服务提供商改进程序、杜绝漏洞，从而确保信息搜索服务公平公正，防止人为操纵控制信息搜索结果及其可能产生的严重后果。再如，有的网络信息、小说、图片、视频等含有暴力、恐怖、色情等儿童不宜的内容，网民发现后可以举报并抵制，相关部门根据网民的举报可以调查取证并加以管理，防止这类不良信息误导社会特别是少年儿童。再如，不少网民是互联网金融的投资者，他们通过自身的经历发现互联网金融的价值或风险，从而让更多的网民警醒。更重要的是，当今时代是一个移动互联网时代，每一个人都是一个自媒体，都是一个消息源，都可以随时发布自己想发布的内容，相关信息内容一旦上了网络，传播的速度就会脱离自己的控制，因为每个人看似在现场，实际上看到的、听到的、拍到的可能只是事情的一部分、表象甚至是假象，因此，网络中不乏道听途说、片言只语、虚假信息甚至是别有用心的谣言等，除了相关部门的监管，广大网民的发现、监督和举报十分重要。还有，不少网民在浏览网络信息的过程中，发现了一些违法犯罪线索，及时向相关部门举报查证，从而为相关部门妥善处置赢得了时间。

网络监督志愿者、妈妈评审团和网站自律专员是网络举报工作的三支重要力量。据千龙网报道，2016 年 7 月至 2017 年 6 月底，北京属地 90 家网站举报中心共受理社会公众举报信息 1200 余万件，有效举报近 400 万件，有效率达 33%。自 2016 年 11 月起，北京属地网站举报中心月均受理社会公众举报总量已达百万，这些数据充分说明了广大网民在互联网治理中的重要作用。同时，加强行业自律，形成了一整套的行业自律组织与制度，形成了妈妈评审团、北京网络新闻信息评议会、网络监督志愿者、网站自律专员、北京市互联网违法和不良信息举报中心“五位一体”的自律体系，如表 6–4 所示，维护了广大网民的合法权益，互联网企业自身也多有受益，是互联网“多元共治”理念的突出表现。

作为首都互联网治理体系中的重要一环，党建工作近年来也取得了长足进展。北京地区互联网管理部门率先创新了党建管理体制，由过去属地“松散型”到“行业抓、抓行业”和“一方主责、双联双管”的新探索，通过抓好影响力大和规模较大互联网企业的党建工作，更好地发挥行业管理优势和属地统筹功能。北京网信办紧紧围绕“党建强、发展强”的总体要求，突出和合共同体建设，着力引导互联网企业采取多种举措，按照习总书记系列讲话要求深入查找党员，创造条件建立健全党组织设置，运用党员活动信息系统，真正做到有党员、有组织、有作用、有保障，充分利用互联网各类优势，采用迅捷、高效、生动、新颖的信息传播手段，更有效地拓展党建工作的深度和广度，积极扩大党建工作

表 6–4　北京“五位一体”自律体系的主要内容

序号	行业自律组织和制度	主要内容
1	妈妈评审团	成员主要通过招募方式由未成年人家长组成，其基本职能是依据“儿童利益最大原则”和妈妈对孩子的关爱标准，由“妈妈们”对互联网上影响未成年人身心健康的内容进行举报、评审，形成处置建议反映给相关管理部门，并监督评审结果的执行。
2	北京网络新闻信息评议会	依据国家相关法律法规及其他相关行业规约，对涉及北京网络媒体互联网新闻信息服务、新闻职业道德和因新闻侵权问题而引发的新闻纠纷进行评议，并监督评议结果的执行。
3	网络监督志愿者	通过向社会公开招募，与相关委办局、社会团体联合等多种渠道吸收网络监督志愿者，开展网络动态监督、信息反馈等活动。
4	网站自律专员	由网络媒体指定人员，对该网络媒体上存在的危害国家安全、危害社会稳定、违背法律法规、违背社会公德、淫秽色情、诈骗等有害信息，谣言和虚假信息等行为进行监督。自律专员直接对该网络媒体负责，但其工作独立于该网络媒体的内部采编及监控流程。
5	北京市互联网违法和不良信息举报中心	接受公众对北京属地互联网违法和不良信息的举报，推动和组织北京互联网信息服务行业的自律，开展互联网新闻信息服务行业的交流与合作以及自我教育活动，开展互联网法制和道德建设的公共教育活动。

资料来源：自行整理。

的空间和功能，结合动态发展，优化党组织架构，设计活动载体，引导广大党员在做好本职工作、完成企业中心任务中争先进位，不断提升工作的质量和层次，实现让作用更强、让党旗更红、让党徽更亮、让服务更优的目标。通过加强互联网行业内企业的党建工作，全面提升该领域党员的教育，使党员的模范带头作用促进企业积极规范发展，并感染企业内有能力、求进步的先进个人，为党组织培养输送更多人才。

第五节　本章小结

本章的研究在前几章研究的基础上，将研究视阈提高放宽，把从十八大以来的发展历程作为出发点，系统总结了这些年来首都互联网发展的阶段性特征。本章的研究认为，经过五年的奋斗和努力，首都互联网产业充分把握历史机遇期，实现了全面快速发展：整体水平持续上升，产业规模和产业推动作用不断增大，技术创新层出不穷，创意产品与服务大量涌现，治理模式继续优化，传播内容日新月异，综合影响力全面提高，取得了令人瞩目的成就。

这五年，首都互联网发展体现了以下的阶段性特征。首先，继续巩固“中国网都”的领先地位，牢牢占据中国互联网发展的第一方阵；其次，持续加强网络基础设施建设，努力提高首都互联网发展的硬件水平，当前首都互联网基础设施建设已经达到世界一流水平；互联网产业高速发展，互联网行业对经济社会的推动作用凸显，首都互联网已经成为首都国民经济体系中的支柱产业和重要“引擎”；首都互联网治理水平也逐步完善，形成了一套政府主导、各利益相关方共同参与的多元治理体系，通过多元治理有效地提高了首都互联网的软件水平。

回顾既往，在以习近平同志为核心的党中央坚强领导下，全国上下创新进取，砥砺奋进，在全面建成小康社会和迈向中华民族伟大复兴的征程中再创新功，辉煌成就举世瞩目，必将载入光辉史册。展望未来，我国在新的历史起点上开启新征程，改革转型任务依然繁重，前进道路上的挑战前所未有，但拥有的机遇也前所未有，经济长期向好基本面没有改变，结构调整优化前行，新动能发展势头强劲，人和政兴的发展环境难能可贵。首都互联网再次迎来了一个大发展、大繁荣的历史机遇期。

第七章

首都互联网发展趋势展望与对策建议

2017年10月18日，中国共产党第十九次全国代表大会在北京举行，习近平总书记代表十八届中央委员会向大会作题为“决胜全面建成小康社会夺取新时代中国特色社会主义伟大胜利”的报告（以下简称“十九大报告”）。习近平同志在党的十九大报告中鲜明提出新时代中国特色社会主义思想和基本方略，深刻回答了新时代坚持和发展中国特色社会主义的一系列重大理论和实践问题。报告中还就互联网产业与行业发展作出诸多深刻论述，为今后我国和首都互联网持续高质量发展指明了方向，标志着我国互联网将迎来新的历史机遇并进入一个全新的发展阶段。

习总书记在十九大报告中指出：“深化供给侧结构性改革。建设现代化经济体系，必须把发展经济的着力点放在实体经济上，把提高供给体系质量作为主攻方向，显著增强我国经济质量优势。加快建设制造强国，加快发展先进制造业，推动互联网、大数据、人工智能和实体经济深度融合，在中高端消费、创新引领、绿色低碳、共享经济、现代供应链、人力资本服务等领域培育新增长点，形成新动能。支持传统产业优化升级，加快发展现代服务业，瞄准国际标准提高水平。”根据习总书记的战略构想，首都互联网产业要强化互联网技术的创新能力，深化供给侧结构性改革，推动“互联网+”战略进程，推进首都互联网与其他产业的深度融合，让首都互联网成为推动实体经济快速增长的有效动力。

习总书记在十九大报告中还指出：“加强互联网内容建设，建立网络综合治理体系，营造清朗的网络空间。落实意识形态工作责任制，加强阵地建设和管理，注意区分政治原则问题、思想认识问题、学术观点问题，旗帜鲜明反对和抵制各种错误观点。”根据习总书记的战略思想，应把网络安全与网络治理作为两项突出的任务去抓，在已有治理体系基础上，及时发现当前网络安全与网络治理存在的问题，实时应对首都互联网错综复杂的发展形势，建立适应时代需要的网络综合治理体系，要以政府为主导，充分调动各方的治理积极性，进一步完善规则体系。

2018 年 4 月 21 日，习近平总书记在全国网络安全和信息化工作会议上发表重要讲话。他强调，信息化为中华民族带来了千载难逢的机遇。我们必须敏锐抓住信息化发展的历史机遇，加强网上正面宣传，维护网络安全，推动信息领域核心技术突破，发挥信息化对经济社会发展的引领作用，加强网信领域军民融合，主动参与网络空间国际治理进程，自主创新推进网络强国建设，为决胜全面建成小康社会、夺取新时代中国特色社会主义伟大胜利、实现中华民族伟大复兴的中国梦作出新的贡献。

在这一章，本研究将紧密结合十九大精神和“421”讲话精神，紧密结合首都互联网发展的实际情况，有针对性地分析当前首都互联网行业发展的机遇与挑战，分析存在的问题与不足，提出今后首都互联网发展的战略方向以及首都互联网产业和行业的发展趋势，并提出具有落地性的对策。

第一节 今后首都互联网发展的战略方向

一、把互联网技术的发展作为创新发展的强劲动力

可以预见的是，今后一段时期内互联网技术仍将保持飞速发展，它将作为创新发展的强劲动力，成为首都互联网产业发展的力量源泉。目前，数字化、智能化服务技术正在蓬勃发展，人工智能将会发挥越来越大的作用，甚至会改变现有的经济体系；增加信用与安全的技术将进一步丰富，相关产品会更加完善，互联网产业安全将得到更好的保障；企业信息化与云端迁移技术将释放更大的影响力；交互类技术进一步发展，在更大范围内推动沉浸式消费、商业内容和应用程序的格局发生巨变。上述技术的发展，将极大促进互联网产业的发展和经济增长，首都互联网产业在全国一直处于领先地位，互联网领域高端技术方面的优势要一直保持，不断促进产业的创新发展，以确保自身的整体优势和竞争力。

二、通过产业融合来振兴实体经济

首都互联网产业的发展，其战略眼光的地域范围要放到全国甚至是全世界，产业范围也不能仅局限于互联网产业本身。互联网作为引领性力量，能够极大地推动传统产业进行变革，促使制造业发生以智能化、高效化为特征的技术革命，迈入智能制造时代。不仅如此，随着“创新驱动发展”战略的实施，新的互联网技术将不断助力新的组织方式、生产方式和服务方式产生，推动经济社会形态更高级、分工更优化、结构更合理，从而促进实体经济的转型升级。

因此，在京津冀区域协调发展的大背景之下，实现首都互联网产业与传统产业相融合，在制造业、农业、能源、物流、交通、教育等诸多传统产业领域进行同大数据、云计算、智能终端等新兴信息技术的融合创新，实现传统产业的转型升级。例如制造技术与信息网络技术相融合，塑造新的生产模式，通过改变机器、人员和业务流程之间的信息流，大幅提高生产过程的敏捷性、智能性、灵活性，增强各制造工厂之间的连接灵活性。

三、通过互联网的广泛应用为实体经济提供动力

在北京经济发展新常态的背景之下，加快互联网在经济社会各领域融合渗透作用和互联网技术在各行各业的融合应用，能够促进新生事物大量产生，成为实体经济迅猛发展的力量之源。

“互联网 + 制造”会颠覆传统的生产方式；电子商务及 O2O 等新模式能够促进生产与需求对接、传统产业与新兴产业融合，有助于消化过剩产能，优化产能结构；分享经济在交通、金融等领域兴起，这一基于互联网平台的分享模式会带来各个领域的创新，实现闲置资源的优化配置；数字阅读、网红经济创新了消费方式。不仅如此，在互联网产业迅速发展和由此带来的思想迅速变革的浪潮之下，在不久的将来，新的服务模式、商业模式以及生产消费模式将在互联网与实体经济的相互融合中被进一步激发，进而推动新实体经济不断兴起。

四、通过应用于服务来惠及民生

首都互联网应用产业一直走在全国前列，今后这一优势也应当继续保持，并作为首都互联网产业发展的战略方向之一。首先，在分享经济领域方面应当继续拓展，在营销策划、餐饮住

宿、物流快递、交通出行、生活服务等领域进一步发展完善，并向新的领域迈进，比如教育和医疗这两个可能成为分享经济发展的新领域，利用分享经济的平台优势，能够打破传统资源的约束，直接展开供需对接，有利于降低解决就医难、教育不公平等问题的成本。当然，在此过程中不能忽视的是，共享经济涉及的许多领域都处于探索阶段或者发展的初期，发展的模式还很不成熟，甚至在服务和产品的安全性、质量保障体系和用户信息安全方面都存在着问题，这些都要引起重视并加以解决，共享经济在大踏步迈进的同时必须小心谨慎，不断完善自身。其次，深化互联网与政府公共服务体系的融合。以互联网技术为基础，通过对大数据等现代信息技术的运用，推动公共数据资源开放，构建面向公众的一体化在线公共服务体系，加强与政府部门的合作，这样，既提升了公共服务的整体效能，又拓宽了互联网产业的市场。

五、全面提高互联网治理水平

在今后的发展进程中，首都互联网要以达到世界一流和全球领先的互联网治理水平为目标，加快首都互联网治理体系建设。这就要求各部门做好以下几方面的工作。一要逐步完善互联网治理的法治化、机制化体系。制度信任在现代社会中是构建政府公信力的根本保障，高效的互联网治理不仅需要对既有治理模式的小修小补，更需要对互联网治理中可能存在的问题与风险进行制度规范，明确互联网治理主体的权利、义务以及治理手段、途径、标准和目标，将更多的法治与理性的因素通过制度的途径渗透到互联网治理的实践中去，实现从运动式治理到制度治理的过渡。二要推动多元治理网络化。互联网本身就是一个复杂的网络体系，其所具有的多元性在很大程度上改变了政府与社会之间的互动方式，参与已经成为互联网治理的核心要素。三要完善互联网治理体制，构建具有充分权威的互联网治理协调机构，需要注重以行业自律和联合治理的方式适应网络时代的新形势、新要求，弥补自身在治理活动中覆盖面较窄和相对被动的缺陷。建立具有充分权威的协调机构，负责互联网日常管理工作的协调、指导，齐抓共管，规范并协调各成员单位对互联网的具体治理工作。四要加强互联网意识形态建设，营造良好的网络舆论环境。首都北京的政治中心地位使得意识形态建设更为重要，加强互联网意识形态建设，意味着政府正确引导网络舆论的发展趋势，及时、有针对性地回应网民诉求，用事实说话，通过多渠道搜集信息，依法打击网络谣言。

六、始终重视网络安全

在首都互联网发展过程中，网络安全问题始终伴随左右，首都互联网产业想要长久健康发展，网络安全问题必须自始至终得到重视。除了推动网络安全产业的发展，为互联网的安全发展提供人才、技术和产品的必要支撑以外，还要完善相关法律法规，解决新出现的互联网产品可能面临的法律问题，为互联网产业的健康有序发展保驾护航。

第二节　首都互联网产业发展的对策建议

一、需要正视的问题

首都互联网产业业绩斐然，地位突出，其产业规模较大、技术水平高、产品与服务丰富，其发展程度位于全国互联网产业的领先水平。尽管如此，首都互联网产业发展还还存在着不同程度的问题与缺陷，制约其自身发展和升级。

（一）互联网行业的引擎“持续动力不足”

首都互联网行业对首都地区经济增长业的带动作用非常明显，显然，这种带动作用主要是依靠大量的资金投入实现的。这说明，当前北京对互联网行业的发展较为重视，从现有的经济规划、经济政策扶持等项目上可见端倪。究其原因，这主要是由互联网行业的发展趋势所决定的。在全球一体化、经济全球化的历史发展背景下，互联网行业已经成为各国经济增长的一个重要行业，任何一个国家或者地区的经济增长都离不开互联网行业提供的各种服务、产品的支持。从实际来看，越是经济发达的国家和地区，经济依赖互联网行业的现状就越突出，即经济越繁荣，互联网行业越发达。然而通过已有研究数据来看，北京市的经济对互联网行业的即期贡献率接近 50%，说明北京市互联网行业的发展接近一半是由于北京市全行业努力的结果；而从长期看，这一贡献率更是高达 80%。这从一个侧面表明，北京市在产业投入过程中过分偏向了互联网行业，而且，经过这些年的长期投入，其累积的推动效应越来越大。这种过分偏向的投入自然会造成其他行业投入的减少，在某种程度上引起产业结构失衡，因此，北京市今后必须弱化对互联网行业的过分投资，避免互联网行业对其他行业形成严重的“抽血”效应，同时强化产业结构的升级、调整，使各产业优化组合，从而发挥更大的效益。

（二）行业内的非理性投资

互联网行业的投资是典型的供给端行为，是投资主体为了在未来可预见的时期内获得收益或资金增值，在一定时期内向互联网产品与服务领域投放足够数额的资金或货币等价物的经济活动。充足的投资是推动产业发展的主要条件，也是产业兴衰的重要标志。投资的重要前提是对投资内容有着理性认识，要充分了解投资行为的收益与风险，在充分衡量收益与风险的情况下开展投资活动。而非理性投资是投资者在各种因素影响下做出的不合理的投资行为，它一般表现为对投资对象的信息知之甚少，盲目投资，或在投资时只考虑未来收益而忽视风险的存在，或没能实现与承担的风险相符的期望收益，或在投资时没能考虑自己的收入等条件约束，不按效用最大化进行投资。

北京是中国互联网创新高地，集聚着大量的创意和创业人才，诞生了许多现象级的互联网投资项目，吸引了国内外众多投资者。由于货币供给以及商业周期等原因，首都互联网行业的投资市场急剧升温，投资人为抢占O2O、分享经济、“互联网+”等新兴领域的发展先机，疯狂注资初创企业。投资泡沫随之出现，行业内非理性投资现象越发严重：一些互联网行业的投资主体心态浮躁，幻想通过一至两个重点项目实现盈利；投资项目理解不够，难以对投资项目进行商业化运作和科学化管理，希望通过粗放式资本投入抢占市场份额；还有的投资主体以资本运作为实质内容，打着“互联网+”的旗号，大肆进行“皮包”项目投资，这些项目的风险控制力和市场适应能力可想而知。

（三）新生互联网产品与服务监管缺位

正如前文所述，互联网行业的一大特征就是创新性，创新过程的周期较短，创新点较多，创新产品与服务的生命周期也具有很大的不确定性。由于互联网产品的文化特性与社会传播特性，针对新产品涉及面广，涉及部门多，需要系统性、整体性的协调，相关监管部门需要互相配合、协调推进，划分清楚权利与义务，相关难度较大。因此，一些新生的产品与服务相关监管难以跟进，造成了新生产品与服务监管缺位问题。还需要注意到，新生的互联网产品与服务其技术水平较高，消费者分布上呈现地域上分散、数量上集中的态势，监管技术难度较大，传统的行政监管和事后处置手段都不能适应实际需要。表 7–1 就列出了一些新生互联网产品特点、监管难点与监管缺位之处。

表 7–1　新生互联网产品与服务的特点与监管

互联网产品与服务	特点	监管难点	监管缺位之处
内容创业	借助网络平台，利用内容传播，吸引稳定客户，实现内容变现。	内容层次鱼龙混杂，内容质量良莠不齐，定价缺乏标准。	内容定价缺乏行业标准，内容中知识产权的界限难以界定，分散式的内容传播平台监管成本大。
分享经济	利用互联网技术进行信息整合，分享海量化闲置资源。	冲击传统商业模式和盈利逻辑，观念落后于实践发展，产品与服务安全性与标准性不足。	涉及部门多，统筹协调难度大，监管理念难以及时更新，安全标准难以统一制定。
IP 行业	围绕知识创意展开的商业开发链条。	IP 产品井喷式涌现，附带游戏、影视、音乐产品，个人品牌也参与进 IP 行业。	IP 内容丰富，涉及面广，难以条例式监管，行业内盲目投资现象比较严重。
网络直播	在移动互联网技术支撑下，将当下即时状况传送给终端用户，互动性较强。	临场真实性较强，互动性较高，有着较大的品牌魅力和客户黏性。	行业准入门槛低，直播内容频频“打擦边球”，事后监管成本有限，传播内容难以及时监控。

除了上述产品与服务之外，VR/AR 产品、人工智能产品，网红直播的监管也具有较强的复杂性与多样性，相关监管也比较

缺位。

二、首都互联网产业发展趋势

结合十九大报告指明的战略方向，结合首都互联网产业发展的实际情况，深化供给侧结构性改革，大力推行产业结构优化与调整，提高首都互联网产业供给体系质量和效率。切实增强供给能力，通过各种制度建设，为供给体系改革提供有力保障。

（一）深化技术创新，实现产业融合，加强首都互联网行业的经济推动作用

互联网产业是技术密集型和知识密集型产业，供给侧一旦实现了跨越式的技术创新，市场就会以规模庞大的交易进行回应。因此，首都互联网产业应把“创新”作为生命线，配合京津冀协同发展定位，主动放弃技术含量不高的产品与服务，全力实施北京市“十三五”规划中提出的“互联网 +”行动计划，大力推进产业融合发展。要以提高政府效率、方便群众生活和降低生活生产成本为出发点，加速“智慧北京”建设。全力支持北京 5G 试点，在全国范围内率先实现百兆移动数据无缝覆盖，全面降低宽带网络收费标准。与此同时，进一步提高北京第三产业信息化再建设力度，重塑产业链、价值链、供应链和创新链条，加快北京市生活型服务业的改造，提升北京生产型服务业的模式水平。

（二）规范投资行为，合理引导预期，保持首都互联网产业投融资市场稳定

相关部门应及时出台相应法律法规，严格规范互联网产业的投资，合理引导产业发展预期，降低产业中非理性投资热度。政府还应加大宣传力度，引导社会资本和民间投资在社会经济大背景下实现新的转向：互联网产业项目已不再仅仅依靠个人兴趣、创意点和能力发挥，更多的要依靠贴近实际的需要、领先的技术、良好的运营模式和优质产业生态资源的分享，实现互联网创新创业。一旦首都互联网投资市场回归常态，投资机构真正开始考察创业公司的项目可行性和盈利能力，必然倒逼创业服务链条不断升级。在“十三五”期间，北京将探索“互联网＋创新创业”公共服务模式，促进资源整合，推动解决创新资源碎片化孤岛问题，从而有效地构筑互联网创业的良好环境。

（三）强化顶层设计，实现协同治理，全面提升产业监管水平

首都互联网产业应进一步强化顶层规划与设计，紧密结合十九大精神，严格参照已有《北京市“十三五”时期信息化发展规划》《关于积极推进“互联网＋”行动的实施意见》等方案，建立健全互联网产业管理的法律法规，增强法律的开放性、灵活性和细则性，使新兴产业产品和服务与政策法规做到严密对应，防止某些产品与服务“野蛮无序生长”。与此同时，还要加强知识产权保护，构建个案保护和普遍原则相结合的保护网。充分改变权责分散、任务不清的局面，充分发挥市委网信领导小组的战略统筹协调作用，完善统一指挥、协同联动的管理工作，使相关部门各司其职，主体责任到人到岗到位，建立起法律规范，行政监管、行业自律、技术保障、公众监督和社会教育相结合的监管体系。

今后一段时期内，首都互联网产业将会面临新的发展机遇与挑战。新时代、新技术环境与全新消费需求呼唤首都互联网产业的供给侧改革，而供给侧改革注定是一个漫长的循序渐进的过程，不可能一蹴而就。相关部门还应加强协调统筹，明确改革主要目标，制订详细的行业改革规划，利用制度的力量推动首都互联网产业供给侧改革进程。

第三节　首都互联网行业治理完善的对策建议

一、当前首都互联网行业治理中存在的问题

首都互联网行业治理体系较为健全，治理效果令人瞩目，但首都互联网行业变化日新月异，各种新矛盾、新问题层出不穷。当前首都互联网行业治理中还存在以下几方面的问题与矛盾。从北京市属地网站每月平均能够接到社会公众举报一百万件的数字可以看出，社会公众在享受互联网带来巨大便利的同时又对互联网怀有矛盾的警惕心理和忧虑心理。

（一）首都互联网治理体系有待进一步完善

互联网的自由需要秩序来维系，互联网的秩序需要规范来保障，互联网的规范需要法律来维护，互联网治理的法律需要部门来执行，互联网的治理行动需要机构来协调。北京市已经建立起以市网信办为牵头单位，市电信主管部门、公安部门等分别履行管理职责的互联网政府管理体系；建立起以首都互联网协会为枢纽型社会组织的互联网行业自律组织；建立起广大互联网企业、网络用户单位和广大网民共同参与的首都互联网治理体系。但与首都网都的地位和首都互联网蓬勃发展与广泛应用相比，与习近平总书记提出的“构建良好秩序”的原则要求相比，首都互联网治理机构的规格还不够高，互联网治理的体系还不够完善，互联网治理的格局还不够健全，互联网治理的法规政策还有待进一步完善，互联网治理工作还存在一些有待加强和改进的地方，互联网领域仍存在诸多有待进一步明确、明晰、规范、分析、细化的工作，首都互联网治理总体能力还有待进一步提升。这就需要根

据互联网发展的趋势和首都互联网治理的现状，有针对性地对首都互联网治理体系进行完善，从而提升互联网治理的能力，更好地维护首都互联网的秩序。

（二）首都互联网治理责任有待进一步明确

在互联网的治理过程中，政府主管部门、网信部门、公安部门、各相关部门、各互联网组织、各互联网企业、各互联网用户、各网民在维护互联网秩序中各负有什么样的治理责任，这是一个有待进一步明确的任务。由于互联网的快速发展，互联网技术的不断创新、互联网应用的不断拓展，互联网在我们的日常工作、生活中的作用越来越重要，对我们工作、生活的影响越来越深入和全面，对我们的个人信息、财产、名誉、安全等的影响越来越大，活跃在各类互联网中的虚假信息、违法犯罪活动、安全隐患等时时对我们的生活产生着多方面的影响，对我们的国家安全、公共安全形成各种可能的威胁，如何更好地形成互联网使用、管理的共识和规范，进一步明确政府相关部门、互联网自律组织、互联网企业、互联网用户和网民等的治理责任，形成互联网治理的合力，提升互联网治理的效率，迫切需要我们对互联网治理责任的进一步明确，以免出现由于治理责任不明确而导致的网民投诉无人受理、无人负责、无人监督、无人反馈的局面，造成互联网秩序的混乱而得不到及时的纠正和防范。现实生活中，经常出现网民或受害人投诉无门、投诉迟迟得不到应有的答复而造成更大损失的事件发生，这从侧面反映了当前首都互联网治理责任不明确的问题。

（三）首都互联网治理标准有待进一步明晰

为了更好地维护首都互联网的秩序，我们对涉及互联网的各种问题究竟应该做出什么样的处理，什么样的处理才能更好地既保护互联网的自由又维护互联网的秩序，这就需要我们对互联网治理的标准进一步明晰，首都作为中国的网络之都，理应在这方面率先做出探索和规范。比如，针对互联网出现的各种不实信息，尽管首都已经建立了辟谣平台，对各种谣言进行了快速反应，但对不同的谣言处理的标准是否明晰，各种谣言的处理标准是否一致，这种处理是否有利于遏制谣言的产生和传播，需要做进一步的研究分析，以进一步明晰对制造和传播互联网谣言的治理标准。再比如，针对网络上出现的各类虚假信息，对虚假信息制造者、虚假信息发布者、虚假信息传播者等不同的责任主体应该分别做出怎样的处罚，才能有效地制止虚假信息的制造、发布和传播。再比如，针对网络上的各类违法犯罪行为，现实中常常由于管辖地、办案经费、立案标准等因素而难以得到及时的查处和惩处，导致网络违法犯罪成本不高，网络违法犯罪活动活跃。再比如，如何根据《中华人民共和国网络安全法》的规定，对维护首都网络安全的标准做出进一步的规定等，都是需要们进一步加强的工作。

（四）首都互联网治理流程有待进一步规范

目前，尽管各互联网企业普遍设立了网络违法和不良信息举报中心，一般能够及时地处理相关投诉，但网络违法和不良信息的处置过程和处置结果缺乏公开，不同的互联网企业在处置网络投诉时往往自行其是，处置力量配备各不相同，处置流程和处置程序差异很大，处置依据的法律法规和规范也存在差异，处置的时间也存在差异，处置结果也往往不尽相同，导致各类虚假信息、网络违法犯罪行为在网络上有空隙可钻，造成网络虚假信息、违法犯罪行为此起彼伏，没有形成互联网治理的统一格局。比如，在互联网金融活动中，如何对互联网金融行为进行有效的监管，确保互联网金融中的资金安全，就需要相关部门加强对互联网金融企业经营行为的在线监管，就需要规范的流程来加以保证。现实中，经常可以看到由于互联网治理流程不够规范而造成的各种不规范现象。因此，有必要根据互联网的各种问题特点和规律，组织力量研究开发专门的互联网治理流程，指导各互联网企业和互联网组织规范治理流程，推动首都互联网治理工作的规范化。

（五）首都互联网治理数据有待进一步分析

当前，我们对互联网有害信息的处理多是一删了之，这样做确实可以快速地阻止有害信息的继续传播，但一个很重要的问题是我们并没有从中发现规律，找到相应的教训，属于典型的“治末”行为，这样的治理模式，需要花费大量的人力和时间成本，而且随着互联网用户的持续增多，互联网新技术的应用，互联网各类有害信息将更加隐蔽，更加巨量地出现在网络中。传统的删帖固然不可缺位，但必须利用现代大数据技术和智慧网络对网络治理数据进行深度分析，才能从中找出互联网运行的特点和规律，从而找出互联网治理的重点区域、重点对象、重点行业，有针对性地进行提前预警、预防，有针对性地加强对不同互联网用户和网民的教育管理，教育民众有针对性地提高防范意识，提高对网络违法犯罪活动打击的精准性，让网络违法犯罪行为得到及时有效的惩处，遏制网络违法犯罪活动高发的势头，提升互联网治理的精准性。

（六）首都互联网治理法规有待进一步细化

随着互联网应用的不断拓展，全国人大、国务院相关部门和北京市地方人大、相关主管部门相继出台了不少互联网管理的法律法规，为首都互联网治理工作提供了较有力的法律支持。但从现实执法效果来看，网络违法犯罪的查证、网络违法犯罪的处罚力度等还存在诸多不尽如人意的地方，对网络违法犯罪行为的预防、打击力度还不够大，现实执法过程中也常常遇到执法依据不明确、处罚依据太轻等问题。因此，有必要组织力量对首都互联网治理的相关法律、法规进行全面梳理，对相关上述法制定颁布实施办法，使其更有操作性，对已经过时的法律法规进行修订完善，使其更适应当前首都互联网治理工作的需要，对目前还存在法律法规空白的领域要抓紧组织力量开展前期调研，为早日立法做准备。

（七）网络安全基础设施建设薄弱

网络安全指的是通过各种技术和管理手段保障互联网系统正常运行，保护互联网系统中各个组成部分（软件、硬件、数据等）的安全。随着中国互联网发展速度逐步加快，网络安全将成为互联网行业供给侧改革的一个重要主题。从当前情况来看，今后国家网络安全工作的战略任务是坚定捍卫网络空间主权，坚决维护国家安全，保护关键信息基础设施，打击网络恐怖和违法犯罪，完善关键信息基础设施，提升网络空间的整体防护能力。

北京拥有数量巨大的网络资源和网络数据。近年来，北京地区的网络治理部门加强了网络安全管理力度，特别是加强了网络安全基础设施建设力度，对重点行业和重点领域进行了周密的网络安全检查和风险评估，对关键性网站和节点的网络安全基础设施进行了检查，建立了相关数据档案。同时，制定和完善了信息安全等级保护制度，加强电力、通信等关键信息基础设施安全防护能力建设。此外，建立了一批网络安全基础设施维护管理队伍，及时开展网络安全专项治理工作。

由于种种原因，网络安全基础设施建设还存在着许多问题，一些传统网络安全问题并没有得到有效解决，新型网络安全问题却又层出不穷（如近期爆发的“比特币病毒”），北京网络安全基础设施建设难度逐步加大，亟待统筹解决，如表 7–2 所示。

表 7–2　北京网络安全基础设施建设难点与表现

序号	难点	表现
1	网络安全基础设施建设程度不足	“欠账”较多，关键设备列表尚不全面、清晰，分网络和系统的安全域划分不明。各类网络终端的安全管理制度体系尚没建立，软硬件版本管理和补丁管理不到位，应急措施处置流程和方案还需要进一步完善。
2	网络攻击更加复杂多样	传统网络攻击方法与最新网络攻击手段并存，主动攻击与被动攻击并存，集中式攻击与分布式攻击并存，人为蓄意攻击与随机攻击并存。
3	技术监管难度逐步加大	随着互联网技术的日益复杂化，全球互联网信息传播链条不断加长，风险点更多而且更加隐蔽，风险爆发的突然性和破坏力更强。
4	复合型人才队伍匮乏	技能型人才供给充足，但又懂技术又懂网络治理的复合型人才较为缺乏。

资料来源：自行收集整理。

二、首都互联网行业治理发展趋势

“天下兼相爱则治”，习近平总书记 2015 年 12 月 16 日在第二届世界互联网大会上发表主旨演讲时引用了中国古代著名思想家墨子的名言，道出了互联网治理首先应该遵循的规范是相互友好相处，这为运用综合治理理念完善首都互联网治理格局提供了强有力的指导。所谓“综合治理”，是指“整合多方力量资源，综合运用多种手段和方法，以治理那些单个方面、单一手段和方法难以解决的重点难点问题”[1]。

（一）组建高规格的首都互联网治理委员会

组织领导是推动首都互联网治理工作的重要保障。习近平总书记在第二次世界互联网大会主旨演讲中提出互联网发展的四项原则和五点主张，明确提出尊重网络主权，对互联网治理、网络安全等进行了系统阐述。北京作为中国互联网企业最为密集的超大型城市，理应在维护我国网络主权、加强互联网治理、维护我国网络安全方面做出表率。以上原则和主张为我们组建高规格的首都互联网治理委员会提供了有力的指导。北京地区集中了全国90%以上的重点网站，种类全、规模大、影响强，不仅是全国网络信息传播中心和互联网产品应用中心，也是我国网络舆论斗争前沿阵地和主战场[2]，首都互联网治理的任务重、要求高，责任重大。《中华人民共和国网络安全法》第三条规定：“国家坚持网络安全与信息化发展并重，遵循积极利用、科学发展、依法管理、确保安全的方针，推进网络基础设施建设和互联互通，鼓励网络技术创新和应用，支持培养网络安全人才，建立健全网络安全保障体系，提高网络安全保护能力”。第五条规定：“国家采取措施，监测、防御、处置来源于中华人民共和国境内外的网络安全风险和威胁，保护关键信息基础设施免受攻击、侵入、干扰和破坏，依法惩治网络违法犯罪活动，维护网络空间安全和秩序。”第七条规定：“国家积极开展网络空间治理、网络技术研发和标准制定、打击网络违法犯罪等方面的国际交流与合作，推动构建

1　中央社会治安综合治理委员会办公室．社会治安综合治理工作读本[M].北京：中国长安出版社，2009：4.

2　佟力强：《积极推动首都网信工作创新发展》，载《中国网信网》，2015年11月25日。

和平、安全、开放、合作的网络空间，建立多边、民主、透明的网络治理体系。”第八条规定：“国家网信部门负责统筹协调网络安全工作和相关监督管理工作。国务院电信主管部门、公安部门和其他有关机关依照本法和有关法律、行政法规的规定，在各自职责范围内负责网络安全保护和监督管理工作。县级以上地方人民政府有关部门的网络安全保护和监督管理职责，按照国家有关规定确定。”上述法条对国家网络安全，依法惩治网络违法犯罪，维护网络空间安全和秩序，建立多边、民主、透明的网络治理体系，网络治理的权力分配，保护网民合法权益等进行了明确规定。为适应首都未来构建“高精尖”产业结构，推动互联网行业高速发展，进一步提升首都互联网治理水平，建议在总体国家安全观指导下，高度重视首都互联网治理和网络安全工作，组成由北京市委市政府主要领导同志亲自担任组长的首都互联网治理和网络安全工作小组，高位规划和统筹首都互联网治理和网络安全管理工作，加强对首都互联网发展、治理、管理、安全等方面工作的领导和研究，督促政府相关部门切实加强对互联网行业的指导和管理，为首都互联网治理和网络安全工作提供强有力的保障。

（二）进一步完善市、区两级首都互联网治理架构

适度分权是加强首都互联网治理的重要举措，建议从首都互联网行业发展的实际出发，有必要对目前首都互联网治理的层级进行重新设计，形成市区两级互联网治理架构，市级首都互联网治理机构主要着力于首都互联网治理的总体设计、前瞻研究、发展规划、治理政策、治理指导、监督评估等工作，搭建全市统一的互联网违法和不良信息举报平台，市网信部门除保留对少数知名互联网企业的直接联系和指导外，逐步将对其他互联网企业的联系、指导、监督、执法工作转移为区级事权。16个区根据管理区域内互联网企业数量的多少和影响力大小分为三类区，一是管辖区域内互联网企业数量，知名互联网企业密集的核心区，如海淀区、朝阳区，重点加强区级互联网监管机构、主管部门机构建设，进一步加强区级网络管理人才和网络安全人才队伍建设，做好管理区域内各互联网企业的指导、管理等工作；二是管理区域互联网企业有一定数量且发展势头的重点区，如东城区、西城区、丰台区、石景山区、通州区、大兴区、顺义区、昌平区、怀柔区、房山区等，必须设立精干有力的网信机构，配置一定数量的专职干部；三是管理区域内互联网企业数量较少的远郊区，如平谷、密云、延庆、门头沟，区级相关机构必须有专人负责网络管理工作，将来视需要进一步设立相关机构并充分安排工作人员。通过加强区级互联网监管机构建设，完善区级互联网治理体系，充实市、区两级互联网治理架构，实现互联网治理重心下移，提升互联网投诉反应速度和治理效率。

（三）进一步完善首都互联网治理法规体系

法律法规是首都互联网治理的行为规范和准则。为进一步规范首都互联网秩序，首先，有必要根据《中华人民共和国网络安全法》，研究制定《北京市维护网络安全实施办法》，对《网络安全法》的各项规定根据首都互联网发展实际予以细化和操作化，进一步明确各政府主管部门、各互联网企业、各互联网用户及广大网民对维护网络安全及网络治理方面的法律责任及违反法律的惩处措施，让维护网络安全成为全社会的共识。其次，对刑法有关网络犯罪、其他司法解释和规范性文件进行整理，比如刑法第285条、286条、287条、363条、364条，2010年最高人民法院、最高人民检察院、公安部《关于办理网络赌博犯罪案件适用法律若干问题的意见》，2011 年两高《关于办理危害计算机信息系统安全刑事案件应用法律若干问题的解释》，两高分别在 2004 年和 2010 年颁布的《关于办理利用互联网、移动通讯终端、声讯台制作、复制、传播淫秽电子信息刑事案件具体应用若干问题的解释》及《解释二》，两高 2003 年出台的《关于办理利用信息网络实施诽谤等刑事案件适用法律若干问题的解释》，最高法 2013 年颁布的《审理编造、故意传播虚假恐怖信息刑事案件适用法律若干问题的解释》，《互联网出版管理暂行规定》（2002），《互联网文化管理暂行规定》（2003），《中国互联网络域名管理办法》（2004），《电子认证服务管理办法》（2005），《非经营性互联网信息服务备案管理办法》（2005），《互联网 IP 地址备案管理办法》（2005），《互联网安全保护措施规定》（2005）等，对当前依然适用的法律法规条文归类合并成册，供管理部门、执法部门和各互联网学习参考，对已经不适用的甚至互相矛盾的法律条文和司法解释进行统计汇总并上报国家立法机关和相关部门，提醒相关部门及时予以修改完善。最后，有必要根据《互联网信息服务管理办法》（2000）、《互联网新闻信息服务管理规定》《互联网信息搜索服务管理规定》和《移动互联网应用程序信息服务管理规定》等上位法规，整合北京地区已经出台的涉及互联网的相关规定，如《北京市微博客发展管理若干规定》等，并根据北京市互联网行业的新发展，研究制定综合性的《北京市互联网管理条例》，对北京市涉及互联网发展、管理、惩处等做出详细的地方性规定，为互联网企业、互联网用户、互联网管理部门等提供监督管理的法律依据。

（四）进一步明确首都互联网企业治理责任

互联网行业和各互联网企业是互联网治理的重要主体。互联网行业和各互联网企业既是互联网技术创新的主体，又是互联网各项服务的提供者，还是互联网秩序的重要维护者。良好的互联网秩序既有利于增进社会的整体效益，又有利于互联网行业和互联网企业的良性发展。简单说来，互联网行业和互联网企业首先要形成互联网行业的自律规范，制定互联网行业的发展标准，引导更多的各互联网企业遵循社会整体利益原则，不断推动互联网技术的创新，自觉地防范各种安全风险，更好地维护互联网行业、网民和社会整体利益。其次，互联网行业和各互联网企业必须设立网络安全负责人，建立起相应的机构负责维护自身网络的安全，重视网络用户和网民的投诉和举报，处理网络用户和网民的投诉举报，制定各自的应急预案，防范并有效应对各类网络攻击事件，维护好互联网秩序。最后，互联网行业和各互联网企业要不断研究开发新的网络安全技术，不断完善各自的信息系统，自觉接受网信部门、公安部门和其他政府部门的监督检查，更好地服务网络用户和网民。

（五）进一步明晰首都互联网治理工作标准

工作标准是实现首都互联网治理工作科学化的重要基础。从提升首都互联网治理工作水平的需要看，起码有几个方面的工作标准：从政府相关部门看，市、区相关部门是否存在负责互联网治理工作的工作机构和工作人员，相关机构和工作人员是否有清晰的工作职责和工作要求，相关的工作制度是否健全，依据的法律法规是否梳理清楚，是否建立了网络突发事件应急预案，网络突发事件应急预案是否充分考虑了各种可能发生的网络事件，网络突发事件应急预案是否定期开展演练，对互联网监督的工作程序是否建立，执法工作是否规范，执法工作的工作要求标准是否明确，相关执法工作是否公开透明，监督机制如何；从互联网行业组织看，互联网行业是否组织互联网企业共同制定了具有共识的互联网行业自律规范，各会员企业是否自觉落实了互联网行业自律规范，互联网行业组织是否设立专门机构负责网络安全、网络举报、网络投诉、网络治理、网络监督等工作，互联网行业组织对各互联网企业的治理行为是否进行了指导，互联网行业组织对互联网企业的违法违规行为是否及时进行了行业内部的处罚；从互联网企业的角度看，是否具有互联网发展和维护互联网安全的能力和资质，是否制定了网络突发事件应急预案，是否设立了专门工作机构和工作人员负责互联网安全及相关事宜，相关岗位职责是否明确具体，相关工作要求标准是否公开透明，对互联网用户和网民的举报投诉是否第一时间由专人负责处理并进行上报、记录和反馈，接受互联网用户和网民的监督和批评；从互联网用户的角度看，是否明晰自己互联网开发的目标，是否有足够信任的合作伙伴，是否有专门工作机构、工作人员和工作经费专门负责互联网维护和互联网安全等工作，是否有科学合理管用的网络突发事件应急预案，是否能够有效应对各类网络突发事件。

（六）进一步规范首都互联网治理工作流程

规范流程是实现首都互联网治理工作科学化的制度保障。在互联网治理工作中，市区各政府部门、各互联网行业组织、各互联网企业、各网络基础设施提供商、各互联网用户和广大网民应各司其职，互联互通，信息公开，共同维护首都互联网的秩序。因此，有必要针对不同的互联网问题，如虚假信息、钓鱼网站、产品质量、违法信息、不良信息、网络犯罪、网络安全等不同问题，研究制定不同的互联网治理工作流程，经征求各互联网企业、互联网行业组织的意见后予以公布，形成大家共同认可的首都互联网治理工作流程规范，进一步规范各互联网企业、互联网行业组织的治理工作行为，提升首都互联网治理工作效率和水平，加强对首都互联网治理行为的各种监督，进一步提升首都互联网行业应对各种网络问题的能力和水平，吸纳互联网用户和网民共同维护首都互联网的良好秩序。

（七）进一步加强对首都互联网治理数据的分析

数据分析是提升首都互联网治理工作水平的重要路径。建议在北京市相关政府部门的指导下，以首都互联网协会为主体，牵头制订总体规划并研究开发首都互联网治理数据平台，联合互联网企业研究开发首都互联网治理数据平台，各类举报、投诉既连接各互联网企业，同时连接首都互联网治理数据平台，形成首都互联网治理的数据库。由首都互联网协会组织专门人才队伍对首都互联网治理数据进行统计分析，从中寻找具有共性的规律和问题，研究首都互联网发展趋势，对首都互联网企业提供咨询服务，帮助首都互联网企业避免重复以往的问题，维护好首都互联网的秩序，帮助首都互联网企业更加顺利健康地发展。

（八）进一步加强对首都互联网治理绩效的评估

绩效管理是提升首都互联网治理工作水平的重要措施。建议从两个层面开展首都互联网治理绩效的评估工作，一是由市级网管部门对 16 个区进行分类绩效评估，通过绩效评估科学评价各区在互联网治理工作中的进展、存在的问题与各自的差距，从而指导推动各区进一步加强互联网治理工作，提升互联网治理工作水平。二是由首都互联网协会对各互联网企业进行行业绩效评估。通过研究制定互联网治理工作评估指标并开展绩效评估，及时总结各互联网企业治理的有益经验，发现首都互联网企业治理中存在的共性问题，共同研究完善首都互联网治理措施，共同维护首都互联网秩序，促进首都互联网行业健康发展，为广大的互联网用户单位和网民提供更好的互联网服务，共同提升全社会福祉。

（九）扎紧“安全笼子”，落实安全责任，大幅提高网络安全保障能力

网络安全建设一靠制度，二靠技术。要将网络安全基础设施维护责任明确下来，同时开展关键信息基础设施网络安全检查，从涉及国计民生的关键业务入手，理清可能影响关键业务运转的信息系统和工业控制系统，准确掌握首都互联网关键信息基础设施的安全状况，科学评估面临的网络安全风险，以查促管、以查促防、以查促改、以查促建，同时为构建关键信息基础设施安全保障体系提供基础性数据和参考。加强自主核心网络安全技术开发，形成自主可控的网络安全生态体系。

第四节　本章小结

本章以十九大精神为指导，结合首都互联网 2016—2017 年的发展表现和更长时间段的历史进程，提出了首都互联网发展的六大战略方向。其中有三大战略方向与首都互联网产业发展密切相关，有三大战略方向与首都互联网行业治理体系建设密切相关。

在分析首都互联网产业发展趋势之前，本研究指出了当前首都互联网产业发展中存在的系列问题与矛盾。本研究提出今后首都互联网产业发展必须紧密结合十九大精神，牢牢把握首都的战略定位，坚定不移地走供给侧结构性改革的路子，要在产业供给内容上下真功夫。本研究就未来首都互联网产业结构性供给侧改革提出了具体的三项对策性建议。

针对首都互联网行业治理体系建设，本研究首先分析了当前首都互联网治理体系中存在的七项不足与缺陷。针对这些不足与缺陷，本研究以习总书记系列讲话为指引方针，充分考虑首都互联网治理的特性，在已有治理体系基础上提出了具体的九条对策性意见。

区别于前几章的实证研究方法，这一章的研究方法以规范研究方法为基础，力争为相关部门决策提供有益参考。

第八章 专题讨论篇

第一节　北京互联网共享出行的现状与发展趋势

在移动互联网技术与传统行业融合发展的背景下，互联网共享出行作为一种交通新业态发展起来。2016 年以来，随着网约车、共享单车在我国大中城市的快速发展，这种以平台化和共享为特征的城市交通新兴业态，以其出行成本低、服务便利等优势而受到公众青睐。共享出行模式通过搭建平台提供出行服务或交通工具，以期通过调动社会闲置资源、提升出行工具利用率来补充交通运力，从而为优化城市交通结构，缓解城市交通拥堵提供助力。互联网共享出行也成为城市交通发展的新导向。

在蓬勃发展的同时，互联网共享出行也带来了出行安全、商业模式选择、占用社会公共资源等诸多问题。因此，如何正确看待和妥善处理新型业态和传统观念的冲突，规范和鼓励共享交通的有序发展显得尤为重要。如何评价共享交通的发展对城市出行生态的综合改善程度，需要根据城市经济水平、人口规模、功能布局规划等特征进行深入分析，不能一概而论。因此，通过深入剖析互联网共享出行的时代特征，解构互联网出行发展不同阶段的商业模式，并以首都为例分析互联网共享出行发展给城市交通状态和生态环境带来的改善，可以进一步为促进互联网共享出行的健康发展提供参考和建议。

一、互联网共享出行发展概况

共享经济，一般是指以获得一定报酬为主要目的，基于陌生人且具有物品使用权暂时转移属性的一种新的经济模式。其本质是整合线下的闲散物品、劳动力及各类资源。有观点认为，共享经济是人们公平享有社会资源，各自以不同的方式付出和受益，共同获得经济红利的方式。此种共享更多的是通过互联网作为媒介来实现的。近年来，中国共享经济蓬勃发展，市场交易额持续增长，资本市场看好，参与人数也越来越多。2016 年，中国共享经济市场交易额约为 3.45 万亿元，比 2015 年增长 103%，融资规模约 1710 亿元，比 2015 年增长 130%，参与分享经济活动的人数超过 6 亿人，比 2015 年增加了 1 亿人左右。在政策支持方面，“共享经济”一词 2016 年、2017 年连续两年写入政府工作报告。由此可见，随着 web2.0 时代的到来，共享模式已经成为我国下一阶段经济发展的重要驱动力。

随着社会和经济的发展，人们的出行方式日趋多样化，短途出行、长途出行都有相应的出行方式来满足人们的需求。自 2010 年以来，互联网共享出行作为一种新兴业态，在市内交通尤其短途出行方面呈现出了爆发式增长。据易观数据统计，我国共享出行企业近年来共吸引了近 700 亿元的融资，参与人数达到 3.3 亿人，仅次于生活服务类的 5.2 亿人次的规模，居第二位。以互联网专业的出现为起始标志，共享出行需求不断延展，行业发展持续创新，体现出了较强的阶段性特征。第一，起步阶段：2010 年共享出行开始起步，易到用车和滴滴打车等经营网约车的企业纷纷获得巨额融资；第二，激烈竞争：经过两年多的发展，市场进入激烈竞争阶段，群雄并起，Uber 进入中国市场，补贴大战愈演愈烈，中小平台纷纷倒下；第三，合并发展：头部企业开始谋求共赢，2015 年 2 月滴滴打车和快的打车宣布合并等实践标志着行业整合的开始；第四，需求延展：2016 年开始，共享出行需求不断延展，更多出行的细分需求被挖掘，行业发展持续创新；共享单车热潮来临，引起资本追逐，摩拜和 ofo 等共享单车企业开始发力，迅速吸引到大批用户和巨额融资；共享汽车也进入用户视线，开始积极布局，成为共享出行市场的潜力股；第五，未来发展：出行作为人们日常生活中必不可少的活动，必然需要各种方式来支持，未来共享私人飞机、共享游艇等高端出行方式会发展起来也未可知。

从共享出行的本质来看，可以分为服务共享和硬件共享两大类。服务共享在我国大中城市普及的时间较早，其典型代表是提供打车（滴滴出行、Uber）、拼车（嘀嗒拼车、KK 拼车）、代驾（e 代驾、爱代驾）、巴士（嗒嗒巴士、嘟嘟巴士）等服务的移动互联网 APP 平台。这类平台通过提供服务呼叫、实时信息交互等内容来吸引用户关注和使用。硬件共享则是以租车（神州租车、PP 租车）、共享单车（ofo、摩拜单车、小蓝单车）、共享汽车（EVCARD、途歌）为代表的运营商。这类共享出行方式是运营商通过前期地毯式投放硬件，为用户提供“即用即舍”代步交通工具来吸引关注和使用，由运营商来负责硬件设备的维护。

共享出行方式之所以受到大众的青睐，其本质原因主要体现在以下四个方面。

（一）提供了更低的出行成本

网约车提供的顺风车、拼车等共享形式，切实让大众感受到了出行经济成本的降低。截止到 2016 年 6 月，滴滴平台每天为一线城市市民累计节省 37.4 万小时，相当于节省 1400 万元人民币。

（二）向公众提供了更便捷可靠的出行方式

市场供需失衡，信息不对称都是造成市民“打车难”的主要原因，互联网平台充分提供了信息共享，在一定程度上缓解了此类问题，并给市民出行提供了更多选择。共享单车的普及解决了地铁到目的地之间的“最后一公里”问题，已经成为市民最青睐的终端接驳方式。互联网平台利用大数据及信息技术，通过建立严格的筛选准入机制实现了对出行服务车辆和司机的精细化管理，挤压掉了“黑车”的生存空间，提供了可信可靠的出行服务。

（三）借助互联网开放式特性助推了大众创业

共享经济颠覆了企业生产与个人消费的产业模式，使每个人都可以同时成为消费者和生产者。在 2015 年对滴滴专车司机的一个抽样调查中，专车服务的出现创造了 12.1% 的全新就业机会（专车司机中有 12.1% 的人此前是没有工作的），并在一定程度上改善了司机的生存环境。滴滴平台大数据统计，滴滴专车司机月收入超过 3000 元以上的有 10 万人，可以认为在短短的几个月时间里，滴滴专车这个新业态创造了 10 万个就业岗位，很好地实现了大众创业目标。

（四）共享出行服务通过互联网平台建立良好的信息共享渠道，可以减少私家车的数量和汽车行驶里程

清华大学媒介调查实验室《2014 年移动出行白皮书》调查显示，随着专车移动出行服务的快速发展，我国 2015 年可以减少 1000 万辆私家车上路行驶，预计城市日平均拥堵时间比 2014 年下降 28.1%。同时共享服务有助于降低碳排放量，保护自然环境。欧洲的一项调查研究表明，汽车共享服务可以大幅减少汽车行驶里程数。在欧洲每个汽车共享用户大约会减少 28% ～ 45% 的汽车行驶里程数，而北美汽车共享用户平均会减少 44% 的汽车行驶里程数。汽车空载率每降低 10%，能够减少约 364 万吨碳排放量，相当于 3 亿棵树的全年生态补偿量。

综上所述，互联网共享出行对优化城市交通结构，节约社会资源，以及促进生态可持续发展都有积极意义。互联网共享出行的蒸蒸日上，并非完全是资本追逐造就的一场盛宴，支撑其高速发展的本源，还是在于满足大众消费需求，更加回归公众在交通出行方面所追求的更低价、更便利的内在规律。

二、互联网共享出行的市场业态

我国互联网共享出行形成社会规模效应是从专车服务共享起步的。从 2010 年互联网专车的出现开始，到经历滴滴、快滴两大巨头的补贴烧钱大战到握手言和之后的整合，我国互联网出行的共享服务市场已经基本形成了稳定的生态链。2016 年，中国互联网专车交易规模达 1438.7 亿元。数据服务商发布的数据显示，预计在 2017 年，中国互联网专车交易规模将达 2549.6 亿元人民币，较 2016 年增长 75.1%。预计到 2019 年，中国互联网专车交易规模将达 5034.8 亿元人民币，较 2017 年再翻一倍。

在市场初期，各互联网专车服务商以补贴、低价的方式迅速打开市场，培养了用户新的出行习惯。在经过初期的高速扩张之后，中国专车市场已形成了庞大的市场规模，用户增长率保持平稳。各专车服务商在扩张的同时，经营理念开始从提供基本的安全、隐私保障向拓展基于不同场景、不同人群的定制化服务转变。

进入现阶段，中国专车市场格局趋于稳定，人口红利优势减弱，专车市场在互联网用户中的渗透率增长趋缓，中国专车服务商将更多的资源从规模扩张转向着力提升用户体验，增强用户黏性。服务商从司机审核、司乘通讯、人身保险等方面加强对用户的安全保障；并针对孕妇、老年人、残疾人等特殊人群，以及聚会、商旅出行等细分场景推出场景化专车服务。

虽然中国专车市场用户体量庞大，商业模式清晰，但对专车服务企业来说，距实现全面盈利还有一段较长的路。中国专车服务商在深耕专车服务的同时，已开始将目光放到其他出行以及汽车金融、汽车电商、汽车后市场等领域。2016年，滴滴出行拓展租车、小巴服务，神州专车推出买买车、闪贷业务，易到宣布共享汽车生态战略。在盈利进程缓慢的情况下，专车服务商将积极扩大服务范围，布局产业链上下游，形成综合出行服务生态体系。

硬件共享的普及则是以2016年底出现的共享单车为标志。著名的“橙黄大战”之下，共享单车如雨后春笋般出现在大街小巷，并以星火燎原之势，席卷我国各大中城市，其中北上广深等一线城市的地铁站，商业区被各种颜色的单车占领，其经济、方便、高效的出行模式再一次刷新了人们对互联网共享出行的认知。截止到2017年2月，共享单车的参与企业已经超过30家，既包括摩拜、ofo等吸引到巨额融资的行业龙头，也有新入局的初创企业。竞争者虽多，但从本质来看，共享单车的发展早期是硬件的竞争，各大运营商通过尽可能多的投放单车来吸引用户。从2016年6月开始的半年时间里，摩拜单车投放量的增长幅度为62.6倍，ofo的增长幅度为32.5倍，排在后面的小蓝单车、永安行等小企业则增长缓慢。2017年8月统计数据分析，摩拜单车日均活跃用户量达729万，ofo则以568万排名次席。在APP周使用时长统计中，摩拜单车在8月最后一周表现为597万小时，ofo则为367万小时，而在APP日均使用时长方面，摩拜单车8月最后一周为85万小时，ofo为52万小时，摩拜单车体现出更高的用户黏性。

另据数据服务商发布的统计数据来看，摩拜单车和 ofo 之间的用户重叠程度达到了 20%，说明在投放的产品特质高度重合的情况下，互联网环境下的开放式竞争必然面临用户忠诚度较低的问题。用户在选择用车的时候，更多的关注的是眼前是否有车，而不会太关心具体品牌。因此，当共享单车扩张到一定的数量时，规模化运营就必须借助硬件、固件、软件、设计、大数据、云平台的紧密配合，否则就会陷入运营效率低、车辆毁损率高、用户产品体验下降等诸多问题。这也对互联网出行的商业运营模式创新提出了要求。

共享单车市场在极度繁荣的同时，也面临着一些社会问题。一是共享单车乱停乱放，如同垃圾一样被到处丢弃，挤占了人行道、非机动车道路、小区内活动广场等公共资源。而为了降低共享单车对于公共资源的破坏和侵占，大量的城市管理部门、环卫部门以及社区业主们只能自发进行整顿，这给城市公共服务部门造成了极大的困扰，成为公共管理难题。2017 年 9 月，中国多个城市叫停共享单车新增投放。北京交通委员会在公告中声明，将规范发展共享单车，制定相关停放区设置技术导则。因此要维系互联网共享出行的健康持续发展，制度建设必须紧跟形势变化。紧随于此，互联网出行行业也必须形成依托核心技术的竞争力来寻找新的机遇。

硬件共享形式在经历了比拼数量、覆盖面积等低端竞争后，未来探索发展与数据挖掘、物联网技术密切结合的核心竞争力是关键。2017 年 4 月 12 日，摩拜单车发布举办“摩数城市”发布会，宣布依托已覆盖全球 50 个城市的 300 万辆智能共享单车，数千万高活跃度用户，以及每天产生的超过 1TB 的数据，已建成全球最大的物联网平台。通过单车装配的智能锁硬件与人工智能平台无缝对接，满足人们轻松找车需求的同时，还能将所有骑行路线、时长、频率等全部变成数据反馈回摩拜人工智能平台，让后者通过人工智能、云计算等技术分析用户行为，不断改进产品和服务，给用户带去持续优化的产品体验。借助这一平台，摩拜单车实现了智能运维和精细化管理，破解了共享单车“潮汐效应”等运营难题，让共享单车进入良性发展轨道。

共享单车市场的繁荣极大地引起了人们对共享经济市场的兴趣，随之而来的共享汽车作为一种新的出行方式进入用户视线。共享汽车早在 20 世纪 40 年代就在瑞士出现，进入 21 世纪后，共享汽车在多个国家发展起来，2013 年上海推出 EVCARD 电动汽车分时租赁服务，标志着共享汽车在中国的发展。尽管该公司目前的市场应用覆盖率最高，但也一直发展缓慢，截止到 2017 年 6 月仅有 0.035% 的覆盖率。进入 2016 年，戴姆勒、上汽集团、首汽集团、力帆集团等汽车厂商开始加入竞争，但相比于专车市场的热闹非凡，包括途歇、EVCARD、既行 car2go 等共计 20 余家的共享汽车经营企业都还在发展初期，用户量级还较小，远未形成社会规模效应。

共享汽车作为私家车的替代品，表现出的节能、低碳环保、成本较驾车更低等优点，对优化城市交通结构、减少拥堵有一定的作用。但之所以发展缓慢，也受若干社会环境属性的制约。主要包括车辆闲置时的停车地点选择和费用支付问题，面对交通拥堵时的处置措施，如何吸引用户刚需等问题。这些问题有一部分是在运营实施过程中与现行的城市交通管理制度发生冲突所引起。因此，共享汽车发展的破局，既要谋求公共管理部门提供更多政策支持，又要探索商业模式上的颠覆性创新。共享汽车作为互联网出行的下一个潜力市场，有待商界精英来开垦、发掘。

三、互联网共享出行行业的用户行为

互联网技术的普及与革新使得所有的人、交通工具和互联网全都实时相连。网络、智能手机、定位服务不仅将地球缩小成了一个社区，同时也大大缩短了人们出行的距离和时间。根据公开资料整理的数据，中国智能手机用户数量在2018年将达到7亿，智能手机客户端目前可以搜到400余个共享出行类的APP，其中49.5%是单车类软件，17.5%是共享汽车类软件，19.1%是拼车软件，还有13.9%是传统租车APP。下文将以实时打车、共享单车、共享汽车这三种主流的共享出行方式为切入点，分析目前我国互联网共享出行行业的用户行为。

（一）用户属性分析

实时打车作为共享出行中成熟度最高的一种形式，其用户渗透范围最广，年龄分布也相对最为均匀。共享单车作为一种年轻化的出行方式，用户男女比例趋于平衡，林克艾普舆情监测数据显示，年龄分布上，20～39岁的年轻化群体成为共享单车用户的主力军，用户占比53.4%，主要以在校大学生、年轻的上班族为主，并且主要在一二线等人口密集城市集中，并伴随有用户规模急剧上升的趋势；2016年用户人数为455万人，2017年上升为742万人，预计2020年将超过1712万人。共享汽车的用户男性化且更为成熟，男性用户接近8成，其中80后男性最喜欢通过智能设备使用共享汽车，设备相比共享单车用户略高端；用户人群在一线城市占比也更高，达58.9%。

（二）出行特性分析

根据ofo小黄车、EVCARD和滴滴出行的平台数据，从人均出行频次指数来看，实时打车和共享单车的人均出行指数皆与城市发达程度呈正相关。最先接触共享出行这种消费模式的一线城市消费者最习惯使用共享出行方式，新一线和二线城市的消费者也惯常使用共享出行方式，且人均出行量与一线城市相差不大。相比之下，三线城市可被挖掘的市场空间还很大。而共享汽车在三线城市的人均出行指数反而远高于高线级城市，这也在一定上程度反映了在公共交通网络相对松散的低线级城市，亟待填补出行需求缺口。从消费理念来看，受“轻资产”观念影响，新生代消费人群不再执着产品的所有权，更愿意去享受使用的过程，共享的概念越来越被消费者广泛接受。共享并不是在数量上减少消费，而是确实改变了消费的本质，人们出行模式会由“一辆车解决所有出行场景”进化到出行优先选择最理想的方式。目前，滴滴、ofo 小黄车等实时打车和共享单车的共享模式已深入人心。消费者为减轻经济压力，选择共享汽车代替购买私家车的前景可观，根据汽车之家的平台数据，以常见的三个电动车型号荣威 E50、奇瑞 EQ 和宝马 i3 为例，选择购买车辆的每公里花费比使用共享汽车至少贵 0.56 元。

（三）通勤行为分析

根据滴滴出行平台的数据，实时打车作为最成熟的一种共享出行方式，主要集中在早晚高峰。早高峰主要集中在 8 ～ 10 点，主要满足了上班族通勤的需求；而晚高峰波动不明显，从 17 点持续到 22 点的时间区间内，都会有较为旺盛的出行需求。一线城市的用户无明显下班高峰，下班时间最不固定；相比之下，新一线城市和二线城市的用户更“朝九晚五”，生活更为规律。相比晚高峰，人们在早高峰期间可能会选择地铁等更稳定的出行方式，避免耽误上班。结束了一天的工作之后，人们则更愿意选择舒适、安静、直达的出行方式回家。

根据 ofo 小黄车平台数据，共享单车的用户工作日出行主要集中在早晚高峰的早上 7 ～ 9 点和傍晚 17 ～ 19 点，从订单比例来看，各线级城市对于共享单车的需求相近，订单量占当日总订单量的 41.8%，解决了早晚高峰短距离出行难的问题，全天呈 M 型分布，由于上下班时间不同，各线级城市晚高峰用车比较分散，相比一线城市，新一线、二线城市早高峰订单量占比低，晚高峰订单量占比高，侧面反映了较为准时的下班时间和更轻松的生活节奏。工作日期间，早高峰人们的骑行速度最快，比晚高峰时段速度快 11%，比普通时段快 17.8%，绝大部分在工作日出行的用户出行距离也集中在 1 公里～ 1.5 公里。由于路况复杂，一线城市整体来说骑速较慢。相比一线和新一线城市工作日早晚出行“来去匆匆”，低线级城市的用户更倾向下班后放慢车速，悠闲地骑行回家。相比一线、新一线城市，二线城市晚高峰车平均速度差最小，早晚高峰速度差最大。

根据 EVCARD 平台数据，共享汽车的用户工作日出行时间更早，上班出发时间集中在 7 ～ 9 点，晚高峰集中在 16 ～ 18 点，且晚高峰期间订单量比早高峰高出 22%，早晚高峰受到堵车影响，分别出现当日行车车速的最低值；大部分用户都居住在公共交通不算发达的近郊、远郊地区。对于交通不便、路程长的郊区上班族来说，共享汽车的通勤性是性价比较高的选择，在所有非私家车出行交通方式中，共享汽车省时、省钱、省力。共享汽车的女性用户的使用需求更倾向于购物、休闲娱乐，男性用户主要出于通勤的目的。

（四）日常出行行为分析

根据 ofo 小黄车、EVCARD 和滴滴出行的平台数据整理，除去节假日因素，实时打车、共享单车和共享汽车这三种共享出行方式的周变化趋势大体一致。周末订单更集中，远高于工作日，周六人们出行最为集中，周五作为“小周末”也出现了一个次高峰，侧面反映了共享出行满足人们非工作日出行放松、娱乐的需求。共享单车周末早 8 点的出行曲线呈上升趋势且更平滑，绝大多数用户活跃于 12 点到 18 点的午后时间。用户出行目的以更“接地气”的生活服务、休闲娱乐为主，相比长途出行，短距离出行场景兴趣点更丰富、更多元化，也满足了消费者高频且多元小微的出行需求。

共享汽车为深夜出行的用户提供了一种安全便利、私密稳定的出行方式。由于周末夜生活丰富，用户在周末的深夜用车需求比工作日更大。周末平均有 12.6% 的订单发生在深夜 11 点至凌晨 3 点之间，共享汽车填补了夜间公共交通的空白，给深夜出行的周末用户提供相对安全便利、私密稳定的出行方式。90 后共享汽车用户主要出入高等院校和住宅区，兴趣点交叉较少。相较于 90 后，80 后的出行路径更多元，其出行场景也覆盖了通勤、出差、购物、旅游等。

（五）制度技术情境分析

城市公共交通时间和空间资源分配不均，大量碎片化出行需求亟待满足，城市中心城区公交线路大部分在 23 点以后结束运营，偏远郊区公交车结束时间更早。相比中心城区公共路网的密集铺设，偏远郊区的公共交通站点分布非常稀疏，因而，仍有大量碎片化的出行需求暂时没有被覆盖，这为共享出行提供了广阔空间。

此外，天气因素对人们共享出行方式的选择产生较大影响。如北京出台了雾霾天私家车限行政策，使得很多人转乘公共交通，ofo平台数据显示，为了确保出行时间，很多人选择共享单车接驳公共交通，用户比正常天气高出38%；有数据表明，在恶劣天气下出租车呼叫量会大量增加，但出租车的订单成交量却没有明显变化，出租车已经无法满足恶劣天气下的巨大出行需求，实时打车、顺风车等共享出行方式可以帮助解决恶劣天气等出行难题。

随着城镇居民的可支配收入增加，人们的消费习惯会由基础型消费向服务型消费升级。拥有更多元化的出行选择后，人们潜在的出行需求被唤醒。社会经济基础日渐丰厚，人们越来越追求多元化、多层次的出行方式，共享出行在我国的迅速发展正是经济发展、消费升级的产物。生活质量受制于出行条件，共享出行的发展将在很大程度上削减空间阻力，弥补匮乏的出行方式，同时共享出行为人们带来安全、便利、清洁、节能且最优的出行方案。

四、互联网共享出行的商业模式

商业模式是一个企业满足消费者需求的系统，这个系统组织管理企业的各种资源，形成能够提供消费者无法自力而必须购买的产品和服务，它描述了企业与企业之间、企业的部门之间乃至与顾客之间、与渠道之间都存在各种各样的交易关系和联结方式。在互联网共享出行发展至今，主要具有以下3类商业模式：一是以滴滴出行、Uber为代表的C2C（Client to Client，客户对客户）模式；二是以神州专车、首汽约车、共享单车等为代表的B2C（Business to Client，公司对客户）模式；三是目前方兴未艾的P2P（Pear 2 Pear，对等租赁）模式。这三种商业模式的发展更迭具有很强的内在逻辑性。

在我国共享出行刚兴起的初期，C2C 模式提供了几乎零门槛的加盟方式，并迅速获得了规模庞大的用户群，并完成了快速的野蛮成长。但与此同时也衍生出了许多社会问题。一方面是出行安全问题，对司机身份、车辆安全性都没有审核，出行数据掌握在平台手中，导致安全管控几乎处于真空状态；另一方面是出行体验问题，行业缺乏统一的标准，不论是车辆还是司机，服务水平也参差不齐，导致各种争议时有发生。

针对上述问题，2016 年 7 月 28 日交通运输部发布了《网络预约出租汽车经营服务管理暂行办法》，对可从事网约车服务的司机、车辆、价格、保险情况都进行了明确规定。这相当于重新定义了互联网共享出行的行业标准，也给产业发展带来了巨大冲击。

首先就是成本剧增，大多数 C2C 平台的司机是业余要获得准入资格，车辆保险、维护、折旧等费用将会大幅增加，粗略估算在 10000 元 / 年。这会影响大多数 C2C 司机的选择，从而导致司机的流失。其次就是硬性淘汰，根据平台公布的数据，新政下符合条件的司机比例可能不超过 5%。尽管北京为政策完全落地提供了 5 个月缓冲期，但因为本质上符合条件的车辆太少，司机和车辆的流失从本质上扼杀了占主导地位的 C2C 模式。可以说，在新政之下现有的 C2C 平台已几乎没有生存的土壤。私家车要作为专业运营需要转为营运车辆，那本质上所呈现的服务共享就已经是 B2C 模式。

从全球视野来看，在共享出行方面，中国的 B2C 模式是独一无二的。有覆盖全国的神州专车，用户规模在中国专车市场位列第二，仅次于滴滴出行；地方性代表有北京的首汽约车、上海的大众出行等，都是采取 B2C 模式。共享出行的 B2C 模式一直以来饱受争议。一方面，被业内指责是重资产，其形式更像是租赁，且运作成本和用户消费价格比C2C平台偏高，各方面都毫无优势可言，与互联网共享所提倡的平台化、轻资产背道而驰。但从消费者的角度来看，神州专车等B2C平台的口碑却是遥遥领先。综合比较C2C模式和B2C模式的特点，其差异化主要表现在以下两个方面。(1)C2C模式能快速聚集司机和用户，因此从规模扩张上来看，具有得天独厚的优势；B2C模式需要建立从车辆到服务的完善管理体系，其发展规模必须可控，因此在车辆和司机数量上不可能和C2C模式抗衡。(2)B2C模式的优点在于标准化管理和规范化服务。统一车辆、统一服务的模式让安全变得更可控，车辆经过严格检验，司机经过严格筛选，可以保障乘客的出行安全；另一方面，统一培训可以输出标准化的服务，能提供更为完善的体验。

有鉴于此，B2C平台的现有特性与我国政府颁布的网约车新政所严格要求的标准化、规范化不谋而合。由此可见，网约车新政的出台是政府在一个合适的发展阶段，针对现有的市场状态和用户需求，对商业模式的一次表态。其管理方法对细节要求的严格性凸显了对B2C模式的认可。从全球视野来看，日本、美国各州出行服务、网约车等也有更严格要求。因此，共享出行的未来必然会是B2C占据主流，因为B2C的模式更符合中国市场。B2C在中国被官方认可，也释放出了政府鼓励创新的微妙信号，从某种意义上来说，C2C模式的沦陷也代表中国创新的共享模式的崛起。

共享单车的兴起也是B2C模式适应中国市场的一个明证。这类B2C模式与专车的互联网出行也有所不同。运营企业只投放硬件供用户使用，不直接提供服务。由于单个硬件的投放成本低，前期抢占市场份额多靠比拼硬件数量和覆盖面的野蛮投放，这也引起了一系列乱停乱放、挤占公共资源等社会问题。与网约车服务新政类似，北京市政府在2017年9月颁布了管理办法来规范共享单车，如限制投放数量，要求单车3年定期报废等若干规定，也充分体现了政府对共享出行新业态的统一标准和规范的要求。共享汽车的发展可以复制共享单车的B2C模式，但对于硬件资产管理，运维、车辆停放等共性问题的解决面临更多现实困难，因此现阶段还不具备普及条件，需要更为完善的措施来解决。

在我国政府主导认可B2C模式的同时，一直处于被专车压制地位的P2P租车或将迎来难得的机遇。同为共享出行的两个大业务，无论是国外还是国内，低频需求的P2P租车似乎一直举步维艰。美国的RelayRides、GetAround和Wheelz等P2P租车公司面临融资困难，扩张规模和发展速度都严重受限。

根据麻省理工学院约瑟夫教授（Eran Ben-Joseph）的计算，全球6亿辆轿车，占用城市活动的1/3空间。美国全国约2.6亿辆汽车，平均每辆有3个车位，全国有约8亿个停车位。经过调研发现私家车95%的时间停在停车场或其他可停车区域，占用一些城市中心1/3的土地，制造包括PM10在内高达每年200亿美元的污染成本。另有数据显示，一辆共享车可以盘活10%的闲置汽车资源，减少13辆车上路。每辆共享汽车所能替代的私家车数量，欧洲是4～11辆，北美为6～23辆；机动车行驶里程下降幅度也较高，欧洲为28%～45 %，北美为8%～80 %。对于大中城市备受交通拥堵压力困扰的中国，显然推进租车消费行为的普及，可以缓和城市交通压力。在北上广等城市实行买车摇号政策依然无法减低市民购车热情的同时，如果能有一个成熟的 P2P 租车方案提供，想必可以进一步发挥互联网共享出行的优势，提升居民出行效率。

P2P 租车的发展主要受困于共享经济模式中最大的信任问题。汽车资产价值较高，因此如何建立租用双方的价值权益保障是核心问题之一。中国的 P2P 租车备受“丢车维权”所困扰，背后彰显的更多的是消费者对 P2P 租车的普遍不信任。虽然此前已有央行发行了八家民营机构涉足个人征信来降低 P2P 租车的丢车风险，但 P2P 租车模式还需要更为有力的行动来破冰。网约车新政的实行，给 P2P 租车的发展提供了一个难得的契机。部分惨被淘汰的车主将车辆放在 P2P 租车平台增加了车源；公车改革改买为租，也将推动消费者接受租车出行的消费观念，大城市越来越糟糕的交通环境也促使政策向 P2P 租车倾斜；一些 P2P 租车公司也开始尝试分时租赁及汽车金融等服务创新来谋求发展。从外部环境利好到内部驱动，P2P 租车模式有望迎来自己的爆发期。

P2P 租车要想成为出行主流方式，由低频需求转为高频需求，满足随时随地租车将是最理想化状态，必须要做到简单、高效、密度三个核心要求。所谓简单，就是要求租车流程简化，目前共享租车多以低频长时租赁为主，如果想要介入出行更深，高频化就在所难免。从目前来看，汽车是大件财物，牵涉到非常多的环节，包括预约、下单、提车、归还甚至车辆检查等复杂流程，因此如何在保证车辆安全的情况下将租车流程最简化，是首先要解决的问题。追求高效就是要搭建快速撮合交易的平台。以国内 PP 租车、快快租车、宝驾租车、凹凸租车等为例，都是轻资产模式，这些企业搭建平台以撮合供需双方交易，并在这个基础上赚取利润。这就要求平台上出租车辆能够高密度覆盖城市各个角落，租客不用出社区就能有足够的车型可选，做到这两点就能牢固地抓住车主和租客两端。比如建立一种利用用车时间差的理想模式，私家车主开车上班后可将车辆租给自己公司或附近公司，或者企业利用时间差，将车辆在下班时间租赁给本司职员或附近职员，都可以让闲置车辆产生收益。

有关中国 P2P 租车发展情况，从现状、趋势及社会价值已经探讨很多，无论如何计算，P2P 租车是一种可见的符合共享特征的轻资产模式，但其发展和共享汽车类似，需要有更完善的保障模式来促进。从长远来看，互联网共享出行中的 P2P 租车定将是下一场盛宴。

五、首都共享出行的发展特点与形势

面对全国各地“互联网＋交通”的蓬勃发展，有商业机构提出了“互联网＋交通”指数来衡量一个城市交通的发展水平。著名的导航软件运营公司高德提出了 3 大指标来衡量“互联网＋交通”城市指数，这 3 大指标分别是：以手机地图、导航、网约车为代表的智能出行；以交通大数据开放、融合和创新为代表的智慧交通；以交通门户网站、微博微信号为代表的政务影响力。高德研究报告显示，在全国主要城市中，北京、广州、深圳、武汉、上海、天津、宁波、成都、重庆、西安分列“互联网＋交通”城市指数的前十位。其中，一线城市“北上广深”均进入了前五位，战略发展程度领跑全国。北京以 87.91 的指数在“互联网＋交通”发展方面独占鳌头。由此可见，北京作为首都城市和国际化大都市，首先成为我国互联网共享出行行业的战略高地。

北京作为我国的政治、文化、创新发展中心，另有多项数据显示北京互联网共享出行发展的现阶段特征。

（1）互联网共享属性的渗透率高，共享出行已成为首都市民选择的主要出行方式之一。根据滴滴出行与第一财经商业数据中心联合发布的《知道——华北城市智能出行大数据报告》，2016年上半年，华北地区共有3.51亿人次使用打车软件智能出行，其中，北京、太原、天津三地智能出行渗透率居于前列。滴滴平台大数据显示，北京的一位乘客在今年2016年上半年共完成598单，成为华北地区的“网约车之王”，这相当于每天打车3.98次。

（2）互联网出行显著改善了首都城市交通服务质量，缩减了市民等车时间，提升了市民的出行效率。具体来看，北京地区乘客使用滴滴出行，人均等车时间仅为5.6分钟。按北京市人力资源和社会保障局公布的2015年度北京市职工7086元的月平均工资计算，滴滴每天为北京市民节省21.8万小时的等车时间，约合人民币872万元。另有数据显示，互联网共享出行平台让打车变得容易，让等车变得更高效。罗兰贝格发布的《移动互联下的城市综合出行变革》报告显示，北京乘客路边扬招出租车时平均等车时间为11.9分钟，10分钟内打车成功的比例仅占40%。而得益于大数据驱动的智能匹配调度体系以及领先的规模优势，在滴滴平台上，北京地区订单在10秒内被接单的比例高达87%。

（3）共享出行在一定程度上解决了首都出行的顽疾，提升了中心城区和其周围卫星城镇的通勤效率。具体而言，共享出行确实解决了上下班通勤“最后一公里”的难题。滴滴平台大数据显示，北京地区上班族平均通勤距离达18km，平均通勤时间达54分钟，成为华北地区“上班路最长最耗时”的城市。北京五环外每天有78万人次智能出行，其中62%的出行起点或终点位于公共交通空白区域，北京地区每天有27.8万人次的出行是来往于地铁和写字楼、商场和住宅之间，工作日早晚高峰期间更是超过

20% 的订单行程起点或终点在地铁站 500M 服务区之内。共享平台借助大数据分析技术，针对人流统计情况进行派车布点，提高接运用户效率，提升了市民出行体验。摩拜、ofo 等共享单车则提供了城市中心区的地铁站和办公区之间的高效接驳，随用随取的便捷方式节省了转乘公交的等车时间，橙黄色单车跟随早晚高峰在街巷间的大规模迁移已经成为城市的一道新风景。

共享出行借助互联网信息自由流通带来的需求信息聚合能力，进一步丰富了首都与其卫星城镇之间的出行选择。据相关资料显示，燕郊已经成为环北京地区最活跃的卫星城。除了快车、专车和顺风车等出行方式外，滴滴公交也于去年 10 月开通了燕郊进京的专线班车，这也是第一批进入滴滴公交平台的线路。截至目前，数条往返燕郊和北京主城区的专线班车均平稳运营，进一步解决了“燕郊上班族”的出行需求。过去一年，燕郊地区的互联网出行总量呈爆发性增长，月均增长率达到了 57.8%。大幅猛增的出行量也使得燕郊成为中国名副其实的互联网出行第一镇。

（4）互联网共享出行的发展为首都带来了可观的环保效益。北京理工大学能源与环境政策研究中心提供的研究数据表明：根据 2016 年北京、天津、石家庄三市的滴滴顺风车、滴滴快车拼车的用户渗透率和订单情况，市民通过滴滴顺风车、滴滴快车拼车出行，过去一年为三市减排 26 万吨二氧化碳，这相当于在华北种植 851 万棵树的绿化林一年的二氧化碳吸收量。

尽管互联网共享的发展已经给首都的交通出行带来了可喜的改善，但城市的出行总需求仍待满足。北京市出租车每天的出行量约为 178 万人次，当前智能出行平台每天能提供 189 万人次出行，这相当于提升现有出租车水平 1.1 倍，但与北京每天潜在 500

万人次的小汽车出行需求相比，仍有巨大的市场空间可以挖掘。

互联网共享出行在首都得以生根、发芽并领跑全国，与北京现阶段的城市发展阶段、健全的互联网基础设施建设、活跃的创业创新氛围以及政府相关政策的明确指导是密切相关的。

其一，北京的城市发展阶段为互联网共享出行提供了合适的培育温床。公众所面临的“打车难”“最后一公里”等现实问题，为互联网共享出行新兴业态的萌芽提供了合适的环境。这也使得这一新兴业态能通过野蛮扩张迅速成长并形成社会效应。北京作为我国著名的网都之一，完善的移动互联网基础设施建设为居民通过智能终端随时随地使用“互联网 + 出行”服务提供了可靠的硬件基础。

其二，首都活跃的创业创新氛围吸引了一大批共享出行企业在北京落户。北京作为互联网创新创业的试验田，吸引了滴滴、摩拜、ofo 等一大批共享出行的龙头企业落户中关村。北京也成为各大明星企业最初战略扩张时的必争之地。这种充分的商业竞争也推动了不同商业模式的大放异彩，推动了互联网共享出行行业的高速发展和进化。

其三，北京作为政治文化中心，对新兴事物的监管都采取的是全国最严格的标准。因此在互联网出行的快速扩张带来一系列社会问题时，政府会及时出台明确的政策加以规范引导。而这类政策在很大程度上成为全国其他城市的示范和标杆，对于促进行业的全面健康发展起到引领作用。

六、互联网共享出行行业未来发展趋势

共享的本质，就是在技术的驱动下由原来的分散的、碎片化的服务变成集聚化的服务，并在此基础上逐步提升体验感。共享

经济的最终目标，还是要提升社会资源的利用率，给公众带来可见的便利，才能获得生生不息的生命力。交通出行作为人类生活必备的行为，其最本源的规律是对安全性、便利性、快捷性、舒适性的要求。互联网共享出行的发展之所以获得了井喷式的爆发，其本质原因就是其提供的服务方式比传统的公交、出租车、汽车更能满足公众交通出行的根本需求。互联网共享出行后续发展可从以下三个方面继续发力。

（一）创新服务模式以更好迎合公众需求

互联网共享出行的大受欢迎已经证明了大众消费者从“拥有”到“共享使用”消费理念的转变，也促使了全新的消费文化的形成。人们逐渐偏向选择花费更低、更加环保的共享出行方式。由此来看，共享汽车、分时租赁、P2P 租车等服务模式的经营，是互联网共享出行的下一块蛋糕。共享出行依赖于完善的征信体系建设，通过建立基于平台的信用保障体系来解决共享中的信任问题。目前，全国信用信息共享平台已联通 37 个部门和所有省区市，累计归集各类信用信息超过 8 亿条，实现了信用信息查询、红黑名单、守信联合激励和失信联合惩戒等功能，越来越多的部门在办理行政许可、项目审核、评先评优等工作过程中查询信用信息。共享出行企业共享政府部门掌握的可公开的各领域信用信息，对严重违法失信的人限制其使用共享单车，对信用良好的人，可以优先使用，提供免付押金等便利服务。随着征信体系的完善，一旦形成了足以担保汽车大额资产的征信价值，新的服务模式就会被消费者接受。

（二）构建覆盖所有出行场景的共享交通体系

从传统的售卖、租赁到提供每个细分场景最佳出行方式，再到综合性出行平台的出现，未来的共享出行模式将提供集成式的多样出行方式。以传统租车服务为主的共享出行1.0时代，再到以多样、智能的服务方式为主的共享出行2.0时代，共享出行3.0时代将会是共享出行和公共交通的完美整合的无缝、高效、集成式的城市发展模型。

目前来看，共享单车主要解决早晚高峰、短途出行、与城市公交系统接驳的问题；实时打车丰富便利了城市夜生活；而分时租赁弥补了深夜公共交通的空白。这种城市基础设施资源的稀缺性，将会使共享出行成为城市基础设施资源的替补方式，进一步推动共享行业的持续发展。

（三）强强联合构建“一站式出行”服务体系

2017年4月27日，共享单车运营品牌ofo正式接入滴滴出行平台。滴滴用户可通过滴滴出行APP陆续在全国直接使用ofo单车，享受无缝接驳、灵活环保的便捷出行体验。这类不同交通出行方式的巨头企业之间的整合将成为互联网共享平台化的下一个发展方向。这类整合对共享出行的促进作用主要体现在以下两个方面。

首先，ofo将获得有精准出行需求的滴滴用户加持。双方将在用户注册、认证、押金缴纳、在线支付、客服方面全线打通；相当于ofo对接了滴滴4亿具有精准的出行需求的用户，入口的开放会带来用户增量和活跃度的提升。其次，重新定义单车+公交的智慧组合出行模式，让智慧出行成为可能。此次ofo与滴滴公交进行深度融合，滴滴公交的实时查询产品将在算法模型中加入ofo的行驶路线，为用户规划骑行和公交的最佳接驳方案。尤其是在城市拥堵的场景下，ofo可以借助滴滴的算法与大数据优势，智能地根据实时路况，匹配出最优的交通出行组合方案，大量节省用户宝贵的时间。此举进一步解决用户出行“最后一公里”

的问题，成为城市高效出行解决方案中的重要一环，也将有效提升公共交通出行分担率，节省道路资源，减缓拥堵。

综上所述，互联网共享出行将会以更高效、便捷的方式继续服务并改变我们的生活，成为推进智慧城市建设的必备基础设施。

第二节　北京社区信息化建设案例分析

一、导论：社区信息化发展概述

（一）社区信息化发展的时代背景

随着改革开放的深入，我国生产力得到了飞速发展，城市化水平明显提高，城镇化建设成就瞩目。不过城市化进程的快速推进使城市人口急剧增加，不同生活背景、生活习惯的人群汇聚于城市，也使各种社会矛盾频频爆发，对城市管理提出了严峻的挑战。社区管理是城市管理的重要组成部分，也是当前社会管理的热点难点所在，层出不穷的新问题时刻考验着党和政府的社会服务能力。中办发〔2000〕23 号文件指出“社区是指聚居在一定地域范围内人们所组成的社会生活共同体”。社区在社会发展中承担着重要的经济支持、社会控制管理、社会福利保障等功能。因而无论在发达国家还是发展中国家，社区均成为政府与群众联系的桥梁和纽带，成为政府实施其社会发展、社会管理功能的载体。面对日新月异的社会环境和日益增多的社区问题，利用新时代的科学技术和工作模式对社区管理进行改革创新迫在眉睫。

20 世纪 90 年代伴随着大中型城市改造提出了社区建设这个话题，随之社区建设开始提上日程，不料刚一开始就碰上了难题——信息化时代到来，所以我国社区建设从一开始就是信息化建设模式。与传统管理模式不同的是，社区信息化是指以居民需求为导向，综合利用信息技术手段，整合社区资源，为社区居民提供全方位信息服务，提高社区管理和服务水平。我国的社区信息化建设大致经历了三个阶段，第一阶段是从 20 世纪 90 年代到 2006 年，是数字社区建设阶段，致力于提升社区的数字化服务水平；第二阶段是 2006 年到 2010 年，是和谐社区建设阶段，致力于人口数据的采集整理和数据资源的共享；第三阶段是 2010 年到 2013 年，是社会管理创新阶段，信息化管理幅度从人口统计扩展到社区资源和社区服务。 而自 2013 年以来，随着信息技术的发展和社会环境的改善，社区居民的生活方式出现了很多新变化，产生了很多新需求，对社区服务水平和服务能力提出了更加严格的要求。同时应该明确的一点就是，我国的社区建设自提出以来，就是以政府为主导。党的十六大就提出“完善城市居民自治，建设管理有序、文明祥和的新型社区”的目标；党的十七大进一步强调“推进电子政务，强化社会管理和公共服务”；党的十八大更是明确提出了要运用现代化信息手段进行社会服务和管理，加强政府信息化服务平台、视频监控、网格化社会管理中的信息采集等信息建设。从国家大层面的发展来看，社区信息化建设是 2006—2020 年国家信息化发展战略、国家基本公共服务体系“十二五”规划和社区服务体系建设规划的共同要求。

在社区信息化建设试点过程中，福建、杭州等省市取得了显著成效，极大地提高了社区服务水平，加强了居民与社区之间的联系，提升了社区幸福度。近年来，北京市朝阳区也高度重视社区信息化建设。如该区提出，2016 年，将以打造“百个绿色智慧平安社区”为抓手，构建党建区域化、自治单元化、协商民主化、服务精准化、管理精细化“五化协同”社区治理模式。在具体实践层面，朝阳区提出要在全区创建 181 个智慧社区，培育推广实用性强的 APP、公众号等社区信息化建设项目，让居民享受更便捷的服务。

和平街街道在社区信息化建设的总体背景之下，结合本街道的实际情况，按照“便民、惠民、利民”的原则，进行了诸多卓有成效的探索，逐渐形成了社区信息化建设的特色。如该街道正在尝试建立的社区共治 APP，通过“党建统领”“政府管理”“居民共治”“志愿反哺”“社区服务”等几大模块，构建起智能高效便民的服务体系和全面高效的社区管理服务体系，力图实现社区居民“吃、住、行、游、购、娱、健”生活七大要素的数字化、网络化、智能化、互动化和协同化。打造在“互联网 +”时代下的新型社区管理模式，建设一个平安、和谐、高效的社会主义新社区。

据 2014 年举办的“互联网和智慧社区建设高端研讨会”，邻里中国网已建成一个总网——邻里中国网和 2900 个覆盖全国所有区县的分网站，中间包含 20 万个社会最基本单位——小区网页。从 2013 年下半年至今，已有 200 多家邻里分站被共同创业者领走，东北至黑龙江、内蒙古，西北至新疆阿克苏，西南到西藏，东南到广东，除海南省外，已辐射大陆 30 个省、自治区、直辖市。一些加盟者利用邻里中国网的平台，在短时间内，开展许多有声有色的活动，这些系列活动有效地促进了邻里关系和睦，社区和谐发展。

当今世界，信息技术创新日新月异，以数字化、网络化、智能化为特征的信息化浪潮蓬勃兴起。没有信息化就没有现代化。适应和引领经济发展新常态，增强发展新动力，需要将信息化贯穿于我国现代化进程的始终，加快释放信息化发展的巨大潜能。以信息化驱动现代化、建设网络强国，是落实“四个全面”战略布局的重要举措，是实现“两个一百年”奋斗目标和中华民族伟大复兴中国梦的必然选择。

在这一战略背景下，实现社会建设的现代化、信息化势在必行，社会管理作为社会建设的关键环节理应跟上政策要求。但是现实情况是，当前我国的社区治理模式普遍面临着“居委会困境”和“共同体困境”，要突破这双重困境，必须创新社区管理体制，建立起既能够保障居委会自治功能发挥，又能够保障各项行政事务在社区“落地”，同时也能够吸纳社区居民广泛参与的新型社区治理模式。

因此紧跟信息化潮流，利用日益发达的现代技术和和日渐严密的社会网络进行社区信息化建设有利于加强政府管理职能，提高政府的服务水平，实现公共管理和社会服务的便民化、规范化和精确化，研究社区信息化对提升政府和社会的治理能力、构建社会主义新型社会管理机制有着极其重要的借鉴意义。

（二）社区信息化建设的意义及重要性

社区信息化建设是国家信息化发展的重点环节，社区公共服务综合信息平台建设是社区信息化建设的基础工程，依托于社区公共服务综合信息平台的社区信息化建设对社会进步有着极其重要的意义。就当前的时代背景和社会环境而言，社区信息化建设主要围绕政府、社区和居民三个主体，采取自上而下的形式加以实施，社区信息化建设的意义也主要体现在三个主体上。

社区信息化建设对于政府而言，有利于扩大政务信息共享，降低行政管理成本，增强行政运行效能，推动基层政府向服务型政府转型。对于社区而言，社区信息化建设有利于减轻社区组织的工作负担，改善社区组织的工作条件，优化社区自治环境，提升社区服务和管理能力；有利于保障基本公共服务均等供给，改进基本公共服务提供方式，拓展社区服务内容和领域，为建立多元化、多层次的社区服务体系打下良好基础。对于居民而言，社区信息化建设有利于加强社区归属感，享受方便快捷的服务，及时有效地维护自身权益。总之，社区信息化建设的发展有利于加强政府、社区和居民三者之间的联系，缩减不必要的环节，使三者之间可以互相形成直接有效的沟通，共同建设社会主义和谐社会。

此外，因为“互联网+”时代的到来，信息化服务和实体服务以“虚实结合”的形式在推广普及新知识、新技术方面发挥出显著效果，有利于借助科技的力量养成规律、健康、低碳、绿色的生活方式，贯彻落实可持续发展战略。

开展社区信息化建设的重要性主要体现在：

第一，社区信息化建设的开展，是现代社区治理创新的重要举措之一。

社区信息化建设工作的开展，着眼于扩大公共服务的领域与渠道，建立健全社区服务网络系统，建设起为民服务管理的综合网络平台，对提升社会整体管理水平和社会公共服务能力，服务和完善各项民生工程，推动社会主义和谐社会的建设有着十分重要的意义。

第二，社区信息化建设的开展，是为满足城乡居民日益增长的社区服务要求，拓宽帮扶社会弱势群体的渠道。

第二，社区信息化建设的开展，是整合政府与社会的服务资源，从而更好地实现为民服务的要求。

第四，社区信息化建设的开展，是促进现代社区建设，提升社区管理水平和工作效率的要求。

第五，社区信息化建设的开展，是推动高技术支撑的劳动密集型服务业快速发展的需要。

（三）国内外社区信息化的发展现状及特点

信息化是当今世界社会发展的大趋势，信息化水平不仅代表国家的现代化程度，更是国家综合实力的象征，是维护国家安全、荣誉的软武器。随着全球化程度的不断加深，信息全球化得到广泛关注，社区信息化建设的全球差异逐渐凸显，就发展现状和特点而言表现如下。

国外社区信息化建设起步早，历时长，影响范围广。联合国最早在 1957 年提出在发达国家倡导社区工作，经过几十年的发展，美国、英国、加拿大、澳大利亚等众多国家形成了完备的城市社区管理体系，不同国家采取了不同的发展模式，比如英国的政企协作建设机制、加拿大的地区多样化建设机制和韩国的从点到面建设机制等。

我国社区信息化建设起步晚、发展迅速、地区差异大，至今未形成统一的发展模式。自 20 世纪 90 年代开始，我国大部分城区都开展了社区信息化建设工作，不仅在北京、上海、深圳等地取得显著成果，而且结合地区差异形成了各具特色的发展模式，比如杭州市上城区“二化四网六平台”社区信息化模式，就是充分运用信息化手段创新社区治理模式，实现了社区的复合治理和参与式治理，并形成了“国家—市场—社会合作共治”的新型社区治理模式。

2009 年，民政部在北京、上海等 7 个城市启动了社区信息化建设示范工程，以社区服务信息化为起点展开，社区管理信息化既而随着政府上网工程的启动也逐步开展。与此同时，以市场力量为主导的电子商务和社区信息化基础设施建设陆续开始。这里，我们着重对杭州、宁波等城市的社区信息化建设情况进行分析。

1. 宁波市海曙区社区信息化建设

海曙区是宁波市中心城区。近年来，宁波全面推进智慧城市建设契机，加大信息资源整合开发利用力度，推进智慧社区建设，使公共服务更加高效，居民生活服务更加便捷，努力实现服务"零等待、零障碍、零距离"目标，让越来越多的人感受到智慧的幸福。

（1）完善智慧基础，逐步形成覆盖全区的智慧社区设施网络。在政策上，出台进一步加强社区建设的文件，科学规划社区服务设施的数量、规模、选址布点、功能设计和建设方式，着力打造功能完备、设施齐全、运转有效、人气聚集的社区便民服务中心、社区居民活动中心和社区组织办公场所。在基础建设上，目前海曙区已成为全省第一个全面实现光网接入的城区，"海曙数字社区"已经形成了 1 个社区总站、75 个社区子站的格局，各子站之间既相互独立，又能有机衔接，真正实现信息共享，为广大社区居民和社会公众提供相关信息服务。在队伍建设上，注重加强社区信息管理队伍建设，落实专兼职社区网络管理员，并配备一名区级网络设计师，负责管理网站和信息管理系统后台，确保全区社区网站和信息管理系统的高稳定性和高可靠性。

（2）推进智慧服务，加快形成更加智能、高效、便民的服务平台。一方面，建立起综合性、开放式、互动型的社区信息服务平台。目前海曙区已建立了计生、综治、社保、民政、老龄等信息管理工作平台和社区档案台账一体化管理信息系统，初步实现社区一次性输入、多平台共享，凡不涉密的信息资源还向居民开放，这不仅替代了原先繁琐并重复性的手工劳动，使日常工作更加便捷、信息传达更加及时，有效提升了工作效率，提高了服务质量，同时也让居民在社区享受到“一站式、互动式、高效率”的在线办事服务。另一方面，开通社区公共服务信息发布和开展居民沟通协商的新渠道，科学引导社区建立微博群，了解不同职业、不同年龄、不同文化层次、不同兴趣爱好社区居民的个性需求，及时发布官方声音，传播正确信息；及时收集民意诉求，掌握舆情动向，扩大了社区居务居情公开的渠道，提高社区服务精细化水平，从而将社区公共服务、便民利民服务、志愿互助服务覆盖到社区全体居民。

（3）提升智慧生活，形成更加安全、高效、全面的社区服务体系。区级层面以 81890 求助服务中心为依托，面向全体居民提供包括信息查询、家政服务、医疗服务、紧急援助、法律维权、精神养老等完善的生活求助服务，使居民可以随时随地获得最新、最准确和最全面的周边生活消费信息。另外还建立为弱智者、痴呆老人、精神病人、低龄儿童等特殊人群提供紧急医疗救助、健康咨询、位置查询、应急呼叫等多种服务的“一找灵”GPS 定位系统。街道层面依托街道社区服务中心，连接各部门为居民服务的信息平台，把民政、社保、计生、城管、综合治理等诸多职能集于一体，开展“一站式”服务，方便居民办理相关行政事务。社区层面加强社区便民服务中心建设，依托社区信息服务平台，面向广大居民，重点是面向困难群体，积极挖掘社区内部的服务资源，因地制宜发展以社区商贸服务、家庭服务和物业服务为重点的社区便民利民服务，形成“十分钟生活服务圈”，为居民提供更加多样化、便捷化、个性化的服务，特别是帮助老年人、残疾人、下岗失业人员等生活困难群体解决实际问题。

2. 杭州社区信息化建设

杭州社区网由原杭州 96345 市民呼叫服务中心发展而来，它充分利用现有资源并结合全市各种信息化项目，为 700 万杭州市民提供信息化便民服务，由杭州市发改委、杭州市民政局主办，杭州市信息中心承办。杭州社区网选择的是政府投资、企业参与运营和管理的建设模式，开发了连接市、区、街道、社区的四层社区信息系统，与杭州 250 个社区（村）信息化平台互联互通，共享数据库资源，形成包含政务、养老、福利、交通、旅游、住宿、教育、培训、保洁、家政、美容、购物等集“电子政务”和“电子商务”于一体的信息平台，并具有极强的安全性、灵活性和扩展性，实现了多种接入手段和各类通信网络的互联互通，让社区居民得到全方位的社区服务的同时，有力促进了杭州市电子政务和电子商务发展，推动了城市信息化发展。

这些模式虽然都产生了显著的影响和示范作用，但是各城市的实践仍处在探索和深化阶段，尚未形成真正意义上的自治型社区，在社区信息化的推进过程中，问题和弊端也渐渐浮出水面，主要体现在以下几个方面。

一是政府主体作用太突出。各城市基层管理体制改革中，普遍利用政府职能为社会信息化提供政策支持和制度保障，但也造成政府职能向下延伸，降低了社区对自身资源的支配权和参与决策的自治权，模糊了政府和社区之间的职能界限，社区只是承担政策实施的义务，严重打击了社区工作者的工作热情。同时由于政府对社区实际情况缺乏直观、准确的认识，在制定政策、发挥职能的过程中经常出现冗杂、重复等问题，造成政府和社区双方职能重合、资源浪费现象。

二是各组织之间职能分区和关系不明确。社区信息化的目标是利用网络通信、信息技术等现代技术手段将社会资源与政府资源进行有效的对接和整合，以社区服务管理为核心，管理与服务相辅相成，构建纵向衔接政府（市、区、县）、街（街道办事处）、居（社区居委会）网络，横向贯通公安、民政、劳动、计生等业务部门的大型业务支撑平台。向社区用户（包括政府、居民、企业、社团组织）提供手机、互联网、信息亭、数字电视、多功能卡等多种渠道的方便服务，从而全面实现社区的数字化、信息化乃至智慧化的管理和服务目标。从这个概念来看，社区信息化需要连接政府决策机构、社区、企业、街道办、物业管理部门和电信部门、公安部门、财政部门等职能部们，社区信息化需要各部门在各司其职的基础上形成高度密集的联系网，以实现纵向的目标落实和横向上的有效沟通。而目前的社区信息化建设的实施环节中，因各组织之间关系不够明确导致信息化建设困难重重。

三是难以实现服务与居民需求的有效对接。长期以来自上而下的管理模式使政府部门在提供服务时想当然地各行其是，没有切实了解居民的实际需求，虽然社区推出了众多服务，但却收效甚微。

二、北京市朝阳区和平街街道社区信息化建设

国内外社区信息化建设的理念和成功的经验对和平街街道社区信息化建设具有一定的借鉴意义，然而由于和平街社区与其他城市社区的经济发展水平、文化背景具有一定差异，其社区信息化的模式和发展路径也应有所不同，不可盲目照搬。和平街道社区信息化建设有其一定的独特性与优势。

（一）和平街街道概况

和平街街道位于朝阳区西北部，东以城铁 13 号线为界，西

至安外大街，南起北二环路，北至元大都公园，街道建于1956年，辖区面积4.54平方公里。根据第六次人口普查，街道共有人口14万人，其中常住人口近11万，流动人口3万多。街道自2000年开始大社区建设，2001年将辖区划分为7个大社区，同年成立了社区党委、社区居委会。2007年根据街道社区实际，调整增加2个新社区，2009年根据市、区相关文件，在每个社区建立了社区服务站。目前街道共有9个社区，每个社区三套人马，即社区党委、社区居委会、社区服务站，共有社区工作者131名（平均每个社区14名左右，其中社区党委2至3人，社区居委会5至7人，社区服务站3至5人）。辖区内有10余家科研院所、近10家文化艺术团体、3所大专院校、1所成人教育学院、1所中专、3所中学和3所小学。随着城市化的不断推进，社区呈现新型社区多、流动人口多、老龄化人口多等特点，居民对事务的办理和各种便民服务的要求日渐增加，传统的工作理念和服务模式已不能满足广大居民的需求，这就对社区服务提出了新的要求，并且社区群众的物质、文化、生活需求日益呈现多样化、多层次的趋势，给社区服务提出了更高的要求和挑战，和平街街道在社区信息化建设的总体背景之下，结合本街道的实际情况，按照“便民、惠民、利民”的原则，进行了诸多卓有成效的探索，逐渐形成了独有的社区信息化建设特色。

（二）和平街街道社区信息化建设现状

和平街街道所辖社区以科学发展观为统领，围绕《智慧北京行动纲要》和实现“人文北京、科技北京、绿色北京”，建设中国特色世界城市的战略目标，着眼长远，立足实际，明确“十二五”期间我市智慧社区建设的着力点、发展方向和建设标准，规范、指导、推进智慧社区建设工作，使智慧社区建设在科学、合理的标准指导下稳步扎实推进。

为建设平安、精致、温馨、文明的和平街街道，和平街在十四区社区和煤炭科技苑社区试点建设智慧型社区，充分整合社区现有信息网络资源，坚持与社区综合服务热线等其他咨询、服务渠道相结合，建设集社区管理、社区服务和社区互动于一体的社区信息服务网络，逐步改善社区居委会、社区服务站和社区党委“三驾马车”的信息技术装备条件，提高社区居民信息技术运用能力，全面支撑社区工作。

试点社区在“团结、建设、服务、创新”的工作定位基础上，秉承“依法、公开、高效、便民”的服务理念，作为先行试点围绕“社区管理、社区服务、社区互动”推出了“1+1+N”智慧型社区网络体系，即社区网站、居民互动平台建设和N种服务（自助服务、公共服务、预约服务、应急管理服务等），本网络体系遵循惠民、便民、利民原则，核心突出社区实时互动和在线服务，为社区居民提供优质、高效、便捷的网上服务，重点服务社区弱势群体（老人、儿童、残障人员等），同时调动居民参与社区建设和社区自治的积极性。

和平街街道共有9个社区，随着信息化时代的到来，目前和平街街道社区信息化建设日益完备，并不断探索，使社区信息化建设更加全面化、深入化。其成果主要表现在以下几个方面。

1. 完善辖区信息基础设施建设

和平街街道社区不断完善辖区信息基础设施建设，为建设“智慧型社区”奠定了扎实的基础，为居民提供了高速畅通的网络环境。

首先，在网络设施方面，和平街街道高清交互数字电视入户率逐年提高，高清数字电视网络接入能力实现全覆盖，并积极探索在高清交互数字电视终端开设智慧社区专区。此外，接入社区和家庭的互联网宽带逐步提高，家庭用户宽带接入能力达到100兆，社区宽带接入能力达到1000兆，WIFI无线网络公共场所按需覆盖。具体来说，在和平街，中国联通已对十四区社区所有居民楼进行光纤改造，光纤宽带网覆盖辖区2700余户家庭，户均接入带宽达到10Mbps。社区服务站、居委会实现居民无线免费上网，社区公共区域已经全部覆盖2G、3G无线网络，为以后深入推进智慧社区建设打下了良好的基础。除此之外，和平街还能够进一步探索和丰富物联网、云计算、北斗和移动互联网等新一代信息技术在社区的应用。

其次，在硬件设施方面，社区办公电脑配置达到每位社区工作人员1台。社区能够为居民提供信息化知识、上网技能培训、就近上网等服务。并且能够根据居民需求，稳步推广便民服务缴费终端网络建设，为居民提供更加便捷、安全的缴费服务。

最后，在便民服务终端方面，和平街将社区网站服务体系升级为智慧社区门户网站，不断强化网站服务功能，积极推进社区在线服务，公开在线服务项目流程、服务指南，为居民提供了更加便捷高效的“一网式”服务；还能够整合利用社区电子信息显示屏，作为智慧社区生活服务信息发布平台，为居民提供“一屏式”服务。把96156社区服务热线作为智慧社区服务热线，充分发挥并不断强化96156的服务功能，为居民提供“一线式”服务；推广北京社会服务之窗APP应用，逐步将其建设成为集党务服务、政务服务、社会服务于一体的社会建设服务资源库，为居民提供手中必备、生活必需、幸福必达的“一窗式”服务。

2. 完善社区网站职能，推动智慧社区建设

社区网站是立足于社区居民信息和需求的网站，它不仅仅带

动了居民参与社区生活的需求，而且还带动了整个社区的发展。各种信息都经过社区网站这个平台进行传递，让信息及时全面地发布，社区和网络的连接促进了居民的生活步伐，带动了网络文化、社区文化的传播，社区门户网站不仅仅为居民提供了日常的需求信息，更是把社区居民的生活和网络联系起来，让信息服务于居民。

社区网站基本实现了以下核心功能。

（1）信息发布功能

自网站运行以来，发布各类信息 1700 余篇，将政府最新精神指示和政策信息、社区周边便民信息、社区活动信息以及吃、住、行、游、购、娱、健等生活信息及时发布，居民可通过网站获得最准确和最全面的周边生活消费信息。

（2）社区服务功能

一刻钟服务圈相关功能，服务商信息，社区问题队伍和志愿者队伍等社会组织服务信息发布，社区共有服务商 40 家，其中设立便民服务网点 5 处，为居民提供蔬菜、水果供应及家电维修等服务。在社区周边还有以玛丽妇婴医院、京客隆超市青年沟店、天外天烤鸭店等大型服务网点为主的，以社区周边与居民生活有关的餐饮服务 12 家、便民服务类 16 家、购物服务类 11 家、医疗卫生类 2 家、修理修配类 6 家、其他服务类 17 家等服务商为辅的，为居民提供衣、食、住、行及生活娱乐等多方面的服务渠道，特别是为独居、行动不便、紧急救助等人员提供便捷快速通道，提升为老服务水平。

（3）公共服务

以社区、家庭和居民为服务对象，以贫困群体、老年人、残疾人、失业人员等特殊群体为重点，以综合事务、福利、计生、社保、治安、文化等多个政务公共服务为切入点，通过“一按铃小呼叫”“小帮手”、歌华有线、家庭固话等方式进行日常信息的检索，其中，社区共为235人办理小帮手智能手机，为94位行动不便老人安装“一按铃小呼叫”系统，为27位残疾人安装可视门铃，同时，社区还协调社会单位为社区弱势群体提供就餐、理发、家政、维修等日常服务，为他们提供便捷快速通道，完善网络公共服务资源。

（4）居民自治管理功能

社区居民为网站信息员，社区现有网站信息员32个，基本涵盖社区所有楼院，参与并监督社区事务管理。

3. 推进为民服务信息化水平

社区依托网站建立健全的网络资源信息体系，为社区、居民、便民服务商提供快捷、方便、高效的服务并建立对应的社区管理体系。居民可以通过互动平台在线办事并向社区工作人员咨询政策法规，与工作人员预约后，可采取代办、上门等主动服务，当前，社区网站访问量已达到11900余次，咨询770余次，为居民办理各项事务430余件，事件办结率100%。

各社区服务涉及了居民生活的方方面面。

（1）文化教育、体育服务

在文化教育、体育服务方面，和平街居民能够通过多种智能便民服务终端获得各级各类学校、幼儿园、托儿所、电影院、图书馆、科技馆、文化馆、博物馆、展览馆、美术馆、档案馆、体育馆、游泳馆等各种服务信息。和平街大力推进数字文化社区建设，搭建服务居民终身教育和学习的网络化服务平台，大力发展远程教育和网上学习交流园地，居民能够通过多种智能便民服务终端获得丰富多彩的在线教育信息资源服务。

（2）卫生服务

在卫生服务方面，居民能够通过多种智能便民服务终端获得各级各类医院、卫生防疫、卫生监督、药店、电子健康档案、电子病历和《生育服务证》办理流程、免费避孕药具发放点等基本信息查询服务以及预约挂号、健康教育、健康自我管理等服务；居民能够通过多种智能便民服务终端获得急救、卫生防疫、药品安全、科普、预防保健、心理疏导等知识的网上普及教育服务。

（3）就业和劳动保障

在就业和劳动保障服务方面，居民能够通过多种智能便民服务终端获得职业介绍、就业指导、社保、医保、住房公积金、保障性住房、物业管理等政策及办理程序的信息查询服务。

（4）养老助残

在养老助残服务方面，和平街道能够根据居民需求，积极引入社会成熟成果，为老年人、残疾人提供智能化的电子辅助终端，建设以老年人、残疾人等群体为重点服务对象的社区生活服务信息化平台，实现居家养老和社区养老的智能化；居民还能够通过多种智能便民服务终端获得生活照料、家政服务、康复护理、精神慰藉、紧急救援、社会参与以及社区托老所、老年活动中心、捐赠站、救助站、养老机构信息发布等方面的服务信息；居民能够通过多种智能便民服务终端获得老年人优待证、优待卡，老人高龄津贴，老人医疗补助，残疾证办理等有关政策、手续的网上查询服务，为社区 80 周岁以上老年人、16 ～ 59 周岁无工作的重度残疾人和 60 ～ 70 周岁的重度残疾人等享受养老助残金人员提供服务组织和单位网上信息查询服务。日前，和平街正进一步逐步推广残疾人免费上网工程。

（5）出行旅游

在出行旅游服务方面，居民能够通过多种智能便民服务终端获得实时的天气、交通气象、旅游气象、空气污染气象条件预报等服务信息以及旅游景点、宾馆、饭店、农家乐、乡村游、旅行社等旅游服务资讯；还能够通过多种智能便民服务终端获得交通导航、交通路况、公交车、地铁等公共交通工具实时运行信息，停车场空位情况、车辆违章情况等服务信息以及出租车智能电召服务。

（6）生活服务

在生活服务方面，居民能够通过多种智能便民服务终端获得周边吃、住、行、游、购、娱、健等日常便民生活服务信息的查询搜索服务；居民能够通过多种智能便民服务终端获得邮件实时查询、快件查询、邮件网上下单、邮政编码查询、邮政营业网点查询、报刊目录查询、报刊订阅、集邮品销售、智能自助投递等邮政服务；居民能够通过多种智能便民服务终端获得法律知识在线查询、法律在线咨询服务，以及全市司法所以及市、区法律援助中心的机构地址和联系方式等服务信息；居民能够通过多种智能便民服务终端获得志愿服务供需信息。

（7）政务服务

在政务服务方面，和平街进一步推进街道“一站式”公共服务大厅和社区“一站式”服务大厅信息化建设，积极探索在街道、社区全面推行综合事务办理“一口受理、内部协办”，在本行政区域内实行跨街道、跨社区就近办理，区域内通办公共服务模式，不断改进基层公共服务方式，为居民提供“一站式”便捷优质高效的公共服务。依托网格化社会服务管理系统，建立各街道、社区基础信息资源台账，统筹各种来源的信息采集需求，寓信息采集于政务服务，提高信息采集的及时性、准确性。

4. 社区共治 APP 建设

“互联网 +”行动计划是转型升级的重要推动力，也是提高社区行政效率、提升服务便民水平和精准程度的必由之路。“互联网 + 社区”实为本地生活服务的互联网化，利用互联网的方式，更加快捷方便地满足社区住户的生活需求。最大限度盘活社区资源，真正做到扁平化管理和多元共治，从而形成合力，让居民、公益组织、辖区单位和企业都参与到社区公共事务中来，让出行更方便、环境更宜居。

和平街道“互联网 +”项目被区社会办定为重点建设任务，基于“互联网 +”技术的老旧小区维护维修服务 APP 模块建设获得了区社会办 25 万元的准物业软件经费支持。建设社区共治 APP，可以将智慧型社区、绿色智慧平安社区、微网格、“互联网 +”以及老旧小区自我服务管理等工作相关内容进行整合，做到利用“互联网 +”技术实现社区多元共治，形成符合街道实际的标准和规范，构建起科学高效的工作模式，建成具有政府公信力的集党建园地、信息发布、社会动员、志愿者反哺、居民议事及社区服务等功能于一体的地区大数据系统，做到优化各种资源，服务于社区居民。整合建设可以避免多方重复投入、集中投入，完成后统一维护、并网使用，减少建设和运行维护的财政成本。

社区共治 APP 建设内容主要有以下几个模块。

（1）党建园地

①党员认证和基本信息录入，建立网上党支部并按照非公党建支部、社区党委支部进行管理。

②党员学习园地——可以设置如“两学一做”专题，党的政

策、知识和学习资料发布。

③服务型党组织——各类活动的展示和交流。

（2）公共服务

①区委区政府信息完成情况提交统计公示，领导一周会议活动安排统计，街道重点工作任务进展管理统计督办等功能。辖区公共服务主动推送和应急管控，集成街道移动办公平台。

②政府政策发布、居民随手拍、信息反馈、维稳安全监督等公共服务。

（3）群团组织

包括工会、妇联、团委信息发布、网上认证、活动网上征集报名、活动展示等。

（4）志愿者管理

包括志愿者招募和认证、活动发布和现场认证、工作评价、监督反馈、积分兑换等。

（5）社会动员

包括社会组织认证、活动发布、活动现场认证、活动评价系统等。

（6）义务服务

包括针对社区居民常态化开展法律、心理、教育等义务咨询活动，针对参与者或机构的认证系统，网上报名、评价系统，反馈系统。

（7）居民自治

①居民和居民代表认证审核系统。

②居民会议系统——通知发布、会议召开、讨论、决定、统计、反馈、公开公示等。

③居民网上议事厅——意见征集、公开公示、反馈与展示。

（8）社区服务

重点建设维护维修服务专项模块，在此基础上引入服务商，进行认证，提供修车、理发、医疗、餐饮、家政服务、水果生鲜配送等。

目前，通过以上几个模块的建设，和平街已经进一步提高了社区信息化程度。达到智慧型社区、社区微网格全覆盖，居民生活更便利，网上办事更便捷，信息渠道更畅通，参与监督意识大大提高。

首先，和平街能在此基础上节约行政和财政成本。将智慧社区建设、微网格建设以及各种服务信息模块集成建设，提高使用的便捷度，在部分领域实现无纸化办公，降低维护成本，待 APP 运维成熟后，实现自负盈亏，彻底解决政府财政负担。

其次，通过社区共治 APP 建设提高了居民参与社区事务的便捷性和广泛性。借助“互联网 +”技术，为居民参与社区事务提供便捷途径，形成网上议事、网上征集、网上公示、网上反馈等方面的成熟机制，使党政群共商共治、社区议事厅、小区议事厅、社会动员等工作真正落地。

5. 和平家园智能改造项目

和平家园是和平街街道最大的老旧小区，小区人口和面积总数占到街道老旧小区的半数以上。和平家园小区作为绿色智慧平安社区试点小区进行重点建设，通过整治停车管理、优化环境保洁机制、发展志愿者队伍，解决收费主体缺失问题，盘活社区现有资源，大力提升小区的自我服务自我管理能力，形成以社区为主体，以各类专业组织和社区志愿者为依托，以“互联网 +”为抓手，居民广泛参与，相关利益方群策群力、齐抓共管的小区管理长效机制，从而减轻街道负担，使小区的日常管理步入良性发展轨道。

和平家园社区引入“互联网 +”技术，重新安装车辆出入系统，用技术手段控制车辆出入，达到对所有车辆精确管理，减少人力成本，停车志愿服务队可以投入更多的精力用于安全巡逻，进一步降低安全隐患，提高小区停车管理和安全防范水平。推广“分享”经济理念，引入丁丁智能停车系统，参考化研院南小区的经验，分期分批分区域对和平家园小区固定车位安装智能地锁，利用“互联网 +”技术，实现对车位的精确管理。

对于智能社区的管理方面，和平街也进行了积极改造。在公共安全管理方面，居民能够通过多种智能便民服务终端获得重要天气服务提示、气象灾害预警、应急避难场所、逃生路线、民防设施地理位置、气象灾害风险点等信息以及气象防灾减灾、地震等科普教育服务。在物业管理方面，和平街按照国家标准、行业标准，在居民楼、商务楼安装烟雾报警等消防设施、器材及燃气报警设备；根据居民需求，提倡在弱势群体住户屋内安装火灾简易、独立报警装置等设备。能够利用小区视频监控网络、各种传感器网络及小区宽带网络构成智慧物业物联网系统，实现智慧保安消防、垃圾回收清运、车辆出入管理、车位信息动态感知、车位引导、停车场管理、社区应急车道管理、日常设备检修与维护、环境监测、电梯管理等智慧服务，同时在社区安装可视对讲、安保监控、门禁等安全技防设备。和平街在此基础上还积极推进精细化管理，通过网格化社会服务管理系统，对社区人、地、事、物、组织等进行综合的智能化、信息化、协同化管理，实现社会服务“全覆盖”、社会管理“全时空”、社会动员“全响应”、社会资源“全共享”、社会问题“全关注”、社会环境“全监控”、社会建设“全参与”。

（三）和平街道社区信息化建设的成效

1. 有效整合各类服务资源，统一平台保证资源共享

长期以来，城市社区服务都局限于各自相对独立、相对封闭的社区内服务。实行社区服务信息化可以变封闭而分散的社区为开放而统一的社区，使各社区的服务资源得到有效的整合。通过进一步完善数据支撑、日常系统报表的管理和生成、信息管理的统计与数据分析等系统管理功能，实现居民办事项目的申请、受理等内容的一体化处理，让社区服务工作可以更加高效科学，实实在在地降低基层干部的工作强度。

2. “互联网 + 社区”模式使服务信息进一步便捷化

通过社区信息化建设，有效利用电子政务将政府公共服务延伸到社区，整合街道面向群众服务的服务内容，建设集行政管理、社会事务、便民服务于一体的“一站式”公共服务网络，提高了办事和服务效率，及时为居民提供更加有效、便捷的社区服务，打破了传统社区服务在时间、空间上所受到的限制，使社区居民能够简单、快捷、方便地获得服务信息，得到帮助。

3. 服务内容进一步扩大化，调动社区居民参与公共事务的积极性

传统的社区服务主要定位于事务类服务，而社区信息化将政务类服务纳入服务体系中。政府利用社区共治 APP 发布为民服务的有关政策，开展一站式服务工作，实行面向社区居民的政务公开。社区居民可以足不出户地参与社区管理和社区事务，充分调动其参政议政的积极性。这使社区服务网络成为沟通各级政府与社区居民的纽带和桥梁。

4. 形成宣传网络，全面提高居民素质，促进社区精神文明建设

在网络上进行法规政策的宣讲，迅速地把党、政府的政策方针面向全体社区居民进行宣传教育，做到社区可以迅捷准确地掌握了解政务信息，增加政府工作的透明度，促使政务透明公开，构建对外沟通的渠道，按时发布社区管理服务的信息，有效地促进社区公共服务信息建设。

（四）和平街道社区信息化建设的独特优势

和平街道信息化建设相对于其他城市有着独特的自身优势，这主要表现在如下方面。

1. 社区居民对信息化的认知度较高，信息化整合程度较高

信息化建设是新鲜事物，和平街道居民素质较高，基层居民对信息化的认知度较高，信息化知识较为丰富，参与度和关注度较高，使网络信息的实用性与居民的实用性有效融合，网络服务作用能得到有效发挥。

2. 支撑社区信息化应用的人才、制度和环境等配套较为完善

我国在社区信息化建设方面存在着技术人员储备不足与技术储备不足等难题，一方面街道和社区信息化专业人才匮乏，专项负责服务的专业技术人员更是少之又少；另一方面，数字社区的工程规划设计和施工队伍的技术能力不够。而和平街道依托高校资源，引进社区信息化建设及管理人才，完善制度和环境等配套设施，能较快适应社区信息化建设需要，对于该项工作的开展和将来的发展有重要意义。

3. 重视资金投入和维护

社区信息化建设是一项长远的系统工程，需要大量的资金投入，基础网络硬件设备、居民计算机技能的普及、综合事务平台

的深入开发、信息资源的组织挖掘、人员信息化技能的培训均需要大量的资金支持。和平街街道非常重视社区信息化建设，资金投入较多，这对于信息化建设的进一步推进与日常管理维护都有很重要的意义。

（五）北京市和平街街道社区信息化建设经验与启示

和平街街道社区信息化发展及应用实践表明，通过信息化手段倡导和改进社区管理和服务工作的新理念、新机制和新办法，在社区信息化建设的总体背景之下，结合本街道的实际情况，按照“便民、惠民、利民”的原则，进行了诸多卓有成效的探索，逐渐形成了社区信息化建设的特色。通过“党建统领”“政府管理”“居民共治”“志愿反哺”“社区服务”等几大模块，构建起智能、高效、便民的服务体系和高效的社区管理服务体系，力图实现社区居民“吃、住、行、游、购、娱、健”生活七大要素的数字化、网络化、智能化、互动化和协同化。从实际出发解决社区管理和服务工作以及社区信息化应用面临的难题，建成以共享、沟通和服务为总体定位的社区综合管理服务平台，通过总结分析得出以下三点经验。

1. 结合“互联网 +”，合力建设，重视参与互动

和平街街道以“互联网 + 社区”为引领，在扁平化组织体系基础上开展社区信息化建设，在社区善治治理的理念下，调度相关部门和社会各方力量参与社区信息化建设，一切工作都重视合力建设和交流互动。经过实践，社区管理体制改革与社区信息化发展已初步形成双向的良性互动关系。

2. 统一规范，资源共享，加强体系建设

近年来，北京市朝阳区高度重视社区信息化建设。如该区提出，2016 年，将以打造“百个绿色智慧平安社区”为抓手，构建

党建区域化、自治单元化、协商民主化、服务精准化、管理精细化“五化协同”社区治理模式。在具体实践层面，朝阳区提出要在全区创建181个智慧社区，培育推广实用性强的APP、公众号等社区信息化建设项目，让居民享受更便捷的服务。和平街道围绕“社区管理、社区服务、社区互动”推出了智慧型社区网络体系，即社区网站、居民互动平台建设和N种服务（自助服务、公共服务、预约服务、应急管理服务等），遵循惠民、便民、利民原则，核心突出社区实时互动和在线服务，为社区居民提供优质、高效、便捷的网上服务，重点服务社区弱势群体（老人、儿童、残障人员等），同时调动居民参与社区建设和社区自治互动的积极性。

3. 因地制宜，立足实际，解决突出问题

和平街道坚持立足实际，面向社区管理和服务，从本区实际情况出发，为居民提供符合其真实需要的社区服务，以居民满意为根本和唯一标准开展社区管理各项工作，社区信息化把理念创新和技术创新作为手段，以居民需求为导向，针对性地解决社区管理和社区服务中遇到的突出问题。

三、社区信息化建设总结与建议

全面深入推进社区信息化建设无疑是具有重要意义的。社区作为我国最基层的群众自治组织，是经济发展和社会和谐的基础动力所在，作为居民自治的社区更是凝聚了群众的集体智慧，调动了广大群众建设美好中国的积极性。而对社区进行信息化建设，对于社区治理而言，不仅意味着一种强大的技术支持，而且有利于提高社区治理的质量，创新社区治理模式。当然，在社区信息化的重大意义的背后我们也看到了信息化可能带来的一些弊端，如社区信息化可能会带来居民的“过度参与”；信息化还会带来“数字鸿沟”，导致社区内部发展、国内社区之间、国际社区之间发展的不均衡；信息化还会带来“信息欺骗”，引发政治参与的程序化等问题。所以我们在深入社区信息化建设的同时要避免这些问题的出现，还要根据现有信息化的程度，找准对策，发展更高质量的信息化、服务面积更广的信息化、更加便捷居民生活的信息化。据此，提出以下几点意见。

1. 政府扮演好“引导者”的角色

政府应当扮演好居民参与信息化建设的引导者，需要在社区信息化平台建设中将各种栏目设置得更为合理化，从而便捷、高效地引导社区居民参与。同时要注意宣传居民的社区参与意义，并做一些积极倡导居民参与信息化设施的工作。由此，以社区信息化平台为重要基础，将完善社区服务，提高社区各主体的参与积极性和效果，为实现更高质量、更便捷的信息化提供路径。

2. 以人为本，服务社区

信息化的服务过程应当以“以人为本”为原则，满足社区居民的需要，维护社区居民的权利，让信息化的生活更便捷而不是形式主义地使用信息化设施，避免弄巧成拙。信息化服务社区，首先需要从社区周边的服务做起，从居民日常生活离不开的服务做起。只有当居民习惯了这样的服务，已经通过公众的舆论监督和政府的有效监管形成了安全的商业服务环境之后，一些居民需要的社会商业服务才可进入社区。

3. 提高社区居民信息化素质

不同社会群体对信息化设施会有不同的接受能力，随着信息化的深入会形成“数字鸿沟”。被这种“数字鸿沟”割裂开的，通常是老年人、一些中年人、儿童、残疾人、贫困人口等。所以要提高全民素质，尤其注重提高这类“弱势群体”的信息化素质，帮助他们更好地融入社区，享受信息化带来的便利。信息化建设的目的更应该是消除数字鸿沟，架起沟通的桥梁，对上述弱势群体进行信息能力培训，他们对信息化的参与将是推动社区信息化健康快速发展的必需条件和重要保障。

4. 发挥商业企业在社区信息化建设中的催化剂作用

在开展信息化建设的过程中，可以鼓励商业、企业，特别是信息服务企业充分发挥自身优势，他们可以为社区居民提供优质的信息技能培训服务，尤其是针对老人、儿童、残疾人等弱势群体。这是一个互惠互利的过程，一来，通过培训提高了社区居民的信息化素质；二来，通过培训，可以与社区居民建立良好的关系，提升企业知名度，培养潜在用户群。

5. 做好信息资源的组织和开发

在此基础之上利用现有的技术成果、技术市场和技术优势，建设一个包括各种社区生活服务、政务咨询和城区管理的系统，集呼叫中心、热线电话和信息网络等功能于一体的全市社区信息服务网络交换平台，开发与之相适应的软件，提供各种生活服务，推进家庭信息化，为居民提供方便和实惠，实现社区管理服务信息资源的交换与共享。

6. 加强居民参与信息化设施的宣传力度

居民对于信息化设施的参与程度往往决定一个项目的成败。然而很多设施参与度不高不是因为这个设施不好，而是没有人知道。所以，可以根据居民的不同层次和不同需求，开展有偿和无偿、形式多样的培训宣传；也可以利用电视、广播、报纸等宣传媒体进行信息知识的普及教育，既是科普的主要任务，也可以起到宣传的作用。

7. 建立健全信息监管制度

在信息的采集传递、整理加工、运作反馈及归档保管等各个环节里，都要保证信息的安全有效，要强化服务的质量，既要确保社区信息系统工程的可靠性，又要不断提高信息的精确性、实用性，使社区信息的信誉度与日俱增，引导信息工作向规范化方向发展，在工作的过程中还要切实保护居民的信息安全。

信息化带给我们的将是更加便利的生活和更加有效地参与民主管理。让“智慧城市”概念继续深入社区，让智慧社区成为智慧城市最具活力的“细胞”，坚持“以人为本”的原则，让居民真正享受到高效便捷、安全舒适、文明和谐的幸福生活。

第三节　盘点 2018 年《政府工作报告》中的互联网关键词

2018 年 3 月 5 日，国务院总理李克强代表国务院在十三届人大一次会议上做了《政府工作报告》，这是党的十九大成功召开之后的首份政府工作报告。该报告回顾了过去五年的工作，并对 2018 年中国社会经济建设进行了总体部署，具有重大的时代价值和战略指导意义。

据统计，今年的《政府工作报告》中提及“互联网”多达 17 处，除了往年提及的“互联网 +”战略、互联网金融和互联网政务以外，还出现许多新的概念、观点与内容，涉及中国互联网发展的不同方面。在这我们通过盘点今年《政府工作报告》中的关键词，有助于我们加深对《政府工作报告》的认识程度，更有助于我们把握今后一段时期中国互联网的发展趋势。

一、新旧动能转换

今年的《政府工作报告》明确指出："加快新旧发展动能接续转换。深入开展'互联网+'行动，实行包容审慎监管，推动大数据、云计算、物联网广泛应用，新兴产业蓬勃发展，传统产业深刻重塑。"从这一论断可以看出，互联网行业已经成为今后我国实施新旧动能转换经济战略的重要抓手。我国经济在经历了21世纪初快速增长阶段之后，进入了资源要素结构深刻变化的新阶段，及时调整经济增长的动能结构，保持经济稳定增长，保证经济发展质量，这已经成为我国宏观经济发展的新目标。当前，我国经济发展正处在新旧动能转换的关键环节中，应深刻把握我国经济社会发展的阶段性特征，加快产业转型升级力度，推进经济发展质量提高。只有通过加快产业转型升级、推进新旧动能转换这一途径，才能推动我国经济发展方式实现跨越式提升。

需要把握住新一轮科技革命和产业变革蓬勃战略机遇期，促进移动互联网、大数据、物联网与传统产业深入融合，加快形成以创新创意、信息数据等生产要素为支撑的经济发展新动能。利用好这些机遇，借势而为，就能实现中国经济发展动能的转换，抢占全球产业链、创新链和价值链的高端，实现弯道超越。经过多年的发展，中国的互联网行业已经取得了举世瞩目的成就，拥有一大批驰名中外的互联网产品与服务，涌现出诸如阿里巴巴、腾讯、华为、小米科技等互联网龙头企业，形成了中国特有的互联网文化、技术、产业与资源优势，应把握住互联网产业融合这一抓手，继续做好"互联网+"工作，培育新兴产业的新动能，重塑传统产业的新业态，抢占全球经济文化融合发展新高地，实现新发展。

二、提速降费

2017年的《政府工作报告》中指出，网络提速降费要迈出实质性步伐，在年内全部取消手机国内长途和漫游费。同年10月，三大运营商全面取消手机国内长途和漫游费。在今年的《政府工作报告》中“提速降费”再次被提及，报告指出：“加大网络提速降费力度，实现高速宽带城乡全覆盖，扩大公共场所免费上网范围，明显降低家庭宽带、企业宽带和专线使用费，取消流量‘漫游’费，移动网络流量资费年内至少降低30%，让群众和企业切实受益，为数字中国建设加油助力。”

网络提速降费这项工作对国民经济发展全局的影响深远、意义重大。提速的意义不仅仅在于提高信息传播效率，提高用户的网络体验，扩展互联网的应用范围，更在于加强信息基础设施建设，完善欠发达区域和偏远地区的网络基建水平，实现网络服务的全覆盖，提高网络服务能力，打通网络入户的“最难一关”，实现网络的全域提速。降费的意义不仅仅在于实施更优惠的通信套餐标准，降低网络使用资费，降低移动互联网使用成本，让企业广泛受益、群众普遍受惠，更在于提高现有网络服务质量，改进网络基础设施的利用率，改善网络使用效果，确保网络信息安全性，全面提升性价比。总体上看，网络提速降费将会带来更多的“制度红利”，对于推动经济升级、促进创新创业、实现消费升级和丰富群众生活将会发挥积极作用。2018年将会有全新的提速降费政策措施出台，再加上建设全球最大5G试验网络，我国网络服务能力和质量将会站在全球的最前沿。

三、新就业形态

“新就业形态”是指在新一轮工业革命带动的生产资料智能化、数字化、信息化条件下，通过劳动者与生产资料互动，实现虚拟与实体生产体系灵活协作的工作模式。今年的《政府工作报告》中提出“运用‘互联网＋’发展新就业形态”观点。这是报告中的一大亮点，它首次赋予互联网行业在就业领域的目标与作用，由此可见互联网行业在我国国民经济体系和社会民生领域中的作用与地位。

从实际情况来看，今年我国的就业形势压力依旧较大，高校毕业生将达 820 万，劳动力市场的结构性矛盾并没有得到完全解决，局部性的劳动力供给矛盾还很突出。我国已经进入移动互联网时代，市场交易成本急剧下降，以互联网平台连接供给和消费两端的分享经济或零工经济下的工作模式蓬勃发展，互联网经济下的新就业格局逐步显现。根据相关研究，到 2020 年，与互联网产业直接相关的产业产值占 GDP 的比重有望突破 30%，互联网上下游产业占 GDP 的比重有望突破 50%，互联网相关产业已经成为我国吸纳劳动力就业的主渠道。伴随“互联网＋”、共享经济、数字经济的发展，新就业形态不断涌现，互联网产业将会吸收更多的劳动力，行业就业比例将会超过四成。在这样全新的就业格局下，互联网技术的进步将会推进新就业形态的发育与成熟，推动劳动力组织平台智能化水平继续提高，能够及时根据市场需求调节劳动力供给；同时也会推动劳动力使用方式的弹性化和灵活化，根据客观环境需要灵活调整人力资源策略，更加有利于促进全民就业，为国民经济和社会生产生活带来稳定因素。

四、工业互联网

《政府工作报告》第一次提出“发展工业互联网平台，创造‘中国制造 2025’示范区”，让人耳目一新，也是今年报告中亮点之一。这表明我国将以大力气推动“两化融合”进程，以信息化带动工业化，以工业化促进信息化，走新型工业化道路，工业互联网将迎来快速发展期。工业互联网并不是简简单单的“工业”+“互联网”，而是通过物联网和大数据，使用物理分析、预测算法、自动化等知识，连接传统机器设备，最终实现人机连接。工业互联网是工业系统发展与演进的必然结果，它是高级计算、分析、感应技术以及互联网技术深度融合的产物。

2017 年 10 月，国务院通过了《深化“互联网 + 先进制造业”发展工业互联网的指导意见》，明确了我国工业互联网发展的指导思想、基本原则、发展目标、主要任务以及保障支撑。按照《指导意见》的目标，在 2018—2020 年三年起步阶段，初步建成低时延、高可靠、广覆盖的工业互联网网络基础设施，初步构建工业互联网标识解析体系，初步形成各有侧重、协同集聚发展的工业互联网平台体系，初步建立工业互联网安全保障体系。力争到 21 世纪中叶，工业互联网网络基础设施全面支撑经济社会发展，工业互联网创新发展能力、技术产业体系以及融合应用等全面达到国际先进水平，综合实力进入世界前列。与此同时，我国还成立了由工信部指导的工业互联网产业联盟，目前成员单位达 500 余家，包含制造业、互联网产业、通信业等各个领域的企业和机构，产业生态不断完善，创新成效初显。但我们也要注意到，当前我国工业互联网与世界先进国家有着不小的差距，我国制造业内部结构和技术水平差异性较大，工业互联网建设的基础设施仍需要进一步加强，这些问题都是我国工业互联网深入发展进程中所需面对的现实问题。这就需要构建工业互联网生态和体系，充分发挥工业互联网产业联盟等组织的平台和纽带作用，促进各个环节的协同创新和共赢。

五、内容建设

《政府工作报告》明确指出要“加强互联网内容建设”。这对我国互联网内容管理提出了更高的要求，为互联网内容创新指明了目标方向。近五年来，我国互联网内容管理有着长足的进步，取得了显著的成绩，建立了完整的互联网内容综合治理体系，出台和完善了一大批相关法律规范与管理办法，营造出生态良好、氛围晴朗的网络空间，培育出积极健康、向上向善的网络文化，做到了正能量充沛、主旋律高昂。但需要注意到，当前我国互联网内容管理体系还存在着诸多问题与矛盾，这些问题与矛盾阻碍了我国互联网内容管理水平的提高。“九龙治水”的互联网内容管理格局仍未改变，互联网内容治理标准有待进一步明晰，互联网内容治理法规有待进一步细化。

针对当前互联网内容管理存在的问题，应该以加大创新力度，实现综合管理的思路去解决。要以整合多方力量资源为基础，综合运用多种手段和方法，以治理那些单个方面、单一手段和方法难以解决的重点难点问题。要在管理上实现“合力”，组建高规格的互联网内容管理委员会，按照《深化党和国家机构改革方案》精神，组成由宣传部门主要领导同志亲自担任组长的互联网内容管理和网络安全工作小组，高位规划和统筹互联网内容管理和网络安全管理工作；进一步完善互联网内容管理法规体系，应对已经不适用的、互相矛盾的法律条文和司法解释进行统计汇总，并上报国家立法机关和相关部门，以提醒相关部门及时予以修改完善；进一步明晰互联网内容管理工作标准，规范互联网内容管理工作流程，提升互联网行业内容建设的能力和水平。

第四节　北京互联网行业对地区国民经济推动作用再研究

一、引言

北京是中国网都，处于中国互联网行业发展的第一方阵。近年来，随着移动互联网技术的不断发展，北京互联网行业发展已经超越了传统产业形态，形成了集互联网基础设施与终端设备生产、互联网基础服务、互联网内容服务、电子商务等内容于一体的综合产业形态，成为北京经济发展的新亮点。

对于北京互联网行业的地区经济推动作用，笔者和齐福全（2015）对相关问题进行了前期研究。[1] 前期研究表明，北京市互联网发展对国民经济发展具有正向推动作用，分析显示北京市互联网产业总值增加 1% 时，首都地区的 GDP 增加 0. 786%。但随着我们探索进程不断深入，前期研究的种种不足已经暴露出来。首先，前期研究只把软件和信息技术服务业的生产总值作为衡量首都互联网行业发展水平的指标，没有考虑到北京互联网行业中的第二产业内容，低估了互联网行业对于地区国民经济的推动作用。实际上，在北京互联网行业内部有着大量的以通信设备、计

1　李茂，齐福全 . 北京互联网行业发展对国民经济推动作用的实证分析 [J]. 中国市场，2015（48）.

算机及其他电子设备为主要产品的企业，这些企业也是北京互联网行业的重要组成部分，必须考虑进去。其次，前期研究利用的年度数据，由于统计口径的调整，年度数据只局限于 2000—2014 年这 15 年期间，样本量不大，所含信息量有限，容易造成模型分析结果的有偏性和不显著性。除此之外，前期 Var 模型分析过程中的一些步骤也有遗漏，特别是前期研究中没有进行滞后排除检验（Lag Exclusion Test），带来了一系列的估计失真问题。以上问题都是在本研究中着力分析的。

二、文献述评

与传统的行业相比，互联网行业具有两大特点。第一个特点就是新兴性，互联网行业发轫于 20 世纪 90 年代，至今也不过 20 多年的历史。第二个特点就是综合性，互联网行业是一个产业集合体。随着互联网的快速发展和社会经济影响力的不断提高，对于互联网行业在国民经济中的推动作用的研究也日渐丰富起来。

从现有文献来看，国外文献对于互联网行业的经济推动作用的研究大都在 ICT 行业（信息通信技术行业）范式下展开。Jorgenson and Stiroh（1995，1999）分析了计算机行业的投资对于美国经济的影响，指出计算机行业的投资成为推动美国经济的主要引擎。Oliner &Sichel（2001）的研究表明了 20 世纪 90 年代，美国劳动生产率的增长中 66% 的部分可以由计算机的使用与信息技术的推广去解释。Gilbert 等人（2001）以法国为研究对象，利用模型分析了信息和通信技术对法国国民经济增长的贡献，研究指出在 1995—1999 年，信息和通信产业对国内 GDP 增长的贡献度达到 0.3% 左右。Dunnewijk、Theo、Huub 等人（2007）

以内生经济增长理论为范式，计算了信息通信产业对于欧盟全要素生产率的影响。Manyika & Roxburgh（2011）认为，互联网已经成为推动世界经济增长的显著力量，经过1995—2009年的发展，发达国家的互联网行业的产值在GDP的比例平均达到10%的水平。Amiri、Campbel & Ruan（2013）以中国的计算机与通信行业的子行业为研究对象，分析并研究了各子行业的经济推动作用。

国内对于互联网行业的经济推动作用也有大量的研究。王曼华（2001）对我国互联网络发展现状进行了经济计量分析，并对如何推动经济发展提出了建议。向蓉美（2008）利用中国2002年投入产出表，实证分析了互联网产业对国民经济的拉动作用、支撑作用，进一步借助坐标图探讨了互联网产业对国民经济拉动和支撑作用的类型。张媛媛（2011）通过对我国互联网产业与国民经济投入产出研究，从行业之间的关联关系分析了电信行业与宏观经济的联动关系。类似的文献还有张志峰、吕廷杰、王瑜（2011）等人的研究。

从总体上来看，现有文献主要集中在互联网行业的宏观经济作用层面，分析研究方法也比较丰富，为本文的研究奠定了坚实的基础。但需要注意到，对于中观层面的互联网推动地区经济研究还比较少，我们已经有了前期研究成果和思路，但仍需要继续优化深入。

三、研究思路

在研究北京互联网行业对地区国民经济的推动作用之前，需要选取适宜的指标来代表北京互联网行业发展情况和北京地区国民经济发展情况。借鉴和参考已有研究，本文选取地区生产总值（GDP）作为北京地区国民经济发展情况的指标，选取通信设备、计算机及其他电子设备制造业的产出值（MCO，下同）和信息传输、计算机服务和软件业产出值（INT，下同）作为衡量北京互联网行业发展情况的指标。

本研究把 MCO 和 INT 之和（INMC，下同）作为衡量北京互联网行业整体发展的指标。利用模型工具分析 INMC 和 GDP 之间的关系。由于通信设备、计算机及其他电子设备制造业属于第二产业，信息传输、计算机服务和软件业属于第三产业，两者之间存在很强的差异性，因此本文还将利用模型工具分析 MCO、INT 和 GDP 之间的关系，力图详细解释说明北京互联网行业的子行业是如何影响、推动北京地区国民经济发展的，子行业之间又存在着什么样的相互关系。

为了进一步提高样本量，增加信息量，本文选取 2008 年第一季度至 2015 年第四季度的数据作为模型数据。这组数据共有 32 个，样本数量是前期年度数据量的 2 倍，有效地提高了数据量，增加了模型解释力。

四、模型选择

从现有研究方法来看，经济科学经验研究中的因果识别主要有以下几种方法：多元线性回归（multiple linear regression）、机器学习（machine learning）、Rubin 的因果模型（Rubin's casual models）、结构模型（structural models）、充分统计量（sufficient statistics）等。尽管它们的具体方法和适用对象不尽相同，但是本质上都是在寻找可信的对照组，利用不同控制条件下的对照组数据进行计算，进而做出因果推定。在宏观数据因果识别上，普遍为学术界所接受的因果识别方法是结构向量自回归（SVAR）模型，这种模型基于一定的经济理论基础，将一定的基于经济、金融理论的变量之间的结构性关系引入VAR模型。但是，如果变量之间的联系并没有理论联系，或者不存在结构支撑基础的情况下，传统的Var模型还是主要的因果判定方式。

基于以上的考虑，本研究继续采用向量自回归模型(Vector Autoregression，Var)作为分析工具。向量自回归模型(以下简称Var模型)是基于数据的统计性质建立模型，Var模型把系统中每一个内生变量作为系统中所有内生变量的滞后值的函数来构造模型，从而将单变量自回归模型推广到由多元时间序列变量组成的“向量”自回归模型。Var模型是处理多个相关经济指标与预测最容易操作的模型之一，并且在一定的条件下，多元MA和ARMA模型也可转化成Var模型，因此Var模型的应用范围比较广泛。相对于其他模型，Var模型的优点如下。

第一，VAR模型不以严格的经济理论为基础。它是分析跨期内生变量与外生变量之间的良好工具，避免了“先入为主”的模型设定，特别适用于分析首都互联网发展和国民经济之间的相互关系，避免了预设情况的出现。[1]

第二,一个规模较小且合理设定的VAR模型所产生的预测结果，通常优于较大规模的结构联立方程系统产生的预测结果，尤其是对短期预测更是如此，这主要是由于VAR模型常常可以避免为了保证结构模型的可识别性而施加的限制的影响。这种特性用来分析、预测某一个行业对于区域经济的影响度来说是非常重

1 对于互联网行业是否推动地区国民经济发展，暂时不预设观点和立场。

要的。[1]

第三，VAR 模型可以处理时间序列数据，对于时间序列数据的要求也不是太苛刻，而且参数的估计比较容易。这对于数据质量的要求度并不是太高，对于一些新兴行业特别是统计数据不全的行业来说，这种特性保证了模型分析的质量。

五、数据来源及数据处理

（一）数据来源

本文分析所用数据都来自北京市统计局（http://www.bjstats.gov.cn/）的“月、季度统计数据”专栏。由于季度数据是累积数据（“第三季度 GDP”是前三个季度 GDP 之和），所以对年份的季度数据进行了处理，形成了四组数据，即国民经济生产总值（GDP），通信设备、计算机及其他电子设备制造业的产出值（MCO），信息传输、计算机服务和软件业产出值（INT）和 MCO 与 INT 之和（INMC），详细情况请见附表。

（二）数据描述性统计量

利用 Eviews7.0 计量分析软件，对四组数据（GDP，INMC、

1　关于建立 VAR 模型是否需要序列平稳目前学术界还存在许多争论；张晓峒（2000）指出非平稳变量也可以建立 VAR，但建立的 VAR 有可能不平稳，这种情况下的脉冲响应和方差分解就是不稳定的，没有意义。但由于 VAR 模型的特性，现在学术界的处理办法是直接做差分变量，在序列平稳的前提下建立 VAR，此时的 VAR 往往是平稳的，可以直接进行脉冲，但也有一个问题，差分后会损失很多信息。从现有学术界的文献来看，学术界普遍采用的方式是 VAR 模型只需 ADF 检验，不必要求变量之间的协整关系。协整是变量间的长期均衡关系，VAR 模型适用于较短时期内的效应分析、脉冲响应分析，方差分解的解释区间大概在 1 ～ 8 个时间段之内。

INT、MCO）进行描述性统计分析，结果如表 8–1 所示。

表 8–1　GDP、MCO、INT、INMC 数据的描述性统计分析

	GDP	INMC	INT	MCO
均值	4179.166	499.5500	394.1719	105.3813
中位数	4062.350	458.9500	364.3500	93.65000
最大值	6966.200	953.1000	758.0000	199.9000
最小值	2148.300	283.2000	204.1000	55.40000
标准差	1201.842	162.9257	132.0199	35.53379
偏度	0.373058	0.974349	0.874359	1.070317
峰度	2.515932	3.658997	3.408601	3.692118
Jarque-Bera 检验值	1.054682	5.642266	4.299957	6.748458
P 值	0.590172	0.059538	0.116487	0.034245
样本数	32	32	32	32

通过 Jarque-Bera 检验统计量和其相应的概率 P 可以看出，在 3% 的显著性水平下接受原假设，四个序列都服从正态分布。[1]

（三）**数据的季节调整**

由于这四组数据都是季度序列数据，季节性的因素会导致统计数据不能客观反映经济变化规律和总体统计特征。因此，在这里需要对季度数据进行季度调整，去除季节波动因素的影响。本研究是利用 Eviews7.0 软件中的 X12 季节调整法。[2] 利用这种方法对四组数据进行季节调整，对应得到四组数据 SAGDP、

1　Jarque-Bera 检验的零假设为样本服从正态分布。

2　X12 模型是美国劳工统计局在 20 世纪 90 年代推出的季节调整模型，它基本上囊括了 X11 方法的所有特性，同时改进了它在建模和诊断能力方面的缺陷，增加了几种模型和季节调整诊断方法。

SAINMC、SAINT、SAMCO。这四组数据的描述性统计分析结果如表 8–2 所示。

表 8–2 SAGDP、SAINMC、SAINT、SAMCO 数据的描述性统计分析

	SAGDP	SAINMC	SAINT	SAMCO
均值	4164.374	496.0076	390.9851	105.2626
中位数	4158.013	488.3228	389.1927	100.3683
最大值	6022.191	781.0720	646.4477	156.0657
最小值	2326.030	274.0687	208.7917	50.17104
标准差	1074.178	138.6932	115.9745	24.70895
偏度	-0.020648	0.476727	0.479407	0.237942
峰度	1.810524	2.284424	2.371878	2.638999
Jarque-Bera 检验值	1.888745	1.894830	1.751818	0.475715
P 值	0.388923	0.387742	0.416483	0.788315
样本数	32	32	32	32

经过季节调整后的数据都符合正态分布。在具体的计算中，这些指标数据都进行了对数化处理。

六、模型运算与结果

(一) Var1、Var2 模型初步分析

不考虑变量的性质，先建立初步的 Var 模型。本研究中选取滞后阶数为 2 阶的 Var 模型作为初步分析模型。其中，Var1 模型是包含 SAGDP 和 SAINMC 两个变量的向量自回归模型，Var2 模型是包含 SAGDP 与 SAINT、SAMCO 这三个变量的向量自回归模型，经过软件计算得到具体形式如下：

$$
\begin{cases}
LOG(SAGDP) = 0.8913*LOG(SAGDP(-1)) + 0.2166*LOG(SAGDP(-2)) - 0.0634*LOG(SAINMC(-1)) \\
\quad -0.0535*LOG(SAINMC(-2)) - 0.1451 \\
LOG(SAINMC) = 0.9334*LOG(SAGDP(-1)) - 0.1186*LOG(SAGDP(-2)) + 0.0056*LOG(SAINMC(-1)) \\
\quad + 0.2315*LOG(SAINMC(-2)) - 2.0351
\end{cases}
$$

$$
\begin{cases}
LOG(SAINT) = 0.3133*LOG(SAINT(-1)) + 0.3184*LOG(SAINT(-2)) + 0.6879*LOG(SAGDP(-1)) \\
\quad - 0.04185*LOG(SAGDP(-2)) - 0.2846*LOG(SAMCO(-1)) + 0.0392*LOG(SAMCO(-2)) - 2.0138 \\
LOG(SAGDP) = 0.0369*LOG(SAINT(-1)) + 0.0394*LOG(SAINT(-2)) + 0.9018*LOG(SAGDP(-1)) \\
\quad + 0.1299*LOG(SAGDP(-2)) - 0.1003*LOG(SAMCO(-1)) - 0.0396*LOG(SAMCO(-2)) - 0.0403 \\
LOG(SAMCO) = 0.5300*LOG(SAINT(-1)) - 0.2973*LOG(SAINT(-2)) + 1.1552*LOG(SAGDP(-1)) \\
\quad - 0.4988*LOG(SAGDP(-2)) - 0.1054*LOG(SAMCO(-1)) + 0.1506*LOG(SAMCO(-2)) - 2.4272
\end{cases}
$$

（二）Var1、Var2 模型的滞后阶数检验

利用 Eviews 对模型的滞后阶数进行检验，以确定最终模型的滞后阶数，检验结果如表 8–3 和表 8–4 所示。

表 8–3 Var1 模型的滞后阶数检验结果

Lag	LogL	LR	FPE	AIC	SC	HQ
0	41.08369	NA	0.000253	-2.605579	-2.512166	-2.575696
1	100.9901	107.8316*	6.10e-06*	-6.332674*	-6.052435*	-6.243023*
2	103.5339	4.239613	6.76e-06	-6.235592	-5.768526	-6.086174

表 8–4 Var2 模型的滞后阶数检验结果

Lag	LogL	LR	FPE	AIC	SC	HQ
0	68.68452	NA	2.52e-06	-4.378968	-4.238848	-4.334142
1	132.2432	110.1683	6.66e-08	-8.016212	-7.455733*	-7.836910
2	144.4282	18.68368*	5.50e-08*	-8.228545*	-7.247707	-7.914767*

可以发现，Var1 模型在不同信息准则下（LR、FPE、AIC、SC、HQ），最优滞后阶数为 1，Var2 模型在不同信息准则下（LR、FPE、AIC、HQ），最优滞后阶数为 2。

（三）Granger 因果检验

Granger（1969）提出的 Granger 因果检验法，主要用来分析变量间的因果关系，判断一个变量的变化是否是另一个变量变化的原因。通过 Granger 因果检验可以判断出一个变量能在多大程度上被另一个变量的过去值所解释。上面确立了两个模型的滞后阶数，就可以进行 Granger 因果检验。

通过表 8–5 和表 8–6 可以发现，在 7% 的显著性水平下，LOG（SAGDP）能 Granger 影响变量 LOG（SAINMC），拒绝原假设；但在 7% 的显著性水平下，LOG（SAINMC）不能 Granger 影响变量 LOG（SAGDP），接受原假设。[1] 同样，LOG（SAGDP）能 Granger 影响变量 LOG（SAINT），反之不能。

表 8–5　Var1 模型中的 Granger 因果检验结果

Dependent variable: LOG(SAGDP)			
Excluded	Chi-sq	df	Prob.
LOG(SAINMC)	0.778838	2	0.6775
All	0.778838	2	0.6775
Dependent variable: LOG(SAINMC)			
Excluded	Chi-sq	df	Prob.
LOG(SAGDP)	9.735662	2	0.0077
All	9.735662	2	0.0077

1　原假设是 H_0：变量 X 不能 Granger 引起变量 Y。

表 8–6　Var2 模型中的 Granger 因果检验结果

Dependent variable: LOG(SAINT)			
Excluded	Chi-sq	df	Prob.
LOG(SAGDP)	6.466456	2	0.0394
LOG(SAMCO)	4.161264	2	0.1249
All	10.64534	4	0.0309
Dependent variable: LOG(SAGDP)			
Excluded	Chi-sq	df	Prob.
LOG(SAINT)	0.232518	2	0.8902
LOG(SAMCO)	2.540247	2	0.2808
All	2.685028	4	0.6118
Dependent variable: LOG(SAMCO)			
Excluded	Chi-sq	df	Prob.
LOG(SAINT)	3.496068	2	0.1741
LOG(SAGDP)	5.319629	2	0.0700
All	28.54554	4	0.0000

LOG（SAGDP）能 Granger 影响变量 LOG（SAMCO），反之不能。LOG（SAMCO）和 LOG（SAINT）之间不存在 Granger 影响。

（四）重新构建 Var 模型

明确了滞后阶数和因果关系之后，在 Var1 和 Var2 模型的基础上，重新构建 Var3 与 Var4 模型[1]，其具体形式如下：

1　实际上，Var2 和 Var4 模型是同一个模型，Var2 模型的滞后阶数是随意设定的，而 Var4 模型的滞后阶数是经过检验后确定的。

$$
\begin{cases}
LOG(SAGDP) = 0.8686*LOG(SAGDP(-1)) + 0.0840*LOG(SAINMC(-1)) + 0.6021 \\
LOG(SAINMC)=0.6497*LOG(SAGDP(-1)) + 0.3335*LOG(SAINMC(-1)) - 1.2547
\end{cases}
$$

$$
\begin{cases}
LOG(SAINT) = 0.3133*LOG(SAINT(-1)) + 0.3184*LOG(SAINT(-2)) + 0.6879*LOG(SAGDP(-1)) \\
\quad - 0.04185*LOG(SAGDP(-2)) - 0.2846*LOG(SAMCO(-1)) + 0.0392*LOG(SAMCO(-2)) - 2.0138 \\
LOG(SAGDP) = 0.0369*LOG(SAINT(-1)) + 0.0394*LOG(SAINT(-2)) + 0.9018*LOG(SAGDP(-1)) \\
\quad + 0.1299*LOG(SAGDP(-2)) - 0.1003*LOG(SAMCO(-1)) - 0.0396*LOG(SAMCO(-2)) - 0.0403 \\
LOG(SAMCO) = 0.5300*LOG(SAINT(-1)) - 0.2973*LOG(SAINT(-2)) + 1.1552*LOG(SAGDP(-1)) \\
\quad - 0.4988*LOG(SAGDP(-2)) - 0.1054*LOG(SAMCO(-1)) + 0.1506*LOG(SAMCO(-2)) - 2.4272
\end{cases}
$$

对这两个模型进行 AR 根检验，所有根模的倒数小于 1，处在单位圆之内，说明 Var3 和 Var4 模型是稳定的。

（五）脉冲响应分析

脉冲响应函数（Impluse Response Function，IRF）分析方法可以用来描述一个内生变量对由误差项所带来的冲击的反应，即在随机误差项上施加一个标准差大小的冲击后，对内生变量的当期值和未来值所产生的影响程度。利用这一分析技术，可以得到 Var3、Var4 模型的脉冲响应分析图，结果如图 8–1 所示。

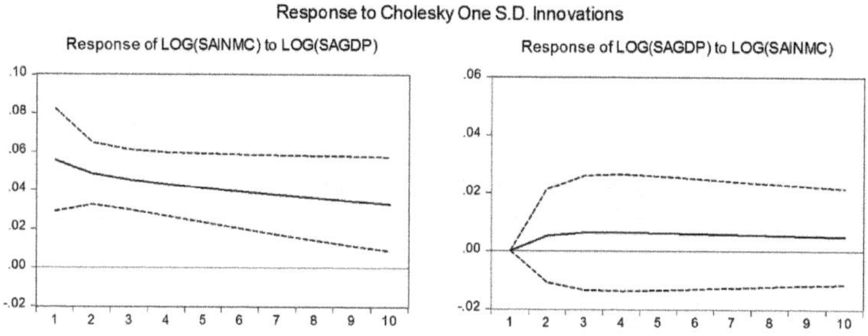

图 8–1 Var3 模型的脉冲响应分析图

由图 8–1 可以看出，当在本期给 SAINMC 一个正冲击后，SAGDP 会在第 3 期达到最高点，但冲击程度有限（0.0063）；当在本期给 SAGDP 一个冲击后，SAINMC 会在当期达到最大值

（0.056），然后缓慢下降。这表明，当期 GDP 的变化可以同向带动 INMC 的变化，而当期 INMC 的变化却在第 3 期后才能对 GDP 产生缓慢而又有限的拉动作用。

由图 8–2 可以看出，GDP 的变化可以带动当期 MCO 的同向变化，可以在第 2 期带动 INT 的同向变化；INT 的变化可以带动当期 GDP 的同向变化，只是影响强度较低；当期 MCO 的变化带动第 2 期 GDP 的逆向变化。

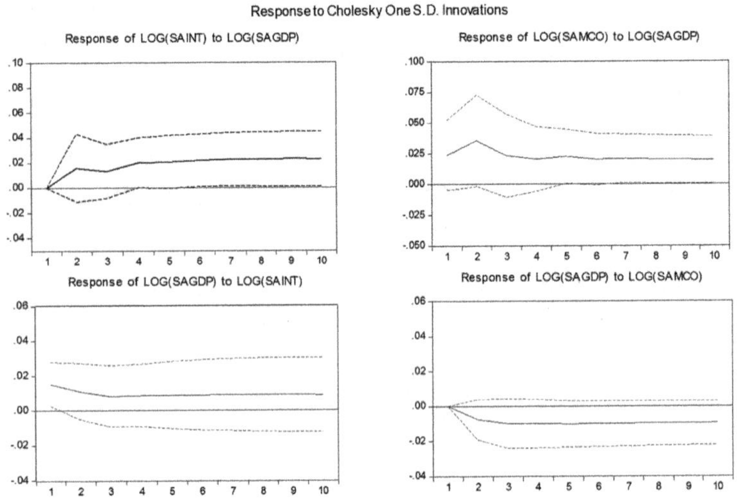

图 8–2　Var4 模型的脉冲响应分析图

（六）方差分解

方差分解（Variance Decomposition）可以研究 Var 模型的动态特征。它是通过分析每个结构冲击对内生变量变化产生影响的程度来评价不同结构冲击的重要性。Var3 和 Var4 模型方差分解如图 8–3 和图 8–4 所示。

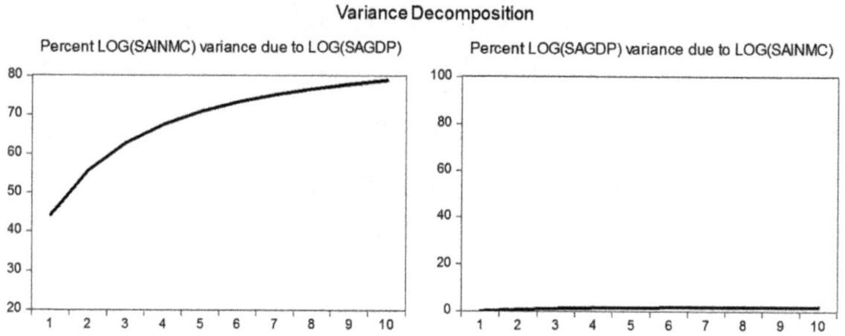

图 8–3　INMC 对 GDP 的方差分解

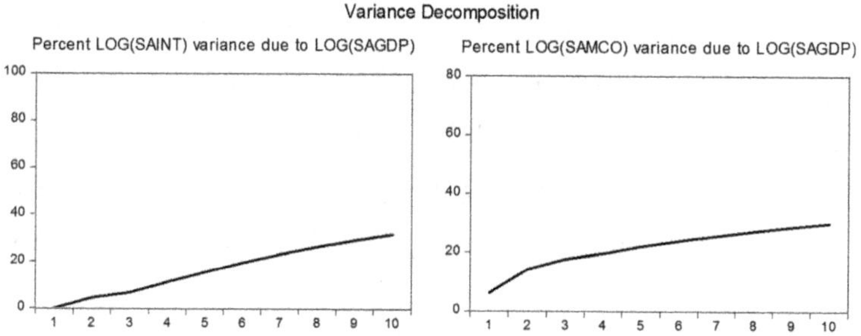

图 8–4　INT 与 MCO 对 GDP 的方差分解

可以看出，GDP 对 INMC 的贡献率在 70% 左右，GDP 对于 INT 和 MCO 的贡献率在 35% 左右。

七、解释与说明

（1）Granger 因果检验结果表明，北京地区国民经济发展带动了北京互联网行业的发展。结果显示，变量 Log（SAINMC）受到变量 Log（SAINT）滞后期的影响显著，而变量 Log（SAINT）受变量 Log（SAINMC）滞后期的影响不显著。Granger 因果检验结果还表明，北京地区国民经济发展带动了北京通信设备、计算机及其他电子设备制造业和信息传输、计算机服务和软件业发展，而北京通信设备、计算机及其他电子设备制造业和信息传输、计算机服务和软件业发展之间的作用关系不显著。从计量经济学角度上来看，更多是北京地区经济发展促进和带动了北京互联网行业的发展。也就是说，地区经济发展是“因”，而互联网行业发展是“果”，这与我们前期的研究结果存在着较大的差异。（李茂、齐福全，2015）

造成本研究与前期研究出现差异主要有以下两个方面的因素。①前期研究中没有进行滞后排除检验，没有确定最优滞后阶数，而 Granger 因果检验结果受滞后期 p 影响。前期研究中的过程遗漏造成了前期 Granger 因果检验的失真。②前期研究中样本容量较小，每组数据只有 15 个，样本信息量有限，某些短期趋势进而影响了 Granger 因果检验的结果。此次研究采用的是季度数据，并进行了季节调整，增加了信息量，剔除了短期趋势等干扰性因素的影响。

事实上，任何一个国民经济中的产业对于地区国民经济发展都具有推动作用，而地区国民经济发展也会对每一个产业发展具有带动作用，两者是对立统一的。只是在影响程度和影响时效上具有差别。通过模型分析结果，可以得出这样的结论：在北京互联网行业和地区国民经济这两者之间，地区国民经济发展对互联网行业的带动效应更强，国民经济增长能即期带动互联网行业发展。从实际情况来看，近年来北京地区经济发展水平不断提高，生产要素和创意观念大量集聚，这些因素通过人力资本流动、资本转移、技术扩散及带动产业调整等途径有效拉动了北京地区互联网行业的发展，而北京地区巨大的消费市场规模有力地刺激了互联网行业发展。在这样的大环境下，北京互联网行业的发展呈现出了蓬勃发展的态势。

（2）脉冲响应分析结果显示，北京互联网行业对于地区经济发展具有一定的推动作用，呈现出一定的滞后性。由图 8–1 可以发现，Log（SAGDP）在当期就影响 Log（SAINMC），而反过来，Log（SAINMC）在第 2 期才能对 Log（SAGDP）显现影响，并在第 3 期达到最高值，最大值仅为 0.0063。结合 Granger 因果检验的结果，可以说明北京互联网行业对于国民经济具有一定的推动作用，但这种推动作用需要 2 ～ 3 年的时间才能显现。从纵向来看，北京互联网发展水平是居于全国第一方阵的。但从横向来看，北京互联网的发展水平与当前社会经济发展不适应，总体上却是滞后于北京国民经济总体水平的。

由图 8–2 可以发现，北京地区的信息传输、计算机服务和软件业对国民经济发展具有推动作用，但也体现出较长的滞后性，在 7 期才能达到最大值 0.009。考虑到信息传输、计算机服务和软件业的第三产业特性，这些产业以提供无形的服务和软件为主，服务、软件发挥全部的经济效应需要一个较长的周期。所以说，信息传输、计算机服务和软件业不是通过“立竿见影”的方式发挥推动作用，还需要一个较长的周期（2 ～ 7 年）发挥其经济推动作用。

通过图 8–2 还可以发现，北京通信设备、计算机及其他电子设备制造业对国民经济发展具有负向推动作用，也体现出一定的滞后期，在第 5 期达到最大值 –0.010。究其原因可能是，北京通信设备、计算机及其他电子设备制造业属于第二产业，以生产互联网硬件产品为主。这些产品大都作为固定资产，而固定资产当期就可以使用并发挥效益，但固定资产有折旧和损耗，这种折损会随着时间的推进而不断加大（如加速折旧），这种折旧效应给国民经济发展带来负向的作用。

（3）方差分解结果显示，北京地区国民经济发展对北京互联网行业发展的即期贡献率为44.12%，长期贡献率达到78.89%，而北京互联网行业发展对北京地区国民经济发展的即期贡献率为0，长期贡献率只有1.879%，两者相比较为悬殊，进一步验证了Granger因果检验和脉冲响应分析的结果。北京地区国民经济发展对北京信息传输、计算机服务和软件业的即期贡献率达到4.499%，长期贡献率达到31.62%；对通信设备、计算机及其他电子设备制造业的即期贡献率达到6.161%，长期贡献率达到29.95%。

八、结论与展望

本文在前期研究的基础上，进一步提高数据质量，选取信息量较大的季度数据，并对数据进行季节调整，剔除了干扰因素。按照严格的Var模型分析步骤，本研究建立初步模型，进行滞后阶数检验，确定最终的Var模型。紧接着，利用模型进行了Granger因果关系检验、脉冲响应分析和方差分析。

分析结果显示，北京互联网行业发展对北京国民经济的推动作用有限，而且还存在着一定的滞后期，北京信息传输、计算机服务和软件业对国民经济的推动作用较低，通信设备、计算机及其他电子设备制造业对国民经济还具有负向的推动作用。而北京国民经济的行业带动效应十分显著，北京地区国民经济发展对北京互联网行业发展长期贡献率达到78.89%，对北京信息传输、计算机服务和软件业的长期贡献率达到31.62%；对通信设备、计算机及其他电子设备制造业的长期贡献率达到29.95%。

应当注意到，本文研究还需要进一步深化指标，把GDP和行业产值作为衡量指标还存在着很大的局限性。今后研究中还需要进一步完善指标体系，构建一个能够较好描述北京地区国民经济发展水平和互联网行业发展现状的指标体系。在此基础上，构建合适的计量模型，如结构方程模型、状态空间模型等，并尝试利用月度数据进行计量分析，以期得到更好的结果。

第五节 新时代首都互联网廉政监督初探

十八大以来，以习近平同志为核心的党中央把全面从严治党纳入“四个全面”战略布局，推动党风廉政建设和反腐败斗争取得重要阶段性成果：党风政风为之一新，反腐败斗争压倒性态势已经形成，不敢腐的目标初步实现，不能腐的制度日益完善，不想腐的堤坝正在构筑。与此同时，随着中国互联网发展进入重大战略机遇期，网络已成为人们获取政治信息、进行政治互动、介入政治过程的重要载体。在这一党风廉政建设和互联网“双发展”的新形势下，回应网民的反腐诉求，合理规范和发挥网络的廉政监督作用，有助于全民反腐的最终实现，也有助于在全社会培育清正廉洁的价值理念、营造风清气正的政治生态和政治文化。作为全国的政治中心、文化中心、国际交往中心和科技创新中心，首都网络廉政监督建设顺利与否、成果多少将对我国网络廉政监督的整体发展产生深远影响。正因如此，如何完善网络廉政监督制度化体系，充分发挥其所蕴含的广阔潜能和积极作用是一项值得持续研究的课题。

一、网络廉政监督的内涵与特征

（一）网络廉政监督的内涵

在我国，人民民主专政框架下的廉政监督指国家机关、社会组织和个人依法对权力主体、权力运行、权力目标等方面的监视、督促和纠偏，是防范和纠正公务行为偏差以及预防腐败现象滋生、蔓延的重要手段。广义的廉政监督主要包括三个方面内容：首先是国家机关和各政府部门的相互监督，如立法机关有权听取和审议被监督主体的工作报告；其次是各权力主体的内部监督，如行政监察、上级法院对下级法院的监督等；最后是社会组织、公共舆论和民众对权力运行的外部监督。作为互联网时代的新型廉政监督方式，网络廉政监督是体制内的专门反腐机关和体制外的网民等借助网络平台对公共权力运行的监督和约束，通过制度化手段及社会舆论效应达到有效预防和遏制腐败行为的监督目标。

（二）网络廉政监督的特征

首先，互联网政治参与的低成本、低门槛赋予了网络廉政监督广阔的覆盖面。互联网的兴起与应用在一定程度上改变了国家与社会权力结构的力量对比，使社会权力有了重要提升，这也契合反腐倡廉工作始终应当依靠公众全面关注、全方位参与的基本理念。

其次，网络廉政监督具有安全隐秘的特点。担心举报后遭到打击报复是阻碍民众参与传统廉政监督的主要原因，而网络廉政监督的匿名性很好地消解了这一难题。由于我国至今并未建立完善的网络实名注册制度，因而通过网络进行匿名举报通常能够确保举报人的人身安全。

再次，网络廉政监督具有放大性特征，社会传播面广、影响力巨大。随着互联网终端通过笔记本电脑、手机普及到千家万户，互联网的放大效应在网络廉政监督运作过程中得到了更为深刻的体现。

最后，网络廉政监督具有公开性。权力运行的封闭性和隐蔽性为权力在私下进行腐败交易提供了条件。要想解决这个问题，需要把权力运行过程最大限度地置于社会和群众的监督之下，也就是迫使权力特别是行政权力在阳光下运行，以此最大限度地减少公职人员滥用权力谋取私利的机会，即便发生了腐败，也容易发现并及时追究。

二、首都网络廉政监督的实践路径

（一）官方层面的网络廉政监督

经过近二十年的建设发展，电子政务已经深入北京经济和社会发展的各个领域，成为各部门全面履职、高效运行的重要手段，在推动政府管理创新、深化行政体制改革、促进政府职能转变、优化社会管理和公共服务等方面发挥了重要作用。可以说，北京市电子政务总体发展水平在全国名列前茅，诸如“首都之窗”、“一站式”北京网上政务服务大厅和各政府官网的“便民服务”窗口在很大程度上保障了监察机构与民众对政府运作的电子化实事监督，将权力运行责任主体落实到个人。理想状态下，电子政务的每一个工作流程都会被记录在服务器中，一旦出现失职行为，监督主体就能从系统中找出负责人进行问责。随着互联网传媒的高速发展，诸如微博和微信这样的传播媒介开始成为政府与民众互动沟通的重要渠道，政府开始学习在微博上建立自己的形象，为民众提供更多信息并力争第一时间为民众解疑释惑。在一些突发事件中，政务微博也是政府发布信息、做出回应的最快渠道。以新浪微博为例，截至2014年底，北京市政务微博数量为9506个，位列全国第三；在全国35939个官员认证微博中，北京市以3603个政务微博高居第一。当然，官方举报平台的创设更是推进网络廉政监督的关键举措。2013年9月，由中纪委、监察部主办的综合性政务门户网站中央纪委监察部网站正式开通，北京市紧随中央步伐，开通了北京纪检监察网并增设了网络监督举报专区；同年12月，中组部12380网上举报平台推出，随后北京市委组织部也创设了12380举报网站，对干部选拔任用中的违法违规问题和不正之风进行全面监督检查。

（二）民间层面的网络廉政监督

首都地区的民间网络廉政监督在当前基本遵循“网友爆料—网民围观热议—媒体跟进报道—网络舆论持续扩大—反腐机关介入调查—官方信息反馈”的运行轨迹，腐败问题的曝光和查处实际上是网民、媒体、反腐机关等主体合力作用的结果。其中，前两个主体的行动要取得实效，必须依赖反腐机关的主动介入和积极作为。民间网络廉政监督的主体虽然在理论上包括所有网民，但在具体实践中通常表现为四类特殊人群。第一类是个人利益受损的当事人；第二类是偶然获得了相关证据的爆料人；第三类是个人身份的调查者，如北京网民关于“房姐”龚爱爱的关注调查；第四类是传统媒体的职业记者，这类人群可能在工作中掌握某些公职人员的贪腐证据，例如《财经》杂志副主编罗昌平通过新浪微博向中纪委实名举报原国家发改委副主任、国家能源局局长刘铁男。与此同时，民间网络廉政监督的关注重点集中于领导干部的生活作风、“三公消费”和贪污受贿等问题，但对机制层面的深层次腐败问题往往认识模糊。

三、网络廉政监督的短板与局限

在互联网时代，网络廉政监督有效填补了社会力量参与反腐的体系空缺，避免了传统反腐参与方式的一些弊端，因而已经成为反腐机制中一项重要组成部分。然而，在取得重要成果的同时，首都网络廉政监督也在实践中暴露出了若干问题及短板。

（一）法治化水平有待提高

以现代权力监督的要求而论，监督主体对国家机关及其公职人员的监督行为必须以系统、完备的监督规则为依据，并通过清晰具体的监督方式和程序来实现，但由于网络廉政监督在我国是一种新兴的权力监督模式，其制度体系和法律法规在很多方面还处于空白状态，立法滞后、立法内容原则性强但实际操作性差等问题仍然存在。

（二）深度有限且具有一定的无序性

网络监督具有广泛性、公开性和社会性等特征，能够有效补充国家机关自我监督的不足，但网络事件也具有时效性，快速传播、快速消解是网络事件的常态，这一特点使广大网民难以持续关注和追究涉事官员。更为严重的是，在目前我国公民道德建设相对滞后的背景下，民间网络廉政监督中存在情绪化和侵犯他人隐私等非理性行为，某些网络监督举动可能使网民陷入"群体极化"和"网络暴力"的困局，形成以讹传讹的集体非理性力量，从而侵犯被监督者的合法权益。

（三）管理方式仍有改进的空间

一些在网络媒体上被曝光的腐败问题由于官方信息公开迟缓、传播阻滞或回应不及时，可能使网民质疑政府行为的真实性和公平性，进而导致对政府的不信任。因此，网络媒体的管理方式有待改进。

四、下一阶段首都网络廉政监督的规制路径分析

（一）推进网络廉政监督机制建设，形成官方和民间的良性监督合力

新形势下的网络廉政监督机制化建设主要包括建立健全领

导机制和高效的参与机制等内容。就领导机制而言，十八届三中全会强调要“坚持积极利用、科学发展、依法管理、确保安全的方针，加大依法管理网络力度，完善互联网管理领导体制”。中共十九大报告提出，“建立网络综合治理体系”。作为一项新兴事物，网络廉政监督在当前仍处于探索阶段，因而必须运用总和思想，统筹各方力量以达到综合效果。相关部门在规范网络廉政监督方面应当明确权责分工，形成领导合力，完善组织领导组织机构，制定切实可行的网络廉政监督总体发展规划，分解好近期和中长期工作任务。就参与机制而言，夯实群众基础是网络廉政监督发展的基本要义，假如一味强调限制而非激励则无助于回应网民日益高涨的政治参与热情，也无助于网络廉政监督的良性发展。因此，需要充分发挥网络廉政监督的规范作用，合理有序地引导民众积极参与并保持全社会的反腐高压态势，将网民高涨的反腐热情纳入制度及法律程序之中，使其能够保持揭露和反映问题的积极性，并以此为契机通过正式的立案调查程序解决问题。同时，还需要发挥制度反腐的监督和约束作用，通过建章立制、规范操作，使网络廉政监督始终保持在宽严适度的良性运行轨道。

（二）完善网络廉政监督法律法规体系，实现网络廉政监督的规范化和有序化

近年来，首都网络廉政监督所取得的一系列成果都是官方与民间、正式渠道与非正式渠道、专业机构与非专业机构良性互动的结果。如果说高效的机制架构是网络廉政监督的必要条件，那么完善的法治建设则是网络廉政机制最为坚固的靠山石。对网络社会而言，法治所要求和提供的实质上是政府机关的权责意识与广大网民的底线边界意识。作为公共权力运作的内容之一，官方层面的网络廉政监督本身就是一项依法监督工作，行政监察机关通过监督检查工作，促进和保证监督对象在各项工作中严格依法办事，从而做到有法必依、执法必严、违法必究。这就需要对网络廉政监督的运行路径及其可能存在的问题与风险进行制度规范，明确监督主体的权利、义务以及监督手段、途径、标准和目标，将更多的法治与理性因素通过制度的途径渗透到网络廉政监督的实践中去，实现从运动式治理到制度治理的过渡，推进网络空间法治化，规范网络廉政监督的运行。在网络所拓展的公共生活空间中，法律的滞后性和不适应性将集中出现在公众视野中，可能造成网民无序参与问题，甚至出现“群体极化”和“网络暴力”现象。除了为网民参与廉政监督设限之外，更为重要的是通过建章立制，明确网络举报信息的受理、查处和反馈程序，使有关部门在网民的不懈推动下“不得已而为之”、仰仗于少数官员“开明意识”的“人治反腐”转变为依赖制度强制力和稳定性的“制度反腐”，逐步消除当前网络廉政监督所存在的偶然性、不确定性、被动性甚至戏剧性。

（三）主动作为，牢牢把控网络廉政监督发展方向

其一，继续利用电子政务平台推进信息公开。网络监督的基本前提之一是网民和公众具备知情权与对称信息，这在当下难以完全实现，但至少要使民众比较充分地知晓政府的运作状况，如此才能最大限度地保证网民的判断准确有效。当前，一些部门的网站信息更新迟缓，对网民所反映的意见和建议也不及时处理，存在拖沓敷衍问题。要想发挥好互联网的反腐平台作用，必须依靠政府的技术支持和资源投入，加强相应的信息甄别系统和反馈系统建设，依据《中华人民共和国政府信息公开条例》等法律法规定期公开政务信息，方便网民对各政府机关的监督。其二，提高网络廉政监督的回应效率。网络是人们进行思想交锋的重要阵地，其所具有的放大效应增加了政府治理的难度。因此，有必要提高政府处理网络舆情的快速反应能力，面对网民爆料和其他突发情况时，需要做到第一时间发现、第一时间调查、第一时间公布结果，及时回应公众的质疑和猜测，避免事件由于网民的误解误读或被一些不法分子利用而逐渐恶化。当然，快速反应并不意味着急于“辟谣”，官方回应需要建立在客观公正的事实调查基础之上，否则不仅无法做到有效作为，反而会损害政府的公信力。

总之，网络廉政监督的性质和运作机制决定了它只是对传统反腐机制的拾遗补缺，过分强调网络廉政监督的重要性不切实际，因为它本身不能治理腐败，更不能替代正规的反腐路径，起主导作用的仍是包含专门廉政机关和廉政制度在内的廉政监督体系。正因如此，在党风廉政建设和互联网“双发展”的新形势下，首都网络廉政监督应当成为既有廉政体系的有益补充，最终实现网络廉政监督和传统廉政监督的有机结合和良性互动。

第六节　政府公信力和首都互联网治理

一、引言

当前，中国互联网发展已经迎来了重大战略机遇期。党的十八届三中全会明确提出“全面深化改革的总目标是完善和发展中国特色社会主义制度，推进国家治理体系和治理能力现代化”，需要“坚持积极利用、科学发展、依法管理、确保安全的方针，加大依法管理网络力度，完善互联网管理领导体制”。2014 年 2 月，中央网络安全和信息化领导小组成立，负责统筹协调各个领域的网络安全和信息化重大问题，制定实施国家网络安全和信息化发展战略、宏观规划和重大政策，由习近平总书记亲自担任组长。党的十八届五中全会、十九大、“十三五”规划纲要对实施网络强国战略、“互联网+”行动计划、大数据战略作了周密部署。

互联网不仅对经济发展至关重要，对政府公信力建设也能发挥巨大作用，它不仅是政治传播的重要平台，也是政府体察社会舆情的重要通道，通过互联网，民众能够与政府进行更为紧密的互动。正因如此，通过高效的互联网治理推动政府公信力建设，也成为网络时代全面深化改革的重要任务。首都互联网治理是我国互联网治理的标杆，治理水平的高低、治理结果的好坏都将对我国互联网治理和政府公信力的整体发展产生深远影响。

二、互联网治理与政府公信力构建的逻辑关联

政府作为为社会成员提供公共服务的主要机构，其公信力程度通过政府履行其职责的一切行为反映出来，因此，政府公信力程度实际上是公众对政府履行其职责情况的评价，反映了人民群众对政府的满意度和信任度。

自从2005年的政府工作报告首次明确提出提高政府公信力、努力建设服务型政府以来，党和政府多次强调政府公信力的重要性。中共中央《十二五规划建议》把提高政府公信力作为转变政府职能的落脚点；2012年，党的十八大报告提出深化行政体制改革，创新行政管理方式，提高政府公信力和执行力，推进政府绩效管理。与此同时，十八大报告也将互联网治理摆在了重要位置，“要正确处理安全和发展、开放和自主、管理和服务的关系，不断提高对互联网规律的把握能力、对网络舆论的引导能力、对

信息化发展的驾驭能力、对网络安全的保障能力，把网络强国建设不断推向前进”。

当前，互联网思维已成为推进中国“四个全面”战略布局的重大战略思维之一，日益受到社会各界高度重视，互联网治理也已成为提升政府公信力的重要途径。从实际情况来看，互联网治理与提高政府公信力之间主要存在以下的逻辑关联：

第一，互联网治理的多元性有助于提高政府公信力。互联网的兴起与应用极大地改变了国家与社会权力结构的力量对比，使社会权力有了飞跃性提升。从信息的产生和流转看，互联网创新了既有的社会关系形式，呈现出带有公共性的个体观点表达多中心化趋势。在这种权力结构多元化的发展趋势中，政府原本的社会管理核心职能受到了一定程度的冲击。互联网治理的多元性导致政治参与水平的提高，例如加强了普通民众对于政府官员的监督力度，而这无疑是互联网治理的积极功效。互联网治理主体不仅局限于国家内部，甚至其他国家也可能参与一国的互联网治理，在世界范围内产生跨国界和跨时空的“连通器”效应。

第二，互联网治理加大了政府公信力提升的复杂性。主要体现在无序性和有序性并存。互联网进入中国 20 年，已经深刻融入千家万户的生活，今天，我国互联网治理虽然并非无序的状态，但也很难说已经形成了稳定的秩序。这更多地体现为各互联网主体的责任感，而责任又与制度密切关联。如果说当前我国的互联网治理正处于责任或秩序的形成过程中，那么与之相关的制度构建无疑是责任或秩序形成的重要前提，在制度缺失的条件下很难谈得上责任和有序。例如，当前我国在互联网治理过程中并未建立完善的实名注册制度[1]，虽然这种网络匿名的隐蔽性有助于对各类社会问题的揭露，但由于制度约束缺失造成的无序性，一些网民在互联网上摇身一变成为“键盘侠”，在表达意见时缺乏必要的责任意识，利用网络打击报复、造谣生事、进行“非理性人肉搜索”，对公民的人身权利造成极大的侵害，在增加政府治理成本的同时也容易加剧政府与社会之间的摩擦，降低政府公信力。

第三，互联网治理可以放大政府公信力。作为新兴媒体的重要组成部分，互联网具备公共传媒的放大性特征，随着互联网终端通过笔记本电脑、手机普及千家万户，互联网的放大效应得到了更为深刻的体现。与传统媒体相比，互联网时代的信息传播实现了由“一对多”“一对一”到“多对多”“多对一”的巨大跨越，形成了高度密集且相互交织的信息传播网络。无论是正面信息或是负面信息，都可能被互联网无限放大。正面的信息被放大后，可以最大限度地传播主流价值，迅速提升榜样的力量。然而，一旦诸如腐败一类的政府负面信息被曝光，所有网民都可能以最快的速度得知消息，使政府在第一时间处于社会舆论的风口浪尖。近年来诸如腐败、官员名表、不雅视频等各种负面信息的频繁曝光在网络放大效应之下，加剧了网民乃至普通民众对政府的政治不信任。这种放大性的双重效应使互联网治理难度增大，在政府公信力不佳的情况下更让政府重塑公信力的努力雪上加霜。

1　现行相关法律法规有《互联网信息服务管理办法》《非经营性互联网信息服务备案管理办法》《电话用户真实身份信息登记规定》等。

三、首都互联网治理的实践与挑战

北京不仅是中国的首都和行政中心，也被称为中国的“网都”，是中国互联网的“排头兵”“领头羊”。中国互联网络信息中心（CNNIC）发布的《第41次中国互联网络发展状况统计报告》中数据显示，截至2017年12月，我国IPv4地址数量约为3.481亿，北京拥有数量为8814.7万，占比为25.48%，是全国拥有IPv4地址最多的地区；北京地区拥有域名数6457379个，占全国域名总数的15.3%，排名位列第一；北京地区拥有网站数量609298个，占全国网站总数的12.6%，仅次于广东省（其占比15.1%）；北京地区拥有网民约1712万，与2015年相比提高2.4%，网络普及率达79%，普及率位列全国第一。北京不仅拥有百度、新浪、搜狐、京东、乐视、优酷、土豆等知名的互联网巨头，而且拥有中关村、未来科技城等互联网创新基地以及大量的互联网创意人才，北京互联网的优势地位更加凸显。

由于互联网治理对政府公信力具有双重影响，因而在互联网治理的过程中需要谨慎前行，对治理的每一个环节进行充分评估。北京在拥有显著互联网优势地位的同时，也使网络与信息安全面临巨大风险，更需要在互联网治理过程中多方合作、多元并举、多管齐下，共同维护政府的良好形象。

当前，北京市互联网治理已基本形成了政府主导下的“多元共治”局面，已经基本构筑起一套政府主导、各利益相关方共同参与的多元治理体系，通过多元治理有效提高了政府公信力。第一，北京市政府进一步发挥主导作用，完善了互联网安全治理的行政架构，出台了关于互联网安全的地方性规定，构建了政、企、民、社会组织四级联动的机制并开展了一系列专项行动以促进互联网有序发展；第二，在政府引导下发挥企业特别是大型互联网企业在互联网治理中的作用；第三，建立行业规范，倡导志愿者服务，为学术交流提供平台，从而有效发挥社会组织在互联网治理领域的作用。

就多方治理实践来看，近年来，北京市互联网举报中心进一步深化各项工作，加大了对各网站举报工作的督导力度。在北京市举报中心指导下，新浪、网易、百度、奇虎360、今日头条、豌豆荚、小米应用商店等62家北京市属地网站建立了网站举报机构，开通并公布举报电话，24小时无间断受理网民举报。截至当前，各网站已受理网民举报600多万件次，取得了良好成效。同时，加强行业自律，形成了一整套的行业自律组织与制度，形成了妈妈评审团、北京网络新闻信息评议会、网络监督志愿者、网站自律专员、北京市互联网违法和不良信息举报中心五位一体的自律体系，如表8–7所示，维护了广大网民的合法权益，互联网企业自身也多有受益，是互联网“多元共治”理念的突出表现。

表8–7　北京互联网行业主要自律组织和制度

序号	行业自律组织和制度	主要内容
1	妈妈评审团	成员主要通过招募方式由未成年人家长组成，其基本职能是依据“儿童利益最大原则”和妈妈对孩子的关爱标准，由“妈妈们”对互联网上影响未成年人身心健康的内容进行举报、评审，形成处置建议反映给相关管理部门，并监督评审结果的执行。
2	北京网络新闻信息评议会	依据国家相关法律法规及其他相关行业规约，对涉及北京网络媒体互联网新闻信息服务、新闻职业道德和因新闻侵权问题而引发的新闻纠纷进行评议，并监督评议结果的执行。

续表

序号	行业自律组织和制度	主要内容
3	网络监督志愿者	通过向社会公开招募、与相关委办局、社会团体联合等多种渠道吸收网络监督志愿者，开展网络动态监督、信息反馈等活动。
4	网站自律专员	由网络媒体指定人员，对该网络媒体上存在的危害国家安全、危害社会稳定、违背法律法规、违背社会公德、淫秽色情、诈骗等有害信息，以及谣言和虚假信息等现象进行监督。自律专员直接对该网络媒体负责，但其工作独立于该网络媒体的内部采编及监控流程。
5	北京市互联网违法和不良信息举报中心	接受公众对北京属地互联网违法和不良信息的举报，推动和组织北京互联网信息服务行业的自律，开展互联网新闻信息服务行业的交流与合作以及自我教育活动，开展互联网法制和道德建设的公共教育活动。

毋庸置疑，政府仍然占据着首都互联网多元共治的主导地位。北京市政府尤其关注行政环节的互联网监督管理，主要表现为互联网行政监管机关依法对互联网经营单位进行的审批、许可、登记、备案、抽查、年检等活动。除了这种一般性的行政监管活动之外，北京市政府也在特定时期针对特定问题对互联网进行集中整治，清除互联网发展的弊端，维护互联网秩序。近期代表性事件有：针对民众反映的看病难、“号贩子”“医托”等违法信息遍布网上问题，北京市卫计委、首都综治办、网信办、公安局等 8 部门在全市开展为期半年的专项整治行动，规范医疗机构广告、信息服务、形象宣传、商业推广行为，斩断“号贩子”和“网络医托”的利益链条；针对电信诈骗频发问题，北京市政府办公厅已经出台关于印发《北京市互联网金融风险专项整治工作实

施方案》的通知并成立北京市互联网金融风险专项整治工作领导小组，负责组织实施本市互联网金融风险专项整治工作，整治重点包括 P2P 网络借贷、股权众筹业务、互联网保险、通过互联网开展资产管理及跨界从事金融业务、第三方支付业务、互联网金融广告与信息等六个方面；针对网约车乱象，北京市交通委也发布了《关于北京市出租汽车行业深化改革有关政策文件公开征求意见的通知》，规定“本市申请《网络预约出租汽车驾驶员证》的驾驶员”应当具备北京户籍，而“在本市申请办理《网络预约出租汽车运输证》的车辆”则应具有北京市号牌，同时“车辆所有人同意车辆使用性质登记为‘预约出租客运’”。

虽然首都互联网治理已经取得重要进展。互联网安全、政府形象也已得到切实保障，但就当前首都互联网治理与政府公信力提升而言，仍然存在以下几方面亟需解决的问题。

首先，互联网法治化水平低下，有序的互联网治理规范尚未完全形成。由于我国互联网发展起步相对较晚，相关制度仍未健全，互联网治理的法治化程度不高，具体表现为立法滞后，立法内容原则性较强但实际操作性差，部门立法色彩浓，存在部分法律互相冲突和重复立法的问题，随着互联网发展对政治、经济、社会、文化等各方面影响的日渐增强，相关政府部门根据传统职权分工对互联网进行治理已经力所不逮，在实际体制运行过程中造成了较多的职能交叉、权力冲突和管辖争议，制度设计缺乏总体战略规划的问题表现得尤为突出。此外，当前互联网立法的“管理”色彩仍然比较浓重，互联网治理应该以保障人民群众对互联网正常、有序的使用权利为基础，促进互联网产业的健康发展，但目前已有的立法大多以方便政府管理为基础，着重强调相关管理部门的权限、管理手段和处罚措施，在管理方式上以准入限制和行政处罚为主，在规范设计中强调禁止性规范却没有充分的激励性规范。例如，给予互联网企业相当繁重的内容审查责任，缺乏相应的激励措施，在加重企业负担的同时也转嫁了政府的管理责任，难以起到增强企业自律的目的。

其次，存在滞后性和回应不及时的问题。从近年来的治理实践来看，首都互联网治理在很大程度上仍然秉持“冲击—回应”型治理特征，也就是说一旦发生了特定事件，造成了广泛的社会影响，那么政府就会做出相应的针对性举措。这种“冲击—回应”特征在政府受到强烈舆论压力的时候表现得尤为明显。例如，近期针对互联网金融、网约车出台的相关规章制度就带有明显的回应性和事后处理特征。政府连续采取维护互联网秩序的举措尽管彰显了政府对互联网治理的关注，但也因为其滞后性和法律程序性不足受到了一定的质疑，这对加强政府公信力建设相当不利。由于互联网的多元性特征使政治参与门槛大大降低，网民和其他互联网主体可以针对政府行为随时随地发布信息或发表自己的观点，尤其是关乎自身切实利益的热点事件。这就需要政府及时地与其他互联网主体进行互动，采取实质性回应以满足网民需求。但当前的“冲击—回应”型治理方式使得政府难以及时回应公众的诉求，且一些官方回应内容不明确并存在许多盲点，难以解决实际问题，甚至回应和治理举措本身也会引发更多争议。

再次，缺乏强有力的监督和事后监管，尚未形成统一有效的监管机制。由于没有日常性的专职监管协调部门，各监管机构难以在日常监管间进行信息共享和执法协调，使得当前的互联网监管往往是当问题已经累积到相当恶劣的程度之后，各执法部门才采取声势浩大的运动式联合执法行动。从监管途径来说，当前首都互联网治理仍存在重前置审批、轻后续监管之嫌。例如，政府对经营性的互联网活动采取事前许可制，需要两个或两个以上部门的前置审批才能采取相关活动，在造成互联网业务准入困难的同时，却没有充分重视审批之后的后续监管问题。另外，监管人员、监管技术还不能完全适应互联网环境的要求，互联网治理的相关专业人员匮乏，监管理念也不能完全适应网络时代的特征，一些监管部门对监管内容的认识仍然相对模糊，难以准确执行有关规定。同时，我国互联网的监管技术手段也相对滞后，往往是在某些互联网新技术（网络直播、打车软件等）出现了严重问题后，政府才意识到监管的必要性，而由于技术手段匮乏，不得不采取硬性关闭网站等禁止性应急处置手段，这也在一定程度上损害了政府形象。

四、互联网时代提升政府公信力的可行路径

政府公信力是政治合法性的重要基础，而政治合法性对于一个国家的政党和政府来说不可或缺，特别是处于转型过程中的国家，因为转型的过程中通常充满了复杂性与不确定性，而这种复杂性与不确定性很可能会对政府传统的合法性构成挑战，需要开发新的合法性资源。另外，进入互联网时代以来，国家之间的横向联系更为密切。这种全球化带来的合法性冲击，反过来对政府公信力提出了更加迫切的要求。针对当前互联网治理过程中所暴露出的问题并结合北京地区互联网发展情况，首都互联网治理体制可考虑从以下几个方面继续完善。

第一，逐步完善互联网治理的法治化、机制化。制度信任在现代社会中是构建政府公信力的根本保障，高效的互联网治理不仅需要对既有治理模式的小修小补，更需要对互联网治理中可能存在的问题与风险进行制度规范，明确互联网治理主体的权利、

义务以及治理手段、途径、标准和目标，将更多的法治与理性的因素通过制度的途径渗透到互联网治理的实践中去，实现从运动式治理到制度治理的过渡。党的十八届四中全会通过的《中共中央关于全面推进依法治国若干重大问题的决定》中明确提出依法办网，推进网络空间法治化。当前，我国正处于社会转型和发展的关键时期，社会矛盾凸显、网络舆情复杂，政府对互联网治理的难度正在逐步加大，要想有效增强民众对政府的信任，必须夯实政府公信力的根基，而这需要以完善的互联网法律法规和健全的制度作为坚强保障，针对治理过程中可能存在的问题与风险进行制度规范和事前预防，健全网络管理制度和网络监督机制，创造一个良好的互联网发展环境。

第二，推动多元治理网络化。互联网本身就是一个复杂的网络体系，其所具有的多元性在很大程度上改变了政府与社会之间的互动方式，参与已经成为互联网治理的核心要素。互联网时代的民众对政府有更多的期待，而政府也需要以更快的速度及时地回应民众诉求，若是政府回应未能达到预期效果，政府很容易失去公信力，互联网治理也很可能事倍功半。这就对政府的治理方式提出了新要求，需要政府切实提高自身的治理能力和治理水平，改变传统的垂直型、单一层级型行政管理模式，满足民众、互联网机构和其他社会组织参与治理的需求，使单一主体治理逐渐演变为多元治理，群策群力、发挥社会各界的正能量。当然，推进多元治理需要坚持政府的权威和主导地位，充分发挥政府在治理过程中的优越性，不仅要从人才配备、技术配备的角度提升治理能力，更需要从有效制度建设的层面解决当前互联网治理过程中所出现的问题。互联网时代充满着机遇与挑战，需要化压力为动力，将互联网治理由被动的回应变成主动进取，在增强公信力的同时不断提升治理能效。

第三，统筹互联网治理体制，构建具有充分权威的互联网治理协调机构。在我国，政府仍然是互联网治理的主导力量，行政权力充当着维持互联网治理的关键力量，这使得我国的互联网治理模式必定与西方国家有所差异，主要体现为相对垂直的权力运行模式和政府在制定网络规范的实际影响力。由于不可能面面俱到，因此政府需要注重以行业自律和联合治理的方式适应网络时代的新形势、新要求，弥补自身在治理活动中覆盖面较窄和相对被动的缺陷。由于互联网治理难以由单一部门独立完成，因而在具体的治理过程中，有必要建立具有充分权威的协调机构，负责互联网日常管理工作的协调、指导，齐抓共管，规范并协调各成员单位对互联网的具体治理工作。政府可以考虑设立一个跨部门、高级别的“互联网治理委员会”或“互联网治理领导小组”，该小组成员应包括涉及互联网治理的主要部门如首都综治办、网信办、公安局、交通委等，定期召开相关互联网治理会议以部署、协调各部门的工作，并向社会提交首都互联网治理评估报告。

第四，加强互联网意识形态建设，营造良好的网络舆论环境。北京的政治中心地位使得意识形态建设更为重要。加强意识形态建设，并不意味着政府必须采取填鸭式、灌输式教育，而是要用民众喜闻乐见的话语形式和传播手段使意识形态话语体系贴近实际、贴近生活、贴近群众，弘扬社会正能量，推进马克思主义的中国化、时代化和大众化。随着互联网深入发展，网络舆论日益成为政府与民众互动的重要平台，良好的网络舆论环境和高效的网络舆论应对，有利于更好地发挥政府的治理能力，提高政府公信力。但是，由于网民在年龄结构、文化教育程度等方面存在较大差异，网络舆论具有更强的主观性，更容易成为个人主观判断和表达个人利益诉求的平台。因此，加强互联网意识形态建设，也意味着政府要正确引导网络舆论的发展趋势，及时地、有针对性地回应网民诉求，用事实说话，通过多渠道搜集信息，依法打击网络谣言。

五、结语

本文系统梳理了互联网治理与政府公信力构建的逻辑关联，回顾和分析了首都互联网治理的实践与挑战，并提出了在技术条件日新月异的背景下通过互联网治理提升政府公信力的可行路径。在 2017 年里，首都互联网治理工作正在面对新的机遇与挑战：互联网的生态格局和能量格局正在发生巨大变革，网络治理不再局限于微博、微信、微视频以及客户端，知乎、果壳等隐性社交网站、网络直播、网络字幕组、弹幕等新事物层出不穷。与此同时，网民低龄化、网民媒介素养层次化等态势日趋明显，这些都给首都互联网治理以及政府公信力构建带来巨大冲击与挑战。因此，针对相关问题的研究还应该深入下去，互联网治理与政府公信力构建方面的探索可以在顶层设计层面、职能管理层面、技术发展层面和行业自律层面得到进一步的展开。

参考文献

1. Dale W. Jorgenson, and Kevin Stiroh. "Computers And Growth". *Economics of Innovation & New Technology* 3.3 (1995): 295-316.

2. Oliner, Stephen D., and Daniel E. Sichel. 2000. "The Resurgence of Growth in the Late 1990s: Is Information Technology the Story？". *Journal of Economic Perspectives*, 14(4): 3-22.

3. Dunnewijk, Theo, H. Meijers, and Z. V. Adriaan. "Accounting for the impact of information and communication technologies on total factor productivity: Towards an endogenous growth approach". *Jrc Scientific & Technical Reports* (2007).

4. J Manyika, C Roxburgh. "The great transformer: The impact of the Internet on economic growth and prosperity". *Mckinsey Report* (2011).

5. Amiri, Shahram, S. D. Campbell, and Y. Ruan. "China's Government Expenditures, Policies, and Promotion of the ICT Industry". *International Journal of Applied Science & Technology* (2013).

6. Granger, C. W. J. "Investigating Causal Relations by Econometric Models and Cross-Spectral Methods". *Econometrica*

37.37（1969）: 424-38.

7. Juselius, Katarina. “The Cointegrated VAR Model: Methodology and Applications”. *General Information*（2006）.

8. George, Edward I., D. Sun, and S. Ni. “Bayesian stochastic search for VAR model restrictions”. *Journal of Econometrics* 142.1（2008）: 553-580.

9. 习近平 . 决胜全面建成小康社会 夺取新时代中国特色社会主义伟大胜利 [M]. 人民出版社，2017.

10. 胡锦涛 . 坚定不移沿着中国特色社会主义道路前进 为全面建成小康社会而奋斗 [M]. 人民出版社，2012.

11. 中央文献研究室 . 习近平谈治国理政 [M]. 外文出版社 2014.

12. 佟力强主编 .2016 年首都互联网发展报告 [R]. 人民出版社，2017.

13. 佟力强主编 . 2015 年首都互联网发展报告 [R]. 人民出版社，2015.

14. 李茂，齐福全 . 北京互联网行业发展对国民经济推动作用的实证分析 [J]. 中国市场，2015（48）.

15. 张晓峒 . 计量经济分析 [M]. 经济科学出版社，2000.

16. 张媛媛 . 我国互联网发展现状及对国民经济推动作用研究 [J]. 现代电信科技，2011，41（11）: 22-28.

17. 向蓉美 . 互联网产业对国民经济影响的投入产出分析 [J]. 统计与决策，2008（11）: 75-77.

18. 王曼华 . 我国互联网络发展现状的经济计量分析 [J]. 经济问题探索，2001（8）: 35-37.

19. 张志峰，吕廷杰，王瑜 . ICT 对国民经济影响的投入

产出分析 ——基于中国 2007 年投入产出表 [J]. 科技工程学刊，2011（6）：67-89.

20. 李晓宏，孙林岩，何哲．中国技术进步影响因素研究（1981—2006 年）——基于向量自回归模型实证分析 [J]. 软科学，2008，22（7）：24-29.

21. 杨宝明．互联网发展对我国区域经济的影响分析 [J]. 经贸实践，2015.

22. 赛迪智库互联网研究所形势分析课题组．2016 年中国互联网发展形势展望 [J]. 互联网经济，2016（Z1）：58-63.

23. 刘姿均，陈文俊等．中国互联网发展水平与经济增长关系实证研究 [J]. 经济地理，2017，37（8）：108-113.

24. 喻国明．互联网发展的“下半场”：传媒转型的价值标尺与关键路径 [J]. 当代传播（汉文版），2017（4）：4-6.

25. 李春生．移动互联网发展趋势研究 [J]. 中国高新技术企业，2016（1）：1-2.

26. 郑思齐，于都，孙伟增．中国城市互联网发展的影响因素及地区差异分析 [J]. 城市发展研究，2016，23（12）.

27. 廖仁斌．加快推进产业互联网发展 [J]. 新产经，2015（4）：30-31.

28. 林娜．浅析我国互联网发展现状及存在问题 [J]. 通讯世界，2015（4）：71-72.

29. 苏启生，陈宏军．服务消费基于互联网发展的特征研究 [J]. 绥化学院学报，2015（9）：9-11.

30. 殷乐．把握态势加强连接推进互联网发展和治理的中国之道——学习习近平在网络安全和信息化工作座谈会上的讲话 [J]. 新闻与传播研究，2016（8）：15-25.

31. 潘伟锋 . 移动互联网发展趋势的研究 [J]. 科技资讯，2017，15（24）.

32. 吴燕，孟宪楠，金鹏等 . 能源互联网发展路径及建设应用 [J]. 电气应用，2015（s1）：588-591.

33. 周首旺 . 互联网发展对中国经济增长的影响研究 [J]. 青年时代，2016（9）：197-197.

34. 王跃，路博 . 我国移动互联网发展态势分析 [J]. 互联网天地，2016，13（9）：31-36.

35. 官建文，唐胜宏，王培志 . 中国移动互联网发展迈入转折期的表现及趋势 [J]. 新闻战线，2016（15）：45-49.

36. 李海舰，田跃新，李文杰 . 互联网思维与传统企业再造 [J]. 中国工业经济，2014（10）：135-146.

37. 罗珉，李亮宇 . 互联网时代的商业模式创新：价值创造视角 [J]. 中国工业经济，2015，57（1）：95-107.

38. 汪明峰，宁越敏 . 互联网与中国信息网络城市的崛起 [J]. 地理学报，2004，59（3）：446-454.

39. 刘卫东 . 论我国互联网的发展及其潜在空间影响 [J]. 地理研究，2002，21（3）：347-356.

40. 黄楚新，王丹 . “互联网 +” 意味着什么——对 “互联网 +” 的深层认识 [J]. 新闻与写作，2015（5）：5-9.

41. 张新宝 . 互联网发展的主要法治问题 [J]. 法学论坛，2004，19（1）：58-58.

42. 彭兰 . 从社区到社会网络——一种互联网研究视野与方法的拓展 [J]. 国际新闻界，2009（5）：87-92.

43. 何宝宏 . 互联网治理 [J]. 数据通信，2006（1）：24-25.

44. 鄞益奋 . 网络治理：公共管理的新框架 [J]. 公共管理学

报，2007，4（1）：89-96.

45. 彭正银．网络治理理论探析 [J]. 中国软科学，2002（3）：50-54.

46. 刘霞，向良云．我国公共危机网络治理结构——双重整合机制的构建 [J]. 东南学术，2006（3）：23-29.

47. 李维安，周建．网络治理：内涵、结构、机制与价值创造 [J]. 天津社会科学，2005，5（5）：59-63.

48. 邹东升，车邱彦．网络管制政策与网络治理 [J]. 求索，2007（7）：61-62.

后 记

本书是北京市社会科学院2017年代管课题“首都互联网发展研究(2017)”的最终成果，是北京世界城市研究基地2017年资助项目“世界城市互联网发展研究”的阶段性成果，也是北京市社会科学院互联网发展年度跟踪研究成果之一。本书以专题研究的方式，着重研究了2016年至2017年首都互联网发展情况与特点，在此基础上进一步剖析了十八大以来首都互联网发展的阶段性特征，并对十九大以后首都互联网发展提出了对策性建议。

在具体研究中，本书首先分析了首都互联网的定义与特点，明确指出首都互联网具有“立足北京、服务首都、影响全国、辐射全球”这四大特点，其次详细展示和分析了2016年至2017年首都互联网的发展环境。本书从基础资源、产业运行、重点企业表现和行业监管这四大角度出发，分析了近两年来首都互联网发展基本情况。最后，本书紧密结合十九大报告精神，充分联系首都互联网发展的实际情况，对今后首都互联网发展提出了对策件建议。

本书尝试突破传统的年度研究报告的形式和内容上的局限，采用专项研究的方式，及时跟上时代步伐，针对2016年至2017年首都互联网发展基本情况、产业行业发展热点和阶段性特征等问题进行系统性分析，并结合首都互联网未来发展趋势提出对策性建议，试图填补近两年来首都互联网发展研究的空白。

本书中部分内容的写作得到了中央财经大学张晓涛教授、北京市社会科学院谭日辉研究员、北京市社会科学院袁振龙研究员、中国人民大学黄家亮教授与北京工商大学谭娟博士和韦江英博士的大力支持与帮助，在此向他们表示感谢！

本书的出版还要感谢我的父母和家人。同时，非常感谢北京市社会科学院原副院长周航、北京市社会科学院杨奎副院长、北京市社会科学院市情调研中心唐鑫主任和陆小成副主任的诚挚关心与悉心指导。真诚感谢北京市社会科学院科研处朱霞辉处长、人事处李力强副处长、办公室邢昀主任和项晓东对于本书出版工作的鼎力支持。市情中心的诸位亲爱同仁以及人事处、计财处、办公室、历史所的同事们为本书的写作提供了许多帮助，在这向他们表示诚挚的谢意！特别需要指出的是，此书的责任编辑孙平平和助理编辑张启超为此书的编辑出版做了很多细致的工作，对她们的辛勤工作表示真挚的谢意！

首都互联网发展的内容十分广泛，囿于本人的能力与水平，此书一定存在诸多不足以及需要改善之处。文责自负，闻过则喜，希望广大读者在阅读此书之后多提宝贵意见，共同推动首都互联网发展研究的进程。

李　茂

2018 年 9 月 14 日于顺义